南京晓庄学院文学院求真学术文库

# 民国时期《礼记》研究考论

郎文行 著

社会科学文献出版社
SOCIAL SCIENCES ACADEMIC PRESS (CHINA)

# 目　录

001/ 绪　论

017/ 第一章　民国时期《礼记》考证研究（上）
019/ 　　第一节　《礼记》渊源研究考论
047/ 　　第二节　《王制》作者研究考论

083/ 第二章　民国时期《礼记》考证研究（下）
085/ 　　第一节　《月令》来源研究考论
111/ 　　第二节　《今月令》出处研究考论
131/ 　　第三节　《学记》作者研究考论

147/ 第三章　民国时期《礼记》经解研究
149/ 　　第一节　简朝亮《礼记子思子言郑注补正》研究
172/ 　　第二节　魏元旷《礼训纂》研究
206/ 　　第三节　刘咸炘《礼记温知录》研究

235/ 第四章　民国时期《礼记》通论研究
237/ 　　第一节　刘咸炘《礼记》学探微

249 / 　　第二节　蔡介民《礼记》学研究

272 / 结　论

278 / 参考文献

294 / 后　记

# 绪　论

## 一　民国时期《礼记》研究文献概述

本文研究所称的民国时期《礼记》研究文献，是指民国时期的学者关于《礼记》研究的各种著述，对于由清代步入民国或由民国步入新中国时期的学者，本文研究以他们在民国时期（1912—1949）的著述为主要的考察对象，适当关注他们在此前或此后时期的学术著作。民国时期《礼记》研究文献的著录，以王锷老师《三礼研究论著提要》中民国部分最为完备，民国时期《礼记》研究文献的查考，当前有台湾学者林庆彰先生主编之《民国时期经学丛书》与大陆学者耿素丽、胡月平先生选编之《民国期刊资料分类汇编·三礼研究》最为方便。《民国时期经学丛书》中《礼记》部分收录了民国时期《礼记》研究的各种出版著作，《民国期刊资料分类汇编·三礼研究》编选有民国时期各种报刊发表的《礼记》研究专题论文。另外《晚清和民国报刊》等电子数据库，也可以查阅民国时期各类报刊所发表的《礼记》研究类论文。经过阅读，我们看到民国时期的《礼记》研究文献，著述体裁多种多样，研究方法不拘一格，研究思想有着较为鲜明的时代特征。

根据著述的类别、著述的时间，我们先将《民国时期经学丛书》

中《礼记》类文献梳理如下。

第一，通论类著作。刘咸炘《治记绪论》，本着六经皆史的基本观点，提出摒弃《礼记》中曲文仪节类篇目，专取通论类如《礼运》《礼器》等内容，进而对《礼记》分理篇章、疏通经解的研治方法。蔡介民《礼记通论》考证了《礼记》成书与各篇目产生的时代，对《礼记》各篇目的大义进行概括，也提出了分门别类研治《礼记》的观点。唐文治《礼记大义》，汉宋兼采，强调礼学"救民命、正人心"的社会作用，梳理《礼记》各篇的大旨，论说其中的现实价值。

第二，通释类著作。如刘咸炘《读大小戴记小笺》对大小戴《礼记》中部分篇目的章句义理进行阐发。廖平《礼记识》则以今文经学观点吸收进化论思想，对《礼记》进行文字疏解与校订等。又南京图书馆藏有戴礼《礼记通释》①，为行文方便，亦略叙于此。此书是民国时期独有的一部《礼记》通释性著作，汇集郑注孔疏以下各家之说，包括《卫氏集说》所引诸家之解，朱熹《仪礼经传通解》，吴澄《礼记纂言》，陈澔《礼记集说》，李光坡《礼记述注》，方苞《礼记析疑》，《钦定礼记义疏》，姜兆锡《礼记章义》，孙希旦《礼记集解》，王念孙《读书杂志》，王引之《经义述闻》，郭嵩焘《礼记质疑》，等等。

第三，条辨类著作。此类著作或阐发义理、或训诂文字、或考释名物、或解说礼制。如刘咸炘《礼记温知录》，疏通章句、阐释义理。魏元旷《礼训纂》训诂字词、解说礼制。简朝亮《礼记子思言郑注补正》以为《坊记》《表记》《缁衣》均为子思所作，而郑注间有不妥，为之补正三卷，又附《礼记》其他篇目以及《仪礼》《周礼》《大戴礼记》读书札记若干条。

第四，选本选注类著作。随着科举考试的废除、辛亥革命的爆发、五四运动的兴起、西方思想的大量涌入，经学在中国大地失去了政治

---

① 戴礼（1880—1934），女，浙江玉环人，著有《大戴礼记集注》《女小学》《礼记通释》等，其《礼记通释》刊于1933年，计八十卷，总百万言。

思想领域的主导地位。《礼记》作为经典之一,在这样特定的时代环境之下,普通国人学习研究《礼记》,尤其是其中关于上古礼制的内容,应该抱有怎样的态度,这是民国学者必须面对的问题。与此同时,经典自身也在经历身份的转型,许多学者转而探求《礼记》中切关人格修养方面的伦理思想,并以此为基础而扩大《礼记》学习、研究的范围,这样一批选本选注就应运而生了。如杨钟钰重辑《礼记撷要》,吴曾祺《礼记菁华录》,叶绍钧选注《礼记》,马通伯集注《礼记节本》,钱基博《礼记约纂》,王梦鸥《大小戴记选注》。其中王梦鸥《大小戴记选注》,以儒者论学"修己以安人"、《大学》纲目"修齐治平"为旨趣,将所选大小戴《礼记》分为上、下两编,始于《大学》,终于《乐记》,上编为通论,下编为通礼,所谓"兴于诗、立于礼、成于乐",所取篇目、所定篇次,内部有着相对完整而又严密的逻辑,代表了民国时期《礼记》选本的最高成就。

第五,《礼记》单篇研究类著作。此类著作数量最多,思想内容也较为复杂。如廖平《礼运三篇合解》《坊记新解》的今文经学解经思想,与《礼记识》基本相同,《礼运三篇合解》文中,廖平以《礼运》本文为纲,将《礼器》《郊特牲》分置于《礼运》之下,形成一个以今文经学为本,并吸收进化论思想、容纳近代新事物的说礼体系,冯友兰《中国哲学史》谓之为"旧瓶装新酒"[1]。方思仁《礼运大同篇注释》,指出"大同"与"大道"相同,其含义都是"太平",乃是孔子的根本政治抱负;他以为大同与小康在本质上并无区别,前者是不受时代限制的政治理想,后者是受时代限制的政治实效;他在文中进一步指出礼与大同社会的关系,认为礼是实现大同社会天下太平的不二途径。吕思勉《大同释义》,结合历史学的观点,论证大同社会曾于三皇五帝之时真实存在,并梳理了大同变而为小康而为乱世的

---

[1] 冯友兰:《中国哲学史》,华东师范大学出版社,2011,第331页。

内在逻辑。王树枏《学记笺证》博引古书，对《学记》语词、名物进行训诂、解说，是所谓"笺"；训诂以外，王氏比较当时西方的教育思想与《学记》的异同，提出《学记》教育思想仍能切于世用，著作之中对晚清民国的学制作了较为具体的规划，是所谓"证"。姚明辉《学记集义训俗》，旨在通过汇集《学记》旧注，探讨《学记》大义，以对当时的西化弊病进行批评，从而达到"训俗"的目的。杜明通《学记考释》，将《学记》语词、文法、思想内容与《春秋繁露》进行比较，考定《学记》的作者为西汉董仲舒，是所谓"考"；考证之后，也对《学记》经文进行疏通，其中不乏可以征信的见解，是所谓"释"；除此以外，本书对《学记》的教育方法、教育目的也做了专门的论述。向宗鲁《月令章句疏证叙录》，考证《月令》的来源，赞同汉代蔡邕之说，以为《月令》不取于《吕氏春秋》，《礼记》《吕氏春秋》俱取《月令》于《逸周书》，此书序录虽就，而疏证未能完成。徐仁甫《儒行集释》，亦汇集众说，疏通经文。

以上是《民国时期经学丛书》所收录的有关《礼记》研究的著作概况。民国时期各种报刊发表的《礼记》研究论文，涉及《礼记》研究的多个方面，计有120余种，多为对《礼记》单篇研究，我们按《礼记》篇次略叙如下。

第一，《曲礼》类。日本学者义内武熊著，马道远译《曲礼考》；黄巩《〈礼记〉"为人臣之礼不显谏"与〈檀弓〉"事君有犯无隐"讲义》；章太炎《驳金氏五官考》三种。

第二，《檀弓》类。《春轩随笔——檀弓失实》、时鳌《檀弓非六国时人辨》、姚石子《檀弓志疑》等，皆辨《檀弓》记事不实。

第三，《王制》类。廖平《王制集说》、刘师培《王制篇集证》、黄镕《王制附庸考》、金德建《王制丛考》、邝平樟《〈礼记·王制〉及〈周礼·职方〉所言封国说比较》、郭汉三《〈王制〉〈职方〉封国说之不同及后儒之弥缝》。这几篇文章的内容，多探讨《王制》的来源问题，刘师培、金德建的观点是《王制》为汉文博士所作。

第四，《月令》类。《月令论》类论文大致可以分为两种。一为《月令》来源的研究，如刘师培《月令论》，杨宽《月令考》《今月令考》，王公贤《〈礼记·月令〉篇是否即〈明堂月令〉而郑注引〈今月令〉又为何书考》，容肇祖《月令来源考》，童书业《读容肇祖先生〈月令〉的来源考质疑》，蒙季甫《月令之渊源与其意义》，等等。一为《月令》的校勘训诂研究，如沈延国《〈吕氏春秋·十二纪〉〈礼记·月令〉〈淮南·时则训〉〈逸周书·时训解〉异文笺》、刘先枚《释月令马政之禁》、周候于《月令篇五化释误》等。

第五，《礼运》类。《礼运》类论文大致可以分为四种。一为《礼运》思想着重于"大同思想"的发挥与阐释，如康有为《礼运注》、廖平《大同学说》、沈艾孙《大同学说》、方竑《礼运说》、夏敬观《读礼运》、何崧培《从三民主义的观点上分析〈礼运·大同〉》、卢宗埆《礼运大同篇政治哲学的研究》等。二为《礼运》篇章的释义与解说，当然这种释义解说的目的，也是对《礼运》以及"大同思想"的发挥，如郑沅《礼运大道之行一节释义》、钱基博《读礼运卷头解题记》、高鸿缙《礼运大同篇五读》等。三为《礼运》思想着重于"大同思想"的来源考辨，如吴虞《儒家大同之义本于老子说》、金德建《思想史上之汉代礼运篇本质与汉代社会的研究》、王新民《礼运大同篇溯源》、任启珊《〈礼运·大同〉章辨源》、张学昭《〈礼运〉与孔子学说的分析》、周予同《大学和礼运》等。四为《礼运》篇章文字有无错简的考辨，如陶邵学《礼运错简考》、李翙灼《礼运大同小康章文并无错简议》、郭衮孟《〈礼运·大同〉章句错简辨正》等。《礼运》大同小康篇，自康有为将其与《春秋》公羊学之"三世说"相沟通，孙中山先生将其与三民主义结合以后，在民国时期影响颇大，对其阐释发挥的论文，管见所及就有四十余篇。上述四个方面的文献，内容互有交叉，整体上可以反映民国大同思想研究的动向：一为对康

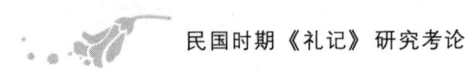

有为思想的申论与辨正；一为对孙中山思想的发挥，并以此衍生出其他政治哲学思想。

第六，《明堂》类。有陈焯《议院古明堂说》、杨宗震《明堂通考》、顾颉刚《阮元明堂论》、王治心《明堂制度与宗教》等。

第七，《学记》类。《学记》类论文也可以分为两个方面。一为《学记》经文疏通，如陈柱《学记通诠》、董文煜《礼记学记篇今释》等。一为《学记》与现代教育思想的相互比较，如马彭年《学记篇里的教育思想》、章廷俊《学记的教育制度与教学法则之剖析》、陈启天《学记通义》、郑其龙《学记中的教学原理与方法》。当然，这两个方面的内容也是相互联系的。

第八，《儒行》类。《儒行》类论文的内容主要是经文疏通，中间也有思想发挥，如陈景鎏《儒行衍义》、厉时中《儒行释义》、梦蝶《儒行通释》、陈柱《儒行集解》、章太炎《儒行大意》等。在民国风云突变新旧交替的时局中，《儒行》的思想为知识阶层的立身处世提供了极大的精神支持，这使《儒行》在民国期间得到了较多的关注。

民国时期的报刊论文，涉及的范围非常广泛，《礼记》其他篇目以及通论性的研究论文也比较多，限于篇幅，这里就不再过多叙述，具体的论文目录，详见文后的参考文献。

民国时期关于《礼记》单篇研究的著作中，关于《大学》《中庸》的数量也比较多，《大学》《中庸》自宋代进入《四书》系统，在理学体系中占有重要地位，这是此类著作数量较多的原因。本文有关民国《礼记》文献的研究，属于礼学研究的范畴，旨在梳理民国时期《礼记》研究的学术史，解决《礼记》研究的基本问题，这与理学研究范畴的《学》《庸》文献研究，在研究的对象、方法与目的上，都有着根本的不同。因此，本文对理学范畴的《学》《庸》著作，一般不作讨论。

## 二　本文选题的理由与意义

### （一）学术史研究价值

《礼记》是儒家经典"十三经"之一，为七十子后学传经所记，其性质是配合《仪礼》的辅助性资料，汉末郑玄注《周礼》《仪礼》《礼记》，撰《三礼目录》，后世遂有三礼郑氏学。《周礼》的内容是职官系统，著述之时可能有现实依据，但却未必见诸实行。《仪礼》记载先秦时代大夫士阶层冠、婚、丧、祭、朝、聘、射、乡的各种礼节，这些礼节随着社会的发展，汉代已经不能完全采用。《礼记》的内容，或通论礼的产生与使用，如《礼运》《礼器》；或议论礼与政治的关系，如《哀公问》《孔子闲居》；或发明礼的教化作用，如《表记》《缁衣》；或说明礼的制作缘由，如《祭义》《昏义》《丧服四制》等。凡此种种，旨在说明礼的原理，因此《礼记》有着《大传》所谓之"不可得与民变革者也"[①]的意义，进而成为后世制礼损益变革的重要理论依据，随着时代的发展，《礼记》地位也得到不断的拔高，唐修《五经正义》，《礼记》已超越《仪礼》，成为官方指定的礼经。而历代学者对《礼记》的注释疏解也层出不穷，这都说明《礼记》在传统中国文化思想中占有非常重要的地位。

中国传统社会发展到清代，仍在以礼教为中心的经学思想主导之下逐步向前推进。然而彼时的西欧诸国却经历了文艺复兴、启蒙运动、工业革命，政治制度大多走上了民主发展道路，科学技术更是取得了日新月异的进步，中西之间的差异或者差距，变得越来越明显。两次鸦片战争，西方列强用坚船利炮打开古老中国封闭的国门；中法战争、甲午战争、八国联军入侵等的一系列对外战争的失败，以及战后的割地赔款、开口通商，更让天朝上国的君臣上下颜面尽失；中西力量如

---

[①] 郑玄注，孔颖达疏《礼记正义》卷三十四，《十三经注疏》，中华书局，1980，第1506页。

此悬殊，给中国社会的知识阶层带来了巨大的心理震动。白银外流，战争失败，政治落后，国家的积贫积弱，直接引发了当时知识阶层对本国思想文化、政治制度的反思。"睁眼看世界"时的"师夷长技以制夷"，"洋务运动"时的"中体西用"，"戊戌变法"时的"维新改制"，以及此后的"预备立宪""辛亥革命"，都是这种文化政治反思的结果，这一历史阶段，李鸿章称之"实为数千年来未有之变局"[①]。"预备立宪"废除了实行一千多年的科举考试选拔制度，"辛亥革命"更是一举推翻了沿袭数千年的封建君主专制制度，传统经学从此走下政治神坛，失去了思想领域的统治地位。

《礼记》作为经典之一，既然在传统社会中占有如此重要地位，又面临如此巨大的社会变局，在新的时代环境之下，遭受了怎样的待遇？知识阶层是否仍旧对它进行研究？如果仍旧对它进行研究，这种研究又曾发生过怎样的变化、呈现出怎样的面貌？这是经学研究或者史学研究都不能回避的问题。根据以上的文献综述，我们可以看到，《礼记》作为经典虽然失去了思想统治地位，但它仍旧能够对当时的社会思想与生活产生影响，其中关于人格修养、道德完善以及治国理政的观念，大部分仍旧能够为人们所认同，毕竟经典的内涵不会因为一时的政治变化而立刻消解，民国时期的《礼记》研究仍在继续。因此我们以为，对民国时期的《礼记》文献进行梳理、研究，进而勾勒民国时期《礼记》研究的学术面貌，是研究中国礼学史的必要，也是研究整个民国学术史的一个部分。这种研究，不仅能为中国礼学史、民国学术史的研究提供较为可靠的资料，而且还能给当代的《礼记》研究提供一定的借鉴。

### （二）《礼记》研究的价值

《礼记》成书于汉代，但其成书的具体过程以及具体篇目的来源，

---

① 李鸿章：《筹议海防折》，《李鸿章全集·奏稿》，时代文艺出版社，1998，第1063页。

历来就争讼难息不能一定。郑玄以后，历代学者对《礼记》的疏注，虽然种类繁多数量巨大，但由于语言文字名物制度等的古今差异，《礼记》的文本解读至今仍然存在较多疑难。随着时代的变化，不同学者在其特定的历史环境之下，因其不同的学术立场与研究方法，对《礼记》作出的不同阐释，难免也会带来新的问题。这些都构成《礼记》研究的基本内容，虽经历代学者的反复探讨，但这些基本问题，仍旧很难说已经得到了彻底的解决。因此，研究民国时期有关《礼记》研究的文献，本身也是对《礼记》的研究。

民国礼学踵继清代朴学与晚清今文经学，有着良好的学术积累，在巨大的时代变局之中，又能广泛地接触新的知识、思想与方法。就我们阅读的文献来看，民国学者对《礼记》研究的各个方面均有涉及，对具体的问题，往往还能够提出新的意见，这为《礼记》基本问题的解决提供了更多的思路，对《礼记》研究有着较高的参考价值。比如《礼记》语词训诂、礼制解说、经义阐发等，民国学者每于郑、孔之间，提出新的观点。

《乐记》之"声""音""乐""清浊""小大""曲直""繁瘠""廉肉"等音乐术语的具体含义，旧注往往语焉不详。张清常《乐记之篇章问题及所用音乐术语》[①]一文，根据古书材料，从现代音乐学的角度，对上述的几个术语的含义作了详细的探讨，如其释"清浊"：

> 《乐象》篇云："倡和清浊，迭相为经"，郑注："清谓蕤宾至应钟也，浊谓黄钟至中吕。"案郑注不惟呆板，且未必与本文所谓"倡和"之情形相应。《吕氏春秋·适音》篇："太清则志危。""太浊则志下。"高诱未注。《左传·昭公二十一年》："清浊、大小、长短、疾徐、哀乐、刚柔、迟速、高下、出入、周疏，

---

① 张清常：《乐记之篇章问题及所用音乐术语》，《中山文化季刊》第 1 卷第 3 期，1943，第 396~403 页。

以相济也。"杜注除"周密也"外，馀均无说。考《太平御览》五七七引蔡邕《月令章句》云："凡弦急则清，慢则浊。"又五八〇引《乐纂》云："歌声浊者用长笛长律，歌声清者用短笛短律。"又五八一引《通礼义纂》云："蔡邕曰：管长则浊，短则清。"可知笛短管，旋律急，则震动数多，斯乃高音，是为"清"。笛管长，旋律缓，则震动数少，斯乃低音，是为"浊"。

今案张氏所说，可为定论。

《曲礼》云："男女不杂坐，不同椸枷，不同巾栉，不亲授，嫂叔不通问，诸母不漱裳，外言不入于梱，内言不出于梱。女子许嫁缨，非有大故不入其门。姑姊妹女子子已嫁而反，兄弟弗与同席而坐，弗与同器而食，父子不同席。"郑注："父子不同席"谓"异尊卑也"。孔疏："兄弟弗与同席而坐者，虽已嫁及成人，犹宜别席。不云侄及父，唯云兄弟者，侄、父尊卑礼殊，不嫌也。"①"父子不同席"，郑注未明此"子"字指男子、女子，或兼指男女。如孔疏"侄、父尊卑礼殊，不嫌也"之义，则父与女子子，因为尊卑礼殊可以同席，而本经"父子不同席"则专据男子而言。然本节经文，自上而下均说男女之别，孔疏说"父子不同席"为父与男子不同席，似与经文不类。简朝亮《礼记子思子言郑注补正》，于此申明郑注谓：

> 谨案《表记》曰"父子不同位，以厚敬也"。夫席之位有上下不同，则异尊卑也，此自男子言之。其不同位者，岂必不同席乎？今曰"父子不同席"，此承上文已嫁而反者之言女子子也。盖女子自父言之，则为女子子，斯父子也，故曰"父子不同席"。②

---

① 郑玄注，孔颖达疏《礼记正义》卷二，《十三经注疏》，中华书局，1980，第1241页。
② 简朝亮：《礼记子思子言郑注补正》，《民国时期经学丛书》第六辑第34册，台湾文听阁图书有限公司，2013，第288页。

今案简氏说此条礼制,以为"父子不同席"指父与女子不同席,兼顾上下文义,实长于孔疏。

《礼器》云:"礼,时为大,顺次之,体次之,宜次之,称次之。"郑注"言圣人制礼所先后也"。孔疏:

> 礼时为大者,揖让干戈之时,于礼中最大,故云时为大也。顺次之者,虽合天时,又须顺序,故顺次之也。体次之者,有时有顺,又须小大各有体别也。宜次之者,大小虽有体,行之又须各当其宜也。称次之者,称犹足也,行礼又须各自足也。①

刘咸炘谓:"此五义乃制器仪之原理,原文虽有解说,而言太浑,旧说遂泛以礼之原理解之,不见分别,如体为体统、顺为次序,及宜之与称,皆成同义异名不见分别。"其《礼记温知录》详解此文:

> 盖所谓时者,合天时也,如因天地变易而定期与三年之丧,因春露秋霜而制禘尝之礼是也;顺者,顺人情也,如始死哭踊无节、余阁之葬是也;体者,体物德也,如郊器用陶匏、明水象主人之洁是也,《荀子》所谓"贵本之谓文"亦在此中;宜者,依事宜也,如杖以扶病、铭旌以识死者是也,《荀子》所谓"亲用之谓理也"。天时统一切事物,故为首;人情为礼之本,故次之;物德事宜又次之;皆自然也。若称者,则非依自然,不过为之等差以别贵贱耳。……祭天特牲,体也,此固无关天时、非依人情、非为事便、亦非以示别,乃因天德大而精,观天下之物,无可以称其德者,故以此独特混全者象之。天子七月而葬,诸侯五月,大夫三月,宜也,此固非天时应如此,亦非有所象,若论人情,则孰不愿迟葬,岂诸侯以下之于父母每下愈薄乎?然事必如是乃便,天子须待同轨之至,诸侯止待同盟之至,而大夫更无须也……

---

① 郑玄注,孔颖达疏《礼记正义》卷二十三,《十三经注疏》,中华书局,1980,第1431页。

五义中顺宜二义，最易见而尤不待言，最难解者惟体，故礼中所解如《郊特牲》等篇宜最少而体为最多，《荀子》所谓"贵本尚质特有取义"者大多此类。又礼中器数之繁属于顺、宜、体不多，而最多者惟称，礼家既习于此，故特详于等差，自荀卿以降，皆注意于此，偏辨尊卑遂流于法家矣。①

刘氏于此详辨"时、顺、体、宜、称"之分别，说明礼仪、器物制作的缘由，条分缕析事类分别，较之孔疏尤为明切。

民国学者对《礼记》的研究，并不局限于训诂、礼制、经义等方面，对《礼记》的成书与篇章来源的考证，使用的方法更加多元，比以往的讨论也更加深入。《礼记》成书的讨论，有蔡介民《礼记通论》、洪业《礼记引得序》、童书业《二戴礼记辑于东汉考》等。篇章的考证，涉及《王制》《月令》《礼运》《乐记》《学记》等篇目。民国学者的考证，均能在过去学者讨论基础上，运用更新的材料或更新的方法，提供更为具体的结论，其中许多观点也为现代学者继承或者发展。以下正文于此有详细的讨论，这里就不再赘述了。

### 三 国内外该课题的研究现状

当代对民国时期《礼记》学文献的专门研究，尚未出现一部系统的著作。但对民国礼学的关注，早在 2007 年，有山东师范大学盖志芳硕士学位论文《民国礼学的历史考察》，考察民国礼学的概况。该文旨在"从学术史角度考虑礼经、从政治史角度考虑礼制，从思想史角度考虑礼教——从整体上考察'礼学'在民国时期由传统向近代之转型轨迹"②，共分八个章节：民国礼学文献的统计、民国礼学文献考

---

① 刘咸炘：《礼记温知录》，《民国时期经学丛书》第六辑第 32 册，台湾文听阁图书有限公司，2013，第 26 页。
② 引自该文摘要。

## 绪　论

证、民国礼制研究、民国礼学思想研究、民国礼制规范、民国礼教批判、民国礼俗嬗变、民国礼学品鉴等。

该文民国礼学文献的统计主要包括民国公私书目对礼学文献的著录、民国时期礼学文献的刊刻（包括再版和新著）、民国礼学书籍的出版与论文的发表。礼学文献考证，梳理了民国学者对《周礼》《仪礼》《礼记》等书的撰作时代、作者、性质、价值以及子目相关问题考证的主要观点。民国礼制研究，概述了民国学者对职官制度、婚姻制度、丧葬制度、宗法制度、祭祀制度、名物制度、司法制度等具体礼制研究的结论。民国礼学思想，包括民国学者对礼的起源与内涵的探究、礼书字词篇章的考释、古礼的批判继承、礼学的近代化等内容。民国礼制规范，包括南京临时政府对旧礼的变革、袁世凯政府的复礼活动、南京国民政府的礼制改革活动等。礼教批判主要探讨了新派学者对礼教、三纲的批判。礼俗嬗变，考察了民国社会风俗的变迁。礼学品鉴讨论了民国礼学的特色与价值。总体来看，该文从历史学的角度，对民国时期"礼学"涉及的基本问题作了较为详细的梳理；在研究传统礼学的同时，对国民政府的礼制改革与民国社会礼俗的变迁给予了足够的关注，这些都为民国礼学的深入研究提供了非常有益的参考。

从《礼记》研究的角度来看，该文梳理了民国学者对《礼记》成书和篇章来源以及部分礼制的讨论，为读者了解民国《礼记》的研究提供了较为丰富而准确的资料。该文关于这三个方面的研究，也是本文研究《礼记》文献的必要内容，我们将在该文梳理的基础上，详细考察民国学者考证《礼记》使用的各种资料，分析不同学者的论证方法，总结不同学者观点差异的原因，结合当代学者对《礼记》考证的探讨，对民国学者的《礼记》考证予以适当的定位，为《礼记》考证提供新的资料。

此后，对民国礼学的研究，无论资料的梳理还是重要学者的个案研究，均取得很大成就的是台湾林庆彰先生主持的"民国以来经学之研究"科研计划。该计划始于2007年，分别研究民国时期（1912—1949）、国民政府迁台时期（1949—2004）、新中国时期（1949—2004）的经学概况。截至2012年，针对民国时期的经学研究，共有8次学术会议展开，提交专题论文计134篇，结集成为《变动时代的经学与经学家：民国时期（1912—1949）经学研究》，于2014年12月由台湾万卷楼图书股份有限公司出版发行。其中有关三礼部分，有商瑈《南菁书院与张锡恭的礼学》，程克雅《晚清民初学者曹元忠（1865—1923）之礼学初探》《晚清民初学者曹元弼（1867—1953）之礼学诠释》，曾圣益《清末民初的复礼主张——曹元弼、曹元忠与张锡恭的礼说要义》，陈韵《黄侃礼学论著初探》《黄侃礼学经典诠释（一）——〈礼学略说〉版本及其校勘》《黄侃礼学经典诠释（二）——〈礼学略说〉笺释》，许子滨《陈汉章〈《周礼》行于春秋时证〉析论》，郑宪仁《郭沫若〈周礼〉职官研究之探讨》，周少川《吴承仕〈经典释文序录疏证〉》，许振兴《民国时期香港的经学——陈陶伯的〈孝经说〉》，周德良《刘师培〈白虎通义源流考〉辨》《洪业〈白虎通引得序〉辨》，梁秉赋《变动时代的经学——从谶纬研究的视角考察》《变动时代的经学——从顾颉刚的谶纬观考察》等15篇论文。又在此科研计划执行以前，林庆彰先生已经开始着手民国经学资料的搜集工作，其主编之《民国时期经学丛书》，已于2008~2013年由台湾文听阁图书有限公司相继出版发行，是当前民国时期礼学著作收录最为完备的丛书。

该计划的研究成果对民国时期重要礼学家的礼学著作、学术思想、治学方法作了深入的探讨，为我们进一步研究民国礼学，提供了有益的借鉴。从该计划论文集的收录情况来看，他们对民国三礼学的研究主要集中在《周礼》《仪礼》两个方面，关于《礼记》的研究却相对较少。

中国大陆 2011 年度国家社科基金项目有西南财经大学潘斌先生主持之"二十世纪中国三礼学史"（项目编号：11XZS020），亦关注民国礼学的研究。该项目自立项以来，至本书选题之时，通过网络可以看到的研究成果有《皮锡瑞三礼学的今文经学观》《论皮锡瑞的郑学研究》《刘师培三礼学之古文经学观》《吴之英仪礼学刍议》等。2016 年 6 月潘斌先生出版《二十世纪中国三礼学史》一书。该书体大思精，对民国时期的《礼记》研究的各种学术史现象均有所关注。就学术史的梳理与研究来看，潘斌先生的成就固当是卓越的，然阅读此书的感受是，《礼记》学基本问题的论证与探讨，似乎并不是潘先生著述关注的重点。

结合上面的文献综述，我们可以看到民国时期的《礼记》研究，较少类似清代中期重要礼学家倾注大量精力的著作，故而不易引起学界的关注。《礼记》内容本身非常复杂，民国学者研究《礼记》的角度与方法又呈现出一种多样性的特点，这导致民国时期《礼记》研究资料出现分布零散且系统性不是很强的局面，无疑为民国时期的《礼记》学的研究增加了难度。这些因素可能是当前对民国《礼记》学研究尚未深入的原因，也是本书需要克服的难点之一。因此，关于民国时期《礼记》学，尚有较大研究空间，完全可以进一步深入探讨，这也是本选题的依据之一。

## 四　本文研究的方法、思路与内容

本书研究主要采用文献学与语言学相互结合的方法，包括目录学、版本学、校勘学、辨伪学、文字学、音韵学、训诂学等，以梳理民国时期《礼记》研究学术史与讨论《礼记》研究基本问题为研究思路，力求在研究民国时期《礼记》文献的基础上，为《礼记》研究基本问题的解决，提供新的看法、思路或材料，并对民国时期的《礼记》研究作出合理的评价。结合《礼记》学研究的基本内容与民国时期《礼记》研究的实际情况，考虑时间、精力、学力等方面因素，本书研究的内容，主要包括民国时期《礼记》文献的综述、民国学者对《礼记》成书以及篇章来源的考证、民国学者对《礼记》经注的训解、民国学者对《礼记》的文化定位与研究方法的探讨等几个方面，并以此为依据初步讨论民国时期《礼记》研究的成就、局限与影响等。

# 第一章

## 民国时期《礼记》考证研究（上）

《礼记》考证的研究，自清代考据学兴起以后，得到不断的深入与延展，民国时期甚至成为《礼记》学研究的重要议题，民国以后新出土文献的面世，也为《礼记》考证的研究提供了更多的资料。民国时期《礼记》考证的研究，主要集中于《礼记》成书、《王制》作者、《月令》来源、《今月令》出处、《学记》作者等几个议题之上，有关《礼运》的思想属性的探讨，更大程度上属于思想史层面的研究，因此本章的研究以前者《礼记》成书、《月令》来源等议题为对象。20 世纪 80 年代以后，钱玄先生《三礼通论》对《礼记》的成书年代，进行过细致的论证。王锷老师所著《礼记成书考》，对《礼记》成书与篇章来源，也都有非常深刻的讨论。本章对民国时期《礼记》考证的研究，全面梳理民国时期不同学者的观点与论据，注重从学术史发展的角度考察民国学者论证的方法与思路，对民国学者在《礼记》考证研究中所处的地位与所起的作用进行评价，并在此基础上对《礼记》考证的基本问题提出看法与意见，以期为《礼记》考证的研究提供参考。

## 第一节 《礼记》渊源研究考论

### 一 民国以前学术史梳理

今本《礼记》渊源的记载,最早见于郑玄《六艺论》,孔颖达《礼记正义》引《六艺论》谓:

> 《六艺论》云:今礼行于世者,戴德、戴圣之学也。又云:戴德传《记》八十五篇,则《大戴礼》是也,戴圣传《礼》四十九篇,则此《礼记》是也。①

据郑玄说,《礼记》固当汇辑于西汉,而出自戴圣之手。魏晋隋唐之间,论《礼记》源流之书,据前人搜检,今可考见者有如下数种。

陆德明《经典释文序录》谓:

> 景帝时河间献王好古,得古《礼》献之。刘向《别录》云:古文《记》二百四篇。陈邵字节良,下邳人,晋司空长史。《周礼论序》云:戴德删古《礼》二百四篇为八十五篇,谓之《大戴礼》;戴圣删《大戴礼》为四十九篇,是为《小戴礼》。汉刘向《别录》有四十九篇,其篇次与今《礼记》同,名为他家书拾撰所取,不可谓之《小戴礼》。后汉马融、卢植考诸家异同,附戴圣篇章,去其繁重及所叙略而行于世,即今《礼记》是也。郑玄亦依卢、马之本而注焉。②

《隋书·经籍志》谓:

---

① 郑玄注,孔颖达疏《礼记正义》卷一,《十三经注疏》,中华书局,1980,第1229页下。
② 吴承仕:《经典释文序录疏证》,中华书局,1984,第101页。

汉初，河间献王又得仲尼弟子及后学者所记一百三十一篇，献之。时亦无传之者。至刘向考校经籍，检得一百三十篇。向因第而序之。而又得《明堂阴阳记》三十三篇，《孔子三朝记》七篇，《王史氏记》二十一篇，《乐记》二十三篇，凡五经，合二百十四篇。戴德删其烦重，合而记之，为八十五篇，谓之《大戴记》，而戴圣又删大戴之书，为四十六篇，谓之《小戴记》。汉末马融遂传小戴之学；融又足《月令》一篇，《明堂位》一篇，《乐记》一篇，合四十九篇。而郑玄受业于融，又为之注。①

唐徐坚《初学记》谓：

《礼记》者，本孔子门徒共撰其所闻也。后通儒各有损益，子思乃作《中庸》，公孙尼子作《缁衣》，汉文时博士作《王制》。其余众篇，皆如此例。至汉宣帝世，东海后仓善说礼，于曲台殿撰《礼》一百八十篇，号曰《后氏曲台记》。后仓传于梁国戴德，及德从子圣。乃删后氏《记》为八十五篇，名《大戴礼》。圣又删《大戴礼》为四十六篇，名《小戴礼》。其后诸儒又加《月令》《明堂位》《乐记》三篇，凡四十九篇，则今之《礼记》也。②

唐杜佑《通典》谓：

初，献王又得仲尼弟子及后学所《记》四百十一篇。至刘向考校经籍，才获百三十篇。向因第而叙之。而又得《明堂阴阳记》二十二篇，《孔子三朝记》七篇，《王史氏记》二十篇，《乐记》二十三篇，总二百二篇，戴德删其烦重，合而记之，为八十五篇，谓之《大戴记》。而戴圣又删大戴之书，为四十七篇，谓

---

① 长孙无忌等：《隋书·经籍志》，商务印书馆，1965，第20页。
② 徐坚：《初学记》，《文渊阁四库全书》第890册，上海古籍出版社，1987，第331页。

之《小戴记》。马融亦传小戴之学，又定《月令》、《明堂位》，合四十九篇。郑玄受业于融，复为之注。今《周官》六篇，《古经》十七篇，《小戴记》四十九篇，凡三种，唯郑玄《注》立于学官，馀并散落。①

案上诸说，《序录》述经学传述，《隋志》为一代大典，《初学记》为类书，《通典》为政书，其于《礼记》渊源，虽各执一是，然皆无所考证论辩，要之，当是各据所本而各述己见。考诸家异同，谓《礼记》为小戴所传，郑玄以下，皆无异言。然小戴删大戴，郑玄实所未道，今可考见者，则西晋陈邵始发其说，《隋志》《初学记》《通典》并从之。若《礼记》篇目之数，郑玄谓小戴所传四十九篇，陈邵从之。《隋志》则谓《礼记》本四十六篇，《月令》《明堂位》《乐记》乃东汉马融所加；《初学记》亦谓此三篇后来所加，只不直称马融而已。《通典》则以《礼记》本四十七篇，马融所加者为《月令》《明堂位》两篇。若二戴《记》材料来源，郑玄语焉不详。陈邵谓大戴删古《礼》二百四篇，《隋志》更详举所删各书篇数之细，如《礼古记》百三十篇②、《明堂阴阳记》三十三篇、《王史氏记》二十一篇、《乐记》二十三篇、《孔子三朝记》七篇，共为二百十四篇。《通典》所举大戴所删之书，与《隋志》相同，惟各篇数目稍有出入，总为二百二篇，非但与《隋志》不合，与《汉志》亦有不同。《初学记》则谓大戴所删者，乃为后仓《曲台记》百八十篇。

魏晋隋唐诸家所述异同，大略如上三端，由是可见《礼记》渊源的公案，从来未有一定，然无论所述分歧如何，今本《礼记》为小戴所辑，诸家则均无异议。清代朴学兴盛，对《礼记》渊源问题曾有精

---

① 杜佑：《通典》卷四十一，《文渊阁四库全书》第603册，上海古籍出版社，1987，第495页。
② 然《汉书·艺文志》明谓《礼古记》为百三十一篇，故此五书篇数之总，则为二百十五篇。

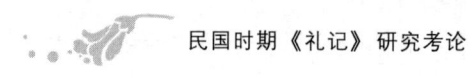

密考证，与隋唐诸书各述已见又有不同。

清代毛奇龄（1623—1716）著《经问》，始疑《隋志》等二戴删古《记》若干篇之说不可信，毛氏谓：

> 二戴为武宣时人，岂能删哀平间向、歆所校之书乎？况前汉《儒林》不载删《礼》之文，东汉《儒林》又无其事。则哀、平无几，陡值莽变，安能删之。又且《大戴礼》见在，并非与今《礼记》为一书者；且戴圣所删止为四十六篇，相传三篇为马融增入，则与《后汉·儒林》所称四十九篇之目又复不合，凡此皆当阙之，以俟后此之论定者，故曰戴圣集《礼记》，未敢信也。①

据上文又可知，不仅二戴删古《记》毛氏既已质疑，且连小戴删大戴、小戴集《礼记》之说，毛氏亦有疑辞。

然《四库全书总目提要》又于《礼记正义》篇首，力驳《隋志》所称《月令》等篇为马融后加之说，其谓：

> 今考《后汉书·桥玄传》云："七世祖仁，著《礼记章句》四十九篇，号曰桥君学"。仁即班固所谓小戴授梁人桥季卿者，成帝时尝官大鸿胪，其时已称四十九篇，无四十六篇之说。又孔《疏》称《别录》《礼记》四十九篇，《乐记》第十九。四十九篇之首，《疏》皆引郑《目录》。郑《目录》之末必云此于刘向《别录》属某门。《月令目录》云："此于《别录》属《明堂阴阳记》。"《明堂位目录》云："此于《别录》属《明堂阴阳记》。"《乐记目录》云："此于《别录》属《乐记》，盖十一篇今为一篇。"则三篇皆刘向《别录》所有，安得以为马融所增？《疏》又引玄《六艺论》曰："戴德传《记》八十五篇，则《大戴礼》是

---

① 毛奇龄：《经问》，《皇清经解》卷一百六十四，清咸丰十年（1860）广东学海堂补刊本，第 7 页 A。

也。戴圣传《礼》四十九篇,则此《礼记》是也。"玄为马融弟子,使三篇果融所增,玄不容不知,岂有以四十九篇属于戴圣之理?况融所传者乃《周礼》,若小戴之学,一授桥仁,一授杨荣,后传其学者有刘祐、高诱、郑玄、卢植。融绝不预其授受,又何从而增三篇乎?知今四十九篇实戴圣之原书,《隋志》误也。

因此,《礼记》四十九篇为戴圣原书之意见,代表了清代中期官方学术的意见。

毛氏以后,清儒又有明确质疑小戴删大戴之说者,是说最早应当见于戴震(1724—1777)《戴东原集》,戴氏谓:

> 郑康成《六艺论》曰:戴德传《记》八十五篇。《隋书·经籍志》曰:《大戴礼记》十三卷,汉信都王太傅戴德撰。今是书传本卷数,与《隋志》合。《隋志》言戴圣删大戴之书为四十六篇,谓之《小戴记》,殆因所亡篇数,傅合为是言欤?其存者,《哀公问》及《投壶》,《小戴记》亦列此二篇,则不在删之数矣。他如《曾子大孝》篇见于《祭义》,《诸侯衅庙》篇见于《杂记》,《朝事》篇自"聘礼"至"诸侯务焉"见于《聘义》,《本事》篇自"有恩有义"至"圣人因杀以制节"见于《丧服四制》;凡大小戴两见者,文字多异。《隋志》以前,未有谓小戴删大戴之书者①,则《隋志》不足据也。②

而钱大昕(1728—1804)《廿二史考异》亦谓:

> 据郑康成《六艺论》云:戴德传《记》八十五篇,戴圣传《记》四十九篇;此云百三十一篇者,合大小戴所传而言。《小戴记》四十九篇,《曲礼》《檀弓》《杂记》,皆以简策重多,分为

---

① 案此戴震偶误,《经典释文序录》引陈邵《周礼论序》已称小戴删大戴。
② 戴震:《戴东原集》,《续修四库全书》第1434册,上海古籍出版社,2002,第433页。

上下，实止四十六篇。合大戴之八十五篇，正协百三十一之数。《隋志》谓《月令》《明堂位》《乐记》三篇为马融所足，盖以《明堂阴阳》三十三篇、《乐记》二十三篇别见《艺文志》，故疑为东汉人附益，不知刘向《别录》已有四十九篇矣。《志》不别出《记》四十九篇者，统于百三十篇也。①

戴、钱二氏，虽以《礼记》辑于戴圣，与官方意见相同，但他们究竟是当世硕儒，不肯轻信小戴删大戴之事，清儒学风，考信存疑，由此可见。钱大昕立说之巧在于其以《小戴记》四十六篇与《大戴记》八十五篇相合，正得《汉志》百三十一篇之数。

但是钱氏此说，并非没有问题，就数目而论，《小戴记》中有《投壶》《哀公问》两篇与《大戴记》相同，故两戴《记》篇数相加，去此重出之二篇，则只有百二十九篇，与百三十一篇之数不协。钱氏立说的这一短处，陈寿祺（1771—1834）在《左海经辨》"大小戴记并在记百三十一篇中"条中已经指出，陈寿祺谓：

> 二戴《礼记》有《投壶》《哀公问》两篇篇名同，大戴之《曾子大孝》篇见小戴《祭义》，《诸侯衅庙》篇见小戴《杂记》，《朝事》篇自"聘礼"至"诸侯务焉"见小戴《聘义》，《本事篇》自"有恩有义"至"圣人因杀以制节"见小戴《丧服四制》，其他篇目尚多同者……其他与小戴出入者，略可举数，岂能彼此相足？窃谓二戴于百三十一篇之《记》，各以意断取，异同参差，不必此之所弃即彼之所录也。②

陈寿祺谓二戴于此百三十一篇之《记》，各自辑取，小戴不删大

---

① 钱大昕：《廿二史考异·汉书二》，《续修四库全书》第454册，上海古籍出版社，2002，第91页。
② 陈寿祺：《左海经辨》，《续修四库全书》第175册，上海古籍出版社，2002，第418页。

戴，不必此之所取定为彼之所弃，这对钱大昕二戴《记》篇数相合正协百三十一篇的说法，作了一定的修正。钱、陈谓二戴《记》出自《汉志》百三十一篇之《记》，与《序录》《隋志》等谓二戴《记》出自古《记》二百十四篇完全不同，这是对隋唐以来二戴《记》来源于二百四篇古《记》之说的首次突破。

陈寿祺又于"刘向《别录》古文记二百四篇、《汉书·艺文志》记百三十一篇"条谓：

> 然百三十一篇之记，第之者刘向，得之者献王，而辑之者盖叔孙通也。魏张揖上《广雅表》曰："周公著《尔雅》一篇，爰暨帝刘，鲁人叔孙通撰置《礼记》，文不违古"，通撰辑《礼记》此其显证，稚让之言，必有所据。《尔雅》为通所采，当在《大戴记》中，通本秦博士，亲见古籍，尝作《汉仪》十二篇及汉礼器制度，而《礼记》乃先秦旧书，圣人及七十子微言大义，赖通以不坠，功亚河间，《汉志》礼家阙其书且没其名，何也？①

陈寿祺在此将《礼记》的纂辑上推至汉初叔孙通，因此，关于《礼记》纂辑过程的详细探讨，当以陈寿祺此说为先导。

与陈寿祺同时的沈钦韩（1775—1831）亦反对小戴删大戴之说，其引《隋志》之言而谓：

> 案此俗说，不知《隋志》所本。刘向校书在成帝时，戴德、戴圣论石渠在宣帝末年。只可二戴自删，刘向自合，不可云二戴承刘向之本。又大小戴并授一师，同议石渠，各自名家，圣又何暇取大戴书而删之？现行《大戴记》与《礼记》重复甚多，则不出大戴明矣。《序录》引陈邵《周礼论序》云：戴德删古礼二百

---

① 陈寿祺：《左海经辨》卷上，《续修四库全书》第175册，上海古籍出版社，2002，第417页。

四篇为八十五篇者，是也。①

沈钦韩谓二戴论礼与刘向校书非当一时，只可"二戴自删，刘向自合"，似针对毛奇龄以《记》非二戴所辑之说而发。又沈氏虽反对小戴删大戴之说，但却不反对大戴删古《记》之说，与钱大昕、陈寿祺稍有不同。

清末黄以周（1828—1899）著《礼书通故》，是清代礼学的总结性著作，黄氏以为《礼记》辑于小戴之手，论据与《四库全书总目提要》相同；其不信小戴删大戴，持论本于戴震；其论《礼记》来源则谓：

> 大小戴《礼记》，古《经》、古《记》及今文《礼记》皆有，《礼》与《记》皆有古文今文之别。②

> 晋陈邵《周礼论序》语皆失实，《汉志》百三十一篇、《明堂阴阳》三十三篇、《王史氏记》二十一篇，盖古文也，大小戴《记》所采今文为多。《小戴》《奔丧》《投壶》诸篇，取诸古《礼经》；《乡饮酒义》、《冠义》、《昏义》、《射义》、《燕义》、《聘义》取诸古《礼记》；《三年问》、《哀公问》诸篇，取诸《荀子》；又取儒家《子思子》二十三篇，存其《中庸》、《表记》、《坊记》《缁衣》四篇；取公孙尼子《乐记》二十三篇，存其十一篇合为一篇。二百四篇据刘向《别录》为言，其实二戴所取，不专在二百四篇也。③

黄以周《礼书通故》于隋唐旧说，惟认同《礼记》为小戴所辑，他若

---

① 沈钦韩：《汉书疏证》卷二十四，《续修四库全书》第267册，上海古籍出版社，2002，第655页。
② 黄以周：《礼书通故》卷一，《续修四库全书》第111册，上海古籍出版社，2002，第8页。
③ 黄以周：《礼书通故》卷一，《续修四库全书》第111册，上海古籍出版社，2002，第10页。

小戴删大戴、二戴出古《记》等尽皆驳斥。黄以周论《礼记》来源，首次提出《礼记》今古文兼有之说，彻底颠覆了陈邵《周礼论序》以下二戴出古《记》二百四篇之论。因为除非能够证明《投壶》《奔丧》等古经，《三年问》《乐记》等子书，在二戴《记》成书以前，已经采入古《记》二百四篇之中，如此而后，二戴《记》出自古《记》二百四篇方才可信。这也是钱大昕、陈寿祺谓二戴《记》出自《汉志》百三十一篇之《记》，而与礼古经、诸子书无甚关涉，同样需要证明的问题。但此等古经、子书，是否在二戴以前采入二百四篇之古《记》，文献无征，无可证明。故黄氏之说《礼记》出处，实在无法非议。然而黄氏始料不及的是，《礼记》今古文兼有之说，在民国学者讨论之中，又成为论《礼记》不辑于戴圣的重要论据。

## 二 民国学者各家之说

民国学者有关《礼记》渊源的讨论，踵接前清而自成格局，这一时期参与讨论的学者，如王国维（1923[①]）、吴承仕（1933）、童书业（1935）、洪业（1936）、黄侃（1936）、蔡介民（1944）等，均提出了不少有益的观点与见解。他们讨论的中心，依然包括以下几个方面，如二戴《记》是否确为二戴所辑，与此相关的是刘向《别录》是否著录二戴《记》，《月令》《明堂位》《乐记》三篇是否为马融所益；又如今本《礼记》是否由小戴删定大戴而成；又如二戴《记》的材料，究竟来源于古《记》二百四篇、或古《记》一百三十一篇、抑或有其他来源。今以上述民国学者的讨论内容为线索，将诸家之说梳理于下。

王国维是民国时期较早论及《礼记》渊源的学者，《观堂集林》卷七之《汉时古文本诸经传考》谓：

　　《汉书·景十三王传》："河间献王所得书，皆古文先秦旧书，

---

[①] 案此为各学者发表有关《礼记》渊源著述的时间。

《周官》《尚书》《礼》《礼记》《孟子》《老子》之属。"案《汉志》及《说文叙》皆云孔壁中有《礼记》,乃谓《礼古经》五十六卷,此既言《礼》,复言《礼记》,《礼》盖谓《礼经》,《礼记》盖谓《汉志》礼家《记》百三十篇之属。《隋书·经籍志》云"刘向考校经籍,得《记》百三十篇,《明堂阴阳记》三十三篇,《孔子三朝记》七篇,《王史氏》二十一篇,《乐记》二十三篇,凡五种合二百十四篇。"《经典释文序录》引刘向《别录》云"古文《记》二百十四篇"①,数正相合。则献王所得《礼记》盖即《别录》之《古文记》,是大小戴《记》本出古文,《史记》以《五帝德》《帝系姓》《孔氏弟子籍》为古文,亦其一证也。但其本不出孔氏而出于河间,后经大小戴二氏而为今文家之学,后世遂鲜有知其本为古文者矣。②

王国维认为《汉志》所载百三十一篇之《记》为河间献王所献,合《明堂阴阳》等古文记,共为二百十四篇,为二戴《记》所本。《史记·五帝本纪》中有《五帝德》《帝系姓》为古文,《大戴记》亦有此篇目,可证二戴《记》本出古文《记》,古文《记》二百十四篇,经二戴删定变而为今文学。据此我们可以得知,王氏认可二戴《记》出自二戴之手的说法;其以二百十四篇古文《记》为二戴所本,则又上同隋唐学者所论,与黄以周等论《礼记》材料来源大不相同;而关于大小戴《礼记》的关系,王国维却未论及。

吴承仕《经典释文序录疏证》有关"三礼"节中,亦曾专门讨论《礼记》渊源,吴承仕沿袭隋唐明清诸家之说,以为二戴《礼记》为二戴所辑,关于二戴《礼记》的材料来源,吴氏说法与黄以周《礼书通故》略同,其谓:

---

① 案今所见各本《经典释文序录》引该处《别录》文字均作"二百四篇",与《隋志》"二百十四篇"不同,王氏以为二者数目相同,当偶误,或所据版本不同。
② 王国维:《观堂集林(附别集)》卷七,中华书局,1959,第324页。

二戴《记》所采，一为礼家之古记，即古文《记》百三十一篇及《明堂阴阳》三十三篇等是；二为乐家之《乐记》；三为《论语》家之《孔子三朝记》；四为《尚书》家之《周书》；五为九流之儒家；六为九流之道家；七为九流之杂家；八为近代之作；九为《逸礼》。①

吴承仕认为《礼记》为二戴所纂辑，否定《月令》《明堂位》《乐记》等三篇为马融所增益，其证据与《四库全书总目提要》相同。吴承仕亦承继了戴震以来小戴不删大戴的说法，吴承仕以为：

二戴各自撰《记》，本不相谋，故不嫌重复，如《大戴·哀公问于孔子》与《小戴·哀公问》同，《大戴·礼察》与《小戴·经解》略同，《大戴·曾子大孝》与《小戴·祭义》同，《大戴·诸侯衅庙》与《小戴·杂记》同，《投壶》二《记》俱有，文亦略同，而《大戴》亡篇中尚有《礼器》《祭法》佚文，以此推之，则相同者盖不止此数。②

吴承仕论小戴不删大戴，思路与陈寿祺谓大小戴各取百三十一篇之《记》的思路大致略同。吴承仕论二戴《记》渊源的创见，在于他首先讨论了《别录》是否著录了二戴《礼记》，其谓：

刘向校书既列传记相传旧本，继复解散旧本，除去重复，别撰目录，自为部居，使篇义相从，各有分序，即郑《目录》所称"别录属某某"是也。以近世书部相况，则《记》百三十一篇者犹稍古之丛书，其中篇目容与他单行书、他丛书有重复者。二戴之《记》则犹晚出之丛书，其所采会即本之稍古之丛书，并删取各家单行之书，以自成一部，而二家所录自不嫌互有异同也。刘

---

① 吴承仕：《经典释文序录疏证》，中华书局，1983，第102页。
② 吴承仕：《经典释文序录疏证》，中华书局，1983，第103页。

向之撰《别录》，正犹今人之为书目提要，别为凡最，分摄各家。二戴《记》既皆有所本，今为总目，不烦两见，故《录》《略》不著二戴之名，而班《志》因之，以其足以相摄故也。①

我们阅读民国时期学者讨论《礼记》渊源的论著可以看到，当时有学者根据《汉志》不著二戴《礼记》的既有事实，乃谓二戴《礼记》不成书于西汉、不纂辑于二戴。吴氏讨论《汉志》不载《礼记》，以为其原因在于二戴《记》取自百三十一篇《记》等书而成，故《别录》《七略》《汉志》等目录之书，为避免重复，只记其本来材料，并非《汉志》不载二戴《记》，就能表明西汉时二戴《记》就不存在。当然，关于《汉志》不载二戴《礼记》的原因，说者各有不同，或谓《汉志》本之《七略》，《七略》删自《别录》，《汉志》不载二戴《礼记》，不能表明《别录》亦不载二戴《礼记》。总之，根据《汉志》不载《礼记》而断定《礼记》不出西汉，终究失之偏颇，故吴承仕于此特作辩论。

黄侃《礼学略说》篇末亦论及《礼记》的渊源。黄侃据《后汉书·桥玄传》载"仁从戴德学，著《礼记章句》四十九篇"，以为《礼记》篇数确由小戴所定，其说《汉志》不载《礼记》的原因，与吴承仕见解相同。吴承仕论《礼记》材料来源，本于黄以周《礼书通故》，而黄侃关于《礼记》材料来源又与黄以周、吴承仕大同而小异，其谓：

> 谨案《礼记》之起，盖在孔子之前。《史记·孔子世家》云"《书传》《礼记》自孔氏"，乃折中夫子之意，非其实也。《文王世子》引《记》曰"虞夏商周有师保有疑丞"，孔疏曰"作记之人，更言记曰，则是古有此记，作记者引之"。《仪礼·丧服》疏

---

① 吴承仕：《经典释文序录疏证》，中华书局，1983，第104页。

衰期章，传更引传，贾疏曰"又云传曰者，子夏引他书传，证成己义"。由此言之，《礼》之传记，更在宣尼之前，明矣。诸经宜有旧传，亦不止《礼记》而已。若夫今之《礼记》，则自旧记而外，有本之孔子及七十子者，有七十子后学所为者，有秦汉先师所附益者。是故或采古文《经》《记》，或采百家之书，或出后师所益。①

诸家论《礼记》材料来源，旨在说明二戴纂辑《礼记》采自何书，黄侃则强调《礼记》纂辑的过程，不始于二戴，二戴之功特在确定今本《礼记》的篇目。黄氏认为《礼记》篇章之起，早在孔子之前，今本《礼记》篇章有出自孔子及其弟子者，又有出自七十子后学者，又有出于秦汉诸儒增益者。黄氏这些讨论，已经从讨论《礼记》纂辑过程，进入了《礼记》具体篇章年代的探究。

以上所述王国维、吴承仕、黄侃三家论说，具体见解或有分歧，如《礼记》材料来源，王氏以为出自古记二百四篇，吴氏、黄氏则以为《礼记》材料来源不必仅为古《记》，而有百家之书等，但他们的共识则在于肯定二戴纂辑《礼记》，换句话说他们都认同《礼记》成书于西汉。王、黄所论，多肯定隋唐以至清代学者论说的合理成分，对小戴删大戴等异议问题，并未多作讨论，整体来看，王、吴、黄等立论，仍旧基于清人立论的基础之上，并不激烈地对旧说提出颠覆性的意见。因此，在讨论《礼记》渊源的问题上，王、吴、黄等可以归为考信一类群体，代表民国学风的一个重要的方面。

我们在阅读民国时期《礼记》研究的论著时也能看到这样一个现象，与王、吴、黄等维护旧有说法合理成分的倾向不同，童书业、洪业、蔡介民等明显受"疑古"思潮的影响，他们对《礼记》成书的讨

---

① 黄侃：《礼学略说》，《国立中央大学文艺丛刊》第2卷第2期，1936，第1~33页；又见《黄侃论学杂著》，中华书局，1964，第481页。

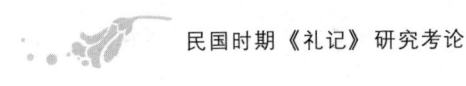

论提出了具有鲜明时代特征的意见，这些意见颠覆了旧有说法，而且这些颠覆性意见，也能在晚清学术史中找到一定的渊源。

童书业在1935年曾撰《二戴礼记辑于东汉考》①，首次提出二戴《礼记》成书于东汉的观点，其否定《礼记》成书于西汉的证据主要有以下几条。第一，《汉书》不载二戴《记》。《儒林传》未言二戴传《记》，且《艺文志》不载二戴《礼记》。第二，《礼记》传授渊源渺茫。童氏谓："小戴之学既有传人，则《小戴记》何待汉末马融、卢植始传注之？更何待汉末始行邪？自小戴至汉末，其间百余年，《礼记》何人传之？何故不行？《隋志》、《释文》、《释疑论》等书，竟一语不及。"②第三，二戴《记》之说晚出。童氏谓"二戴传《记》之说始自郑玄，以前未见也。大小戴《礼记》之称，盖亦始自汉末。郑玄、许慎辈之书始称'戴礼'，其郑许辈以前之书，如《白虎通义》等，则但称'礼某某记'（如王度记），或单称礼记……使二戴《记》果为二戴所传纂，则其说何待汉末始见？"③童氏根据二戴《礼记》的称名，至汉末方始出现，乃谓二戴《礼记》为东汉之书。第四，二戴《记》中多古文说。二戴《礼记》今古文杂糅的说法，黄以周已经提出。童书业认为大小戴所传为今文学，而《礼记》古文色彩特浓，今文学家采辑古文学之书是万不可能之事。黄以周提出《礼记》今古文杂糅以后，廖平撰《今古学考》又详分《礼记》今古文篇目，童氏根据《礼记》杂糅今古文，遂谓身为今文学家的二戴，不可能纂辑今古文杂糅的《礼记》，显然是受到了黄以周以及廖平的启发，是晚清今古文学之争发展的必然结果。第五，二戴《记》原始材料不可信。童书业认为《礼记》的原始材料古文《记》二百十四篇，如《礼古记》百三十一篇，《明堂阴阳》三十三篇，《王史氏》二十一篇等，为古文

---

① 童书业：《二戴礼记辑于东汉考》，《浙江省立图书馆馆刊》第4卷第2期，1935，第55~74页；又见《童书业史籍考证论集》，中华书局，2005，第36页。
② 童书业：《二戴礼记辑于东汉考》，《童书业史籍考证论集》，中华书局，2005，第38页。
③ 童书业：《二戴礼记辑于东汉考》，《童书业史籍考证论集》，中华书局，2005，第38页。

家所伪造之典籍，且河间献王等人物，亦为古文家所伪托。童氏在此条之后，又以较大篇幅论证了《月令》《明堂位》《乐记》三篇均为古文家伪撰之书的痕迹。童氏这一观点最能反映其所代表的"古史辨"派的学术特色。童书业据上五证，论《礼记》渊源谓：

> 窃谓今本《礼记》材料之大源，当为古《记》百三十一篇，如《曲礼》、《檀弓》等数十篇盖即出于是也。马融既删古《记》以为新《记》，又取《明堂阴阳》、《王史氏》、《乐记》等《记》及《逸礼经》以益之，遂成所谓《小戴礼记》者。①

据此，童书业将《礼记》的纂辑者归之于马融，将《礼记》纂辑时间下推至东汉末年。童书业虽将《礼记》的材料来源，仍旧归为古《记》二百四篇之类，但他又认为此等古《记》俱不可信，均为古文家伪撰之书。这是童书业所代表的"古史辨"派关于《礼记》来源的基本观点。

与童书业同时而著述稍晚的洪业，亦曾撰文讨论《礼记》渊源，他们的观点有着相似之处，都将《礼记》成书的时间下推至汉末，但他们论证的思路又有不同。洪业撰有《礼记引得序——两汉礼学源流考》②一文，详考两汉礼学典籍的传授与源流。洪业梳理清代学者有关《礼记》渊源的各家观点，认为戴震、陈寿祺等论小戴不删大戴，当为定论。《礼记》篇目如《月令》《明堂位》《乐记》三篇，《隋志》以为马融所加，《四库全书总目提要》以为《隋志》不可从信，洪业据《说文》引礼书文字，认为《隋志》所说为有本之论，其谓：

> 唯《说文》引《礼记》辄冠以"礼记"二字，独其引《月

---

① 童书业：《二戴礼记辑于东汉考》，《童书业史籍考证论集》，中华书局，2005，第52页。
② 洪业：《礼记引得序——两汉礼学源流考》，《史学年报》第2卷第3期，1936，第1~31页；又见《洪业论学集》，中华书局，1981，第197~220页。

令》者数条，则冠以"明堂月令曰"，似许君所用之《礼记》尚未收有《月令》，此可左证《月令》后加之说。①

以此为基础，洪业以为《月令》辑入《礼记》在东汉许慎之后，则西汉刘向《别录》即不可能著有《礼记》四十九篇。

洪业又以为《别录》不著录《礼记》四十九篇，可以作为今本《礼记》不成书于西汉的证据之一，故洪氏以较大篇幅论证《别录》不载《礼记》，其证据有以下几端，今据其文约之如下：

> 《汉志》绝未道及，一也。《丧服四制》，郑云："此于《别录》，旧说属《丧服》。""旧说"二字殊可异。《小戴》四十九篇若逐篇著列于《别录》，且《乐记》第十九，次序并与郑注《礼记》相同，则《别录》所列之第四十九篇，篇名云何，类属云何，当一检便得，何至以旧说为依？可见郑玄之所谓某篇于《别录》属某者，非据《别录》而为言也。此其二。孔氏所引郑氏《别录》，通论十六篇，丧服十一篇，吉礼七篇，制度六篇，祭祀四篇，明堂阴阳二篇，世子法、子法、乐记各一篇，合为四十九篇。然《奔丧》、《投壶》，既为逸经，何混列于《记》？《明堂阴阳》本有二十三篇，何分其二于此……向校理旧籍，类别而区分，何与四十九篇之外，彼此重复？此其三。②

此外，洪氏举证尚有《汉志》所记刘向《乐记》原委与郑注《乐记》分篇之间的矛盾，文繁不悉征引。

《礼记》今古文杂陈，黄以周《礼书通故》已有成说，童书业又因之以谓小戴乃西汉今文家学，不可能辑采古文家之书，而洪业亦有此论，与童书业如出一辙。可见以今古文之说，论《礼记》渊源，是

---

① 洪业：《礼记引得序——两汉礼学源流考》，《洪业论学集》，中华书局，1981，第212页。
② 洪业：《礼记引得序——两汉礼学源流考》，《洪业论学集》，中华书局，1981，第213页。

清末学术今古文之争延展的必然结果。与童书业论说比较，洪业又勾稽了一条新的证据：

> 《射义》："其节天子以驺虞为节，诸侯以狸首为节，卿大夫以采蘋为节，士以采蘩为节。"《夏官·射人》："王……乐以驺虞，九节五正；诸侯……乐以狸首，七节三正；孤卿大夫……乐以采蘋，五节二正；士……乐以采蘩五节二正。"此二者颇相照，顾乃与《仪礼》不合。①

《仪礼》射礼第三番射有依乐节而作射，即所谓"不鼓不释"，《大射》中诸侯与其臣射，奏狸首以射，大夫、士不奏采蘋、采蘩；《乡射》中大夫、士相射奏驺虞，所附之《记》又谓"歌驺虞若采蘋"。此皆与《礼记·射义》不合，清代万斯大治学，会通群经，于此已有疑问，其谓"若以此义为正，则乡射用驺虞为僭矣。岂《仪礼》亦不可信乎？"②故洪业引万斯大此文而谓：

> 夫《周官》之出，众儒共排以为非是，小戴传授《士礼》者也，何又传授不合于《士礼》而合于《周官》之记乎？故曰后汉之《小戴记》者非戴圣之书也。③

洪业以《别录》不载《礼记》，以及《礼记》今古文杂陈，而论《礼记》成书于东汉。又因许慎《五经异义》引《礼记》称名如"礼戴""戴礼""礼戴说""今礼戴说""今大戴礼说""大戴记"等，均不见小戴、大戴并称，以为起初先有《礼戴记》，而后始有《大戴记》，"大"的意思是所收辑篇目较多，所谓"大戴礼"，犹如"增广戴礼"。这样洪业就否定了《大戴礼记》与大戴（戴德）的关系。洪

---

① 洪业：《礼记引得序——两汉礼学源流考》，《洪业论学集》，中华书局，1981，第217页。
② 万斯大：《礼记偶笺三》，《皇清经解续编》卷二十七，光绪十四年南菁书院刻本。
③ 洪业：《礼记引得序——两汉礼学源流考》，《洪业论学集》，中华书局，1981，第217页。

业以为：

> 二戴以后，郑玄之前，"今礼"之界限渐宽，家法之畛域渐泯，而记文之钞合渐多，不必为一手所辑，不必为一时所成，故经说之抵牾，不必整别；文字之重迭，不曾剪芟；其至多而滥之《大戴礼》，以遍注三礼及礼纬之郑玄，且不为之注；顾尚信其为大戴所传；则其于篇幅较小之四十九篇，遂亦误会其为小戴所传者耳。①

这是洪业对于《礼记》成书的基本观点。

童书业、洪业颠覆郑玄以下沿袭近两千年之《礼记》成书于西汉的成说，而提出《礼记》成书于东汉的观点，此论颇为新颖别致，然其中至少有五条文献史料，童、洪二氏必须反驳。其一，郑玄《三礼目录》云"此于《别录》属某某"，历来皆以为此为《别录》著《礼记》明证。其二，《经典释文序录》引《别录》"汉刘向《别录》有四十九篇，其篇次与今《礼记》同，名为他家书拾撰所取"（见前所引），明谓《别录》著《礼记》四十九篇。其三，孔疏引《别录》"《别录》《礼记》四十九篇，《乐记》第十九"（见前所引），亦谓《别录》著《礼记》。其四，范晔《后汉书·桥玄传》称"七世祖仁从同郡戴德学，著《礼记章句》四十九篇，号曰桥君学"（见前所引），桥仁西汉人，已传《礼记》四十九篇，亦为西汉有《礼记》四十九篇之证。其五，《史记·五帝本纪》司马贞《索隐》引《别录》"刘向《别录》云：'孔子见鲁哀公。问政，比三朝，退而为此记，故曰三朝。凡七篇，并入《大戴记》'"②，是《别录》著《大戴记》之证，既著《大戴记》，自亦当著有《小戴记》。

关于郑玄《三礼目录》"《别录》属某某"，童书业未置一词，洪

---

① 洪业：《礼记引得序——两汉礼学源流考》，《洪业论学集》，中华书局，1981，第219页。
② 司马迁著，赵生群等点校《史记》第1册，中华书局，2013，第5页。

业则以为诸如此类的分类，乃是《别录》针对《汉志》所载百三十一篇之《记》而言的，并不是《别录》针对《小戴礼记》的分类。郑玄《礼记目录》所引《别录》分类，乃是郑氏根据《别录》类推而来。①《丧服小记》题下郑玄云"此于《别录》，旧说属丧服"，引用"旧说"，则是郑玄之前已经出现根据《别录》区分《礼记》的成说，洪氏亦据此以为《别录》并不著录《礼记》。

又《经典释文序录》以及孔疏所称刘向《别录》有《礼记》四十九篇云云，童书业以为陆德明、孔颖达所引此等《别录》文字，皆是后人伪入，不可置信②。洪业则以为此是陆德明、孔颖达误会了郑玄"《别录》属某某"的意思，郑氏"《别录》属某某"是其根据《别录》进行的分类，陆、孔不明此理，乃有《别录》著《礼记》四十九篇之说，其实则不然。③

又《后汉书·桥玄传》载桥仁从戴德受学，又著《礼记章句》四十九篇云云，然据《汉书·儒林传》所述，桥仁所传为小戴之学，其师乃为戴圣，并非《后汉书》所谓之戴德，且《汉书·儒林传》并无桥仁著《礼记章句》四十九篇之文，故童书业以为"范书之说，作者为刘宋时人，处典午之后，文籍散亡，故其所叙儒林渊源，颇多谬讹不可究诘"。④洪业意见与童书业大致相同，且称《后汉书》所谓桥仁《礼记章句》四十九篇："安知其所谓桥氏之四十九篇，非傅会郑玄所注四十九篇之《记》，而亦以其数系诸他家耶？"⑤

又司马贞《索隐》所引《别录》中《三朝记》"并入《大戴记》"云云，洪业于此无说。清代姚振宗辑《别录》佚文，谓"并入《大戴

---

① 洪业：《礼记引得序——两汉礼学源流考》，《洪业论学集》，中华书局，1981，第214页。
② 童书业：《二戴礼记辑于东汉考》，见《童书业史籍考证论集》，中华书局，2005，第41页。
③ 洪业：《礼记引得序——两汉礼学源流考》，《洪业论学集》，中华书局，1981，第215页。
④ 童书业：《二戴礼记辑于东汉考》，见《童书业史籍考证论集》，中华书局，2005，第42页。
⑤ 洪业：《礼记引得序——两汉礼学源流考》，《洪业论学集》，中华书局，1981，第219页。

记》"五字，并非《别录》本文，乃是司马贞《索隐》案语。童书业则从姚振宗之说，否定《别录》著有《大戴记》。①

蔡介民与童书业同是"古史辨"派学者，撰有《礼记通论》②，其论《礼记》渊源与童书业《二戴礼记辑于东汉考》大致略同。蔡介民认为《礼记》材料的来源，确为《经典释文序录》《隋志》等所谓取自《古文记》，不过这种《古文记》乃为古文家如刘歆等所伪造。蔡介民勾稽《白虎通论》所引据之《礼记》材料，谓：

> 《礼记》一书，文义糅杂，泾渭合流，既非成于一时，亦非成于一手。考其时代，实非西汉或西汉以前之书。然于彼时确有一种杂无条理之礼学类书，此即古文家所伪造之古文记也。班固《白虎通义》引据最多。核其内容，可以考见《礼记》前身之真像……《汉志》《隋志》等所谓古《礼记》古文《记》者，即为此书。至于汉末马融、卢植等始重加删定，益简蠲繁，以成今之四十九篇之《礼记》。③

蔡介民将《礼记》成书的过程描述为古文家先伪造古文《记》，汉末马融、卢植等又将古文《记》删定成书，这样《经典释文序录》《隋志》等关于马融足《月令》《明堂位》《乐记》三篇的记载，就为蔡氏的论说提供了文献佐证。蔡介民又谓：

> 《前汉书》所载二戴距刘歆约六七十年；歆伪纂古文《记》，距班固著《白虎通论》约七八十年；班著《白虎通》，距马融卒年为八十七年，二人卒年相差七十四年。是刘歆之伪古文《礼

---

① 童书业：《二戴礼记辑于东汉考》，见《童书业史籍考证论集》，中华书局，2005，第42页。
② 蔡介民：《礼记通论》，中日文化协会排印本，1941。又见《民国时期经学丛书》第四辑31册，台湾文听阁图书有限公司，2009。
③ 蔡介民：《礼记通论》，《民国时期经学丛书》第四辑31册，台湾文听阁图书有限公司，2009，第19~21页。

记》,其情形班固不得闻,故引之而勿疑;马融之删定古文《礼记》以成今本《礼记》,班固亦未及见。前后相蒙,《礼记》之几经蜕变,即在此七八十年中,非马、卢辈其谁欤?①

此为蔡氏所论刘歆伪纂古文《记》,班固称引古文《记》,马融、卢植删定古文《记》而成今本《礼记》时间上的可能。而《小戴礼记》的称名出现,蔡介民以为乃是误会汉代《礼经》传授而来。蔡氏以为《礼记》传授渺茫,而《礼经》传授相对较为明确,《礼经》经后之记,多被古文家袭取而成古文《记》,《礼记》材料大多源于古文《记》,后人追溯《礼记》,遂与《礼经》混为一谈,而称《礼记》为戴《记》。②

## 三 民国时期《礼记》渊源研究的总结与评价

综观民国学者讨论《礼记》渊源我们可以看到,王国维、吴承仕、黄侃等观点与童书业、洪业、蔡介民有着"考信"与"疑古"根本的区别,而这种区别,又可以在学术史的发展中找到一定的线索。王国维、吴承仕、黄侃等的论说,带有总结清代学术的色彩,其中吴承仕、黄侃的论说尤为明显,虽然他们继承或发展的更多是清代朴学考据的观点。首先,他们认为二戴《记》成书于西汉,纂辑于二戴,这是除毛奇龄以外清代朴学学者的总体认识。其次,他们接受了戴震、钱大昕、陈寿祺等所持之小戴不删大戴的观点,但又否定了钱大昕所谓合大戴八十五篇、小戴四十六篇为百三十一篇之《记》的说法;这理清了二戴《记》的关系。再次,他们大体接受了黄以周《礼书通故》所提出的《礼记》材料来源的看法,否定了陈邵以下《礼记》删

---

① 蔡介民:《礼记通论》,《民国时期经学丛书》第四辑第31册,台湾文听阁图书有限公司,2009,第21~22页。
② 蔡介民:《礼记通论》,《民国时期经学丛书》第四辑第31册,台湾文听阁图书有限公司,2009,第6页。

自古记二百四篇，以及钱大昕、陈寿祺所谓取自百三十一篇之《记》的说法，进而认为《礼记》材料来源或取古记，或杂时说，或采子书，或辑逸礼，在黄氏基础之上，每辨而愈晰；这为《礼记》材料来源的探讨提供了一个较为圆通的意见。又吴承仕论《别录》《七略》《汉志》不载《礼记》，谓其原因是《别录》先已著录《礼记》材料来源的各种古书，故于《礼记》不再重出著录。吴氏此说的目的乃是出于应对时人质疑的需要，其说又与《四库全书总目提要》所谓《别录》著录《礼记》的说法有所不同，这可看作民国时期的学术新变。

童书业、洪业、蔡介民提出《礼记》成书于东汉的意见，显然受以顾颉刚为代表的"古史辨"派疑古思潮的影响。"古史辨"派学者"层累地造成的中国古史"观念以及他们古书辨伪实践的思想来源非常广泛，如传统学术中的疑古风气、清代朴学的考证方法、宋代以来的辨伪实践、经学今古文的学术营养、西方科学研究的方法等，都对"古史辨"派学者有着巨大的影响与启发[①]。就学术发展的前后联系来看，童书业等有关《礼记》渊源的探讨，则更大程度上与清代今文经学的发展有着不能割裂的关系。

清代今文经学发展的轨迹，梁启超《清代学术概论》、钱穆《中国近三百年来学术史》等叙述甚详，今就诸家之说略述其要。庄存与为清代今文经学的肇端人物，著有《春秋正辞》，专求"微言大义"，其弟子刘逢禄著《春秋公羊经传何氏释例》，发明"张三世""通三统""绌周王鲁""受命改制"之义。龚自珍受学刘逢禄，常引《公羊》以"经术"论时政。又有冯登府、陈寿祺、陈乔枞、迮鹤寿等辑汉代《诗》《书》今文学家佚说，以考今古文家法之异同。刘逢禄著《左氏春秋考证》，谓《左传》本名《左氏春秋》，与《晏子春秋》《吕氏春秋》性质相同，其书本为记事，而非解经，解经之文为刘歆

---

[①] 陈其泰：《"古史辨"派的兴起及其评价问题》，见杨庆中、廖娟编《疑古、出土文献、与古史重建》，漓江出版社，2012，第191页。

窜入，"左氏传"之名亦为刘歆伪创。又魏源著《诗古微》，攻击《毛传》以及《大小序》，谓此为晚出伪作。邵懿辰著《礼经通论》，以今传《仪礼》十七篇为足本，而所谓《逸礼》三十九篇皆为刘歆之伪造。梁启超《清代学术概论》谓："盖自刘书出而《左传》真伪成问题，自魏书出而《毛传》真伪成问题，自邵书出而《逸礼》真伪成问题。若《周礼》真伪，则自宋以来成问题久矣。"① 梁启超又谓康有为是清代今文学运动的中心，其总结康有为《新学伪经考》的首要在于"西汉经学，并无所谓古文者，凡古文皆刘歆伪作"②，所谓"新学伪经"乃新莽之时，刘歆所立博士之《周礼》《逸经》《左传》《毛传》等古文经传。据此可见，清代今文经学门户的建立，就其对待古文经传的态度来看，其先则辨今古文经说之同异，其后则论古文经传之伪作，至此清人论今古文经学，势同水火乃在情理之中，而汉代今古文之争遂于清代重新兴起。章太炎谓："清初诸人讲经治汉学，尚无今古文之争。自今文家以今文排斥古文，遂有古文家以古文排斥今文来对抗，孙诒让作《周礼正义》，专重古文，与今文为敌，此其例也。"③

又同论今古经学，晚清今文学大师廖平与刘逢禄、魏源、邵懿辰、康有为又有不同，廖平自谓"经学六变"。刘逢禄等谓古文经传为刘歆伪造，而廖平经学第一变"平分今古"时期则以为今古经学之分远起自先秦，古学宗孔子初年主张，今学宗孔子晚年主张；孔子初年从周公，晚年主改制；故古学宗周公，今学宗孔子；又燕赵为古学，齐鲁为今学；其说详见《今古学考》卷上"汉书艺文志今古学经传师法表"条下案语及卷下分论诸文。《今古学考》有"两戴《记》今古分篇目表"，分两戴《记》篇目为"今""古""今古杂""今古同"四

---

① 梁启超：《清代学术概论》，上海世纪出版集团，2005，第64页。
② 梁启超：《清代学术概论》，上海世纪出版集团，2005，第65页。
③ 章太炎：《清代学术之系统》，见汪学群编《清代学术的门径》，中华书局，2009，第57页。

类①，廖平谓今古学不同只在制度，今古二派如"水火阴阳"，"相妨"而亦"相济"。至其经学第二变"尊今抑古"之时，始撰《知圣篇》《辟刘篇》，而谓古文经传为刘歆以及后人伪造，廖平此时"尊今抑古"之说，被康有为接受，康有为因之又撰《新学伪经考》。

  因此从清代今文经学发展史的角度，来观察"古史辨"派学者有关《礼记》成书的论述，可见其核心观点均可谓渊源有自。黄以周不宗今文之学，其《礼书通故》论《礼记》材料来源，虽以《礼记》为今古文杂糅之书，而有今文之论，但却未尝有《礼记》并非纂辑于今文学家戴圣之论。廖平"经学一变"之时，撰《今古学考》，分《礼记》今古文篇目同异，观其"今古同""今古杂"，又谓今古二派如水火相济，亦仍未有今古杂糅之《礼记》不可纂辑于今文学家之说。然而清代学者论今古文之学壁垒日渐森严，相互排斥又势同水火，今文学家之戴圣纂辑今古杂糅之《礼记》，实在不能不让人产生疑惑。因此童书业、洪业、蔡介民等以今古文杂糅之《礼记》，不可能成书于西汉，亦不可能纂于今文家之戴圣，这是对晚清今古文之争、今古文相互排斥认识的推进。若不作此论，以《礼记》今古杂糅之书，为西汉今文家戴圣所纂辑，实与晚清今古文相互排斥的形势，有着潜在的矛盾。

  又童书业、蔡介民认为《礼记》取材之古文《记》，皆为刘歆伪造，也是清代今文学者论《左传》、《毛诗传》及大小《序》、《逸礼》等古文经传为刘歆伪造之说的扩大。"古史辨"派学者既然接受清代今文经学的辨伪结论，谓《左传》等古文经传为刘歆伪作，那么《礼记》之古文说，就不得不继续讨论，而且可以得出与《左传》等同为刘歆伪造的结论。如此，二戴既在刘歆之前，刘歆伪造之古文《记》，自然不能为二戴所纂取，因此他们认为《礼记》不纂辑于西汉，乃当

---

① 廖平：《今古学考》，《续修四库全书》第179册，上海古籍出版社，2002，第429页。

纂辑于东汉。

当然，我们说"古史辨"派学者受今文经学影响，并不是说"古史辨"派学者只是对清代今文经学的机械模仿，"古史辨"派所提出的"层累地造成的中国古史"观，虽受晚清今文经学影响，但其理论的内核，乃是基于对中国古史的研究与重建，探讨《礼记》渊源，只是他们在既有学术理念与学术方法指导之下，研究中国古史所必须解决的问题之一，清代今文经学的辨伪思想，只是他们学术思想的来源的一个方面。洪业论《礼记》渊源，对清代今文经学的辨伪结论，抱有审慎的态度，并未持有刘歆伪造《礼记》之说，这与童书业、蔡介民等稍有不同；但他却以《礼记》今古文杂糅，作为否定《礼记》纂辑于西汉的证据，可见其仍受清代今文学的影响。

民国学者讨论《礼记》渊源，其结论可以分为两派，两派之间虽然互有歧异，但却加深了后来学者对《礼记》渊源的认识，他们的讨论对新中国成立以后的礼学研究，产生了较大的影响。新中国成立以后的一段时期内，礼学的研治较为空寂，至20世纪90年代，钱玄先生著成的《三礼通论》，是新中国成立后少有的一部三礼通论著作，在礼学史上有着里程碑的意义。钱玄先生认为《礼记》的成书应在东汉，编纂者为戴圣后学弟子，钱先生论据主要有两点：

> 河间献王献古文书，即入秘府，诸儒莫得而见。刘歆校书，成于哀帝、平帝之时（前6~5年），戴德戴圣的生卒年不详，但知曾参加宣帝时石渠之会（前49年），这时二戴已早为博士，前后相距数十年，二戴不可能删辑刘歆所校定之《古文记》。

> 西汉诸经立于学官的都是今文家之学。刘歆曾建议把《左传》《毛诗》《逸礼》《古文尚书》等经设学官，遭到今文学家强烈反对。刘歆《移太常博士书》亦指责今文家"抱残守阙"。古今两家壁垒森严，相峙攻诘。二戴为西汉礼学今文大师，立于学

官，不可能辑取《古文记》作为今文家之学。①

钱玄先生认为二戴于西汉纂辑《礼记》，并不可信。因为二戴既不可能见到河间献王所献、藏于秘府之古文《记》，而且也不可能见到刘向、刘歆在哀、平年间所校定的古文《记》；并且二戴作为今文学家，也不可能辑取古文《记》，变而为今文学。钱先生前说引毛奇龄所论"戴为武宣时人，岂能删哀平间向、歆所校之书乎"为据；后说则与童书业、洪业等所论今文家不能删辑古文《记》的说法相同，不过钱先生并未引证童书业、蔡介民所论刘歆伪造古文《记》之说；可见钱先生部分接受了民国疑古派学者的观点。此外，钱先生论二戴《记》关系，以及二戴《记》的材料来源，与黄以周、吴承仕、黄侃等基本相同。

然而，民国学者所创之二戴《记》辑于东汉说，在20世纪90年代以后，不断遭到学者撰著质疑。

首先，关于《别录》《汉志》不载《礼记》，吴承仕已提出《别录》《汉志》已载《礼记》来源诸书，为避免重复，故不再载录《礼记》。杨天宇先生则认为：

> 因为《汉志》是班固根据刘歆《七略》"删其要"而撰作的（见《汉志·序》），而刘歆的《七略》，又是在其父所撰《别录》的基础上删要而成，故姚名达说："先有《别录》而后有《七略》，《七略》乃摘取《别录》以为书，故《别录》详而《七略》略也。"（《中国目录学史溯源篇》之《别录与七略之体制不同》节）故《汉志》未载之书，不等于《七略》未载，更不等于《别录》亦无其书。且《释文·序录》明云"汉刘向《别录》有四十九篇，其篇次与今《礼记》同"，复何疑哉？再则西汉时代的书，而《汉志》未收录的甚多，董仲舒的《春秋繁露》就是显

---

① 钱玄：《三礼通论》，南京师范大学出版社，1996，第39页。

例。如果我们再翻翻姚振忠的《汉书艺文志拾补》，则《汉志》未收录的，又岂止《繁露》和《二戴记》呢！[①]

因此，尽管吴承仕、杨天宇两家之说对于《别录》是否载有《礼记》仍各执一是，但据《汉志》不载《礼记》，而谓《礼记》不成书于西汉，已有以上两点可疑。

其次，今古文壁垒森严，钱穆《两汉博士家法考》以为此乃清人所论，事实并非如此，钱穆以为两汉只有今学、古学之分，并无今文、古文之争。因此，据《礼记》杂糅今古文，西汉今文学家不可能删辑古文《记》以及《逸礼》之说，已属可疑。只是钱穆以为两汉并无今古文之争，辨清儒之失，似又过于激切，不能使人全然信服，因此钱玄先生《三礼通论》仍持今古文之说。杨天宇先生折中今古文之论，亦有驳难两点。第一，今古文水火不容的形势，乃是清代今文学家所论定的事情，在汉代却未必如此激烈；第二，汉代今古文之争的时间，远在刘歆请立《左传》等古文经传之后，二戴之时尚无今古文之争，作为今文家的二戴自可删取古文《礼记》。其说详见杨天宇先生《论〈礼记〉四十九篇的初本确为戴圣所编纂——兼驳洪业所谓"〈小戴记〉非戴圣之书"说》。

再次，清代今文学家以及童书业、蔡介民等论刘歆伪造古文经传的说法，钱穆《刘向歆父子年谱》已论其非，罗列证据有二十八端，钱氏立论切实，无须怀疑。从学术史的角度来看，清代今文学家肇端所谓之《左传》为刘歆伪造的说法，现代以后除激烈疑古学者之外，几乎没有受众（如赵生群老师《春秋左传新注》导论部分有专文讨论《左传》真伪以及经史性质问题），那么踵接其后、其理相同的《礼记》古文为刘歆伪造之说，自然更不可信。因此，钱玄先生撰

---

[①] 杨天宇：《论〈礼记〉四十九篇的初本确为戴圣所编纂——兼驳洪业所谓"〈小戴记〉非戴圣之书"说》，《孔子研究》1996年12月，第56~63页。

《三礼通论》，亦不从古文经传刘歆伪造之说。1993年郭店楚简中《缁衣》等有关《礼记》篇章的出土面世，为《礼记》成篇年代的考定，提供了信实的材料证明，刘歆伪造古文《礼记》之说，事实上已被完全推翻。彭林先生有《郭店楚简与〈礼记〉的年代》①一文，根据郭店出土《缁衣》等简文与《礼记》互勘，认为"《礼记》传经诸篇年代不离《仪礼》左右"，"《礼记》通论诸篇当作于战国"，"郭店楚简多属'古文《记》二百四篇'之列"。李学勤先生谓："晚清以来的疑古学风，很大程度上是对学术史的怀疑否定，而这种否定本身又是学术史上的现象。只有摆脱疑古的局限，才能对古代文明作出更好的估价。"② 这是对20世纪"疑古"思潮的最好注脚。

当代对《礼记》渊源研究最为深入、结论最为可信的著作，当推王锷老师所著《〈礼记〉成书考》③，该书是当代《礼记》研究的典范之作。王锷老师综核众说探微索隐，钩稽文本内证、引征传世诸书、旁考出土文献，将《礼记》各篇分别研究，断限其年代，溯别其源流，最后罗列证据十端，认为《礼记》确是戴圣编纂，时间在汉宣帝甘露三年（前51）以后，很可能在汉元帝时期，刘向《别录》著有《礼记》亦符合实际；《礼记》材料来源分别从《记》百三十一篇、《曾子》、《子思子》、《孔子三朝记》、《明堂阴阳记》等文献中删辑而成，而《荀子》等与《礼记》相同章节，则是《荀子》转抄古文《礼记》；大小戴的关系，并非小戴删取大戴，陈邵等所议乃是传闻妄说；《礼记》成书以后，又经马融、卢植"去其繁重"，最终成为"定本"，是为郑玄注经所据。王锷老师的意见对民国时期"古史辨"派学者的意见进行了根本的否定，同时也对王国维、黄侃、吴承仕等人的意见进行了修正与发展。本文认为王锷老师《〈礼记〉成书考》对

---

① 彭林：《郭店楚简与〈礼记〉的年代》，见《中国哲学》编辑部、国际儒联学术委员会编《中国哲学》第二十一辑《郭店简与儒学研究》，辽宁教育出版社，2000，第41页。
② 李学勤：《重写学术史·后记》，河北教育出版社，2002，第440页。
③ 王锷：《〈礼记〉成书考》，中华书局，2007。

《礼记》渊源的基本结论最为妥当。

因此，民国时期王国维、黄侃、吴承仕等学者对《礼记》渊源问题的解决最具学术价值，他们的讨论，包括对清代学者意见的梳理甄别等，基本为当代学者讨论《礼记》渊源所吸收。"古史辨"派学者的意见，虽然逐渐被学者否定，但他们提出的有关《别录》是否载有《礼记》的问题，以及与之相关的郑《目录》所称之"此于《别录》旧说属丧服"之"旧说"两字应该如何理解等，对深入探讨《礼记》的渊源，则仍有思考的价值。

## 第二节 《王制》作者研究考论

《礼记·王制》篇的作者，本来并无太大争议，至宋代以后，方成为礼学研究史上的重要课题。宋代方悫最早提出《王制》作者的质疑，清儒对方悫的观点，作有多方补证，然而他们的结论并不可信。清代今文学者又提出《王制》为孔子素王改制之作，更属无稽之谈。民国学者对清儒的意见，进行了有力的驳正，然尚有未尽之处。当前有关《王制》作者的研究，较少能从《王制》作者争议学术史的角度，对各家之说进行细致的考辨，从而给出较为中肯的结论。本文对《王制》作者争议的学术史进行认真的梳理，综核各家之说的本原与得失，在前人论述的基础上，引证新的材料，论证《王制》确为汉文帝博士杂纂诸书而成篇的观点。

### 一 清代以前学术史概略

《王制》的作者，宋代以后争议陡起、难以遽断。《史记·封禅书》有汉文帝博士作《王制》的记载："而使博士诸生刺《六经》中作《王制》，谋议巡狩封禅事。"司马贞《史记索隐》谓："刘向《七录》云文帝所造书有《本制》、《兵制》、《服制》篇。"① 根据《封禅书》前后记载，知此事在汉文帝前元十六年（前164）。前贤稽考《礼记正义》，发现孔疏引述有关《王制》作者的文字共有三处，其中两处为郑玄的说法，一处为卢植说法。引郑玄说谓：

> 郑答临硕云：孟子当赧王之际，《王制》之作复在其后。②
> 
> 郑驳之云：《周礼》是周公之制，《王制》是孔子之后大贤所记先王之事。③

引卢植说谓：

> 卢植云：汉孝文皇帝令博士诸生作此《王制》之书。④

孔颖达申论郑注谓：

> 《王制》之作，盖在秦汉之际。知者，案下文云"有正听之"，郑云"汉有正平，承秦所置"，又有"古者以周尺"之言、"今以周尺"之语，则知是周亡之后也。秦昭王亡周，故郑答临硕云"孟子当赧王之际，《王制》之作复在其后"。卢植云"汉孝文皇帝令博士诸生作此《王制》之书。"⑤

这是汉唐学者对《王制》作者的基本认识。由上可知，卢植将《王制》的作者，明切指为汉文帝博士诸生，而郑玄于此言辞似有闪烁，只是对《王制》的年代进行了大概的断限。孔颖达申述郑玄的意见，同时不废卢植之说。这也为后代《王制》作者的争议埋下了伏笔。北宋时著名学者程颢尚信《王制》为汉代之作，《二程遗书》有：

---

① 司马迁著，赵生群等点校《史记》第4册，中华书局，2013，第1654页。
② 郑玄注，孔颖达疏《礼记正义》卷十一，《十三经注疏》，中华书局，1980，第1321页下。
③ 郑玄注，孔颖达疏《礼记正义》卷十三，《十三经注疏》，中华书局，1980，第1346页中。
④ 郑玄注，孔颖达疏《礼记正义》卷十一，《十三经注疏》，中华书局，1980，第1321页下。
⑤ 郑玄注，孔颖达疏《礼记正义》卷十一，《十三经注疏》，中华书局，1980，第1321页下。

> 孟子之时，去先王为未远，其学比后世为尤详，又载籍未经秦火，然而班爵禄之制，已不闻其详。今之礼书，皆撷拾于煨烬之余，而多出于汉儒一时之传会，奈何欲尽信而句为之解乎？①

南宋项安世《项氏家说》更谓：

> 《王制》之言爵禄，取于《孟子》；其言巡守，取于《虞书》；其言岁三田及大司徒、大司马、大司空三官，则皆取于《公羊氏》；其言诸侯朝聘之节，则取于《左氏》；其余必皆有所授。盖文帝合汉初今文博士之传，斟酌增损共为一书，将以兴王制致太平者，其说自应与古文诸书不合。郑康成无策以通之，强为之说曰此殷制也，自是凡不可通者，皆以此语断之，岂非遁辞也哉？②

项安世乃据汉文博士杂采诸书以作《王制》的著述性质，批评郑玄解经说以异代之制的变通手法。

目见所及，首先针对汉文帝博士作《王制》固有说法而发难的是宋代学者方回（梁学昌《庭立记闻》卷一已言之），方回续魏了翁《古今考》中有如下之文：

> 文帝于是使博士诸生刺《六经》而作《王制》，谋议巡守封禅事（刺《六经》，谓采取之也。刘向《七录》云"文帝所造书有《本制》、《兵制》、《服制》"。），非今之《礼记·王制》也。汉武帝巡守封禅事，盖萌芽于此。③

---

① 程颢、程颐：《二程遗书》卷四，《文渊阁四库全书》第698册，上海古籍出版社，1987，第63页。
② 项安世：《项氏家说》卷六，《文渊阁四库全书》第706册，上海古籍出版社，1987，第525页。
③ 魏了翁、方回：《古今考》卷十四，《文渊阁四库全书》第853册，上海古籍出版社，1987，第315页。

方回依据司马贞《史记索隐》所引述之刘向《别录》之文，指出汉文帝所造之《王制》与《礼记·王制》非同一书，对《礼记·王制》的做法提出疑问。然而与方回同时的王应麟《汉艺文志考证》却谓：

> 《王制》不著录，《史记·封禅书》"文帝使博士诸生刺六经中作《王制》"，《索隐》："刘向《七录》云文帝所造书有《本制》、《兵制》、《服制》篇"，《白虎通》引《礼王制》曰："天子棺椁九重"。今《礼记·王制》篇，盖其略也。①

寻王应麟之意，乃谓《王制》收入《礼记》，《汉志》并不著录，今《礼记·王制》为汉文博士所作之《王制》《本制》《兵制》《服制》等书的删略之本；《白虎通》引《王制》之文，溢出今本《王制》之外，就是明证。王应麟此议似乎是对方回谓今本《王制》与汉文博士所作《王制》非同一书说法的回应。方、王二家针锋相对的意见，拉开了《王制》作者争议的序幕，其影响非常深远，后世讨论的思路，基本上都以方、王二家的论说为起点。

宋代以后关于《王制》作者的讨论，参与人数最多、内容最深入、范围最广泛的，当首推清代学者；而民国学人的研究，又在清人的基础上继续推进，为《王制》作者问题的解决，提供了非常有益的思路。清代有关《王制》作者问题的考论，可以分为两个时期，前期以考据学为视角，后期以今文学为视角，最终竟使《王制》在晚清思想史中大放异彩。

## 二 清代学者各家之说分类

清代考据学者讨论《王制》作者，肯定汉文博士所作有之，否定

---

① 王应麟：《汉艺文志考证》卷二，《文渊阁四库全书》第 675 册，上海古籍出版社，1987，第 29 页。

汉文博士所作有之，而否定者特多。否定派各家学者引据的首要材料，就是方回指出的司马贞《史记索隐》所引之刘向《别录》"文帝所造书有《本制》、《兵制》、《服制》篇"之文，并接受了方回据此认为汉文博士所作《王制》与今本《礼记·王制》不是一书的观点。他们的讨论，在方回《古今考》的基础上，又作了多个方面的延伸。今就所见，罗列具有代表性的各家之说如下。

### （一）引郑以难卢

孙志祖《读书脞录》"王制"条下：

> 《礼记·王制正义》卢植云"汉孝文皇帝令博士诸生作此《王制》之书"，《释文》同。案《史记·封禅书》文帝使博士诸生刺《六经》作《王制》，谋议巡狩封禅事，《索隐》引刘向《七录》云"文帝所造书有《本制》、《兵制》、《服制》篇"，然则文帝之《王制》非《礼记》之《王制》也，卢植以其书名偶同而误牵合之尔。郑康成答临硕云"孟子当赧王之际，《王制》之作复在其后"，盖亦不以汉文时之《王制》当之也。[①]

臧庸《拜经日记》[②]、孙星衍《平津馆文稿》[③]、姚振宗《汉书艺文志拾补》[④] 说与孙志祖同。

王鸣盛《十七史商榷》论《王制》非汉文博士之作，亦据今本《王制》无《本制》《兵制》《服制》之文，且引郑玄之说以驳难卢植

---

[①] 孙志祖：《读书脞录》卷二，《续修四库全书》第1152册，上海古籍出版社，2002，第230页。
[②] 臧庸：《拜经日记》卷七，《续修四库全书》第1158册，上海古籍出版社，2002，第114页。
[③] 孙星衍：《平津馆文稿》卷上，《孙渊如先生全集》，《续修四库全书》第1477册，上海古籍出版社，2002，第530页。
[④] 姚振宗：《汉书艺文志拾补》卷一，《续修四库全书》第914册，上海古籍出版社，2002，第132页。

之议，与上述诸家均无二致。王鸣盛与上述诸家的不同在于，他将《礼记》渊源的问题，引入《王制》作者的讨论之中，王氏谓：

> 《艺文志》《礼记》百三十一篇，七十子后学者所记也，其后大小戴删取之，今存四十九篇《王制》在此内，与文帝所作何涉？许慎《说文》自序云"壁中书者，鲁恭王坏孔子宅而得《礼记》、《尚书》、《春秋》、《论语》、《孝经》"，《礼记》亦孔壁中所得，其非汉儒所作甚明。下文武帝得宝鼎，命群儒采封禅《尚书》《周官》《王制》事，此《王制》则是文帝所作，盖文帝原为封禅作之，武帝亦以议封禅采之也。①

王鸣盛认为《礼记》出自孔氏壁中，本为先秦古文，因而不可能是文帝博士所作。相较孙志祖、臧庸等的议论，王鸣盛的视角已经开始有所转换。当然王鸣盛此论的提出，与乾嘉时期《礼记》渊源问题深入讨论大有关联。钱大昕与王鸣盛为姑舅亲戚，钱大昕主张《礼记》出自《汉志》百三十一篇古《记》之中，王鸣盛不能不知，此处则又用钱大昕之说。只是《礼记》各篇并非全然出自百三十一篇《记》中，故王鸣盛此说可待质疑。

以上诸家之说均以今本《王制》中并无《本制》《兵制》《服制》之说，而认为汉文博士所作《王制》与《礼记·王制》不同，这是对方回《古今考》意见的承继。各家又引郑玄之说以驳难卢植之议，这是方回没有论及的。郑注语义闪烁，的确为清儒引据提供了较大的空间。

### （二）《王制》无封禅之文

陈寿祺谓：

---

① 王鸣盛：《十七史商榷》卷十三，《续修四库全书》第452册，上海古籍出版社，2002，第253页。

明年使博士诸生刺《六经》作《王制》，谋议巡守封禅事。然今《王制》无一语及封禅，言巡守者，特一端耳。司马贞《史记索隐》引刘向《别录》云"文帝所造书有《本制》、《兵制》、《服制》篇"。以今《王制》参检，绝不相合。郑君《三礼目录》云"名曰王制者，以其记先王班爵、授禄、祭祀、养老之法度"，此则博士所作《王制》或在《艺文志》礼家《古封禅群祀》二十二篇中，非《礼记》之《王制》也。①

陈寿祺指出《王制》所记并无封禅之事，巡守亦只是其中一端，且谓汉文博士所作《王制》在《汉志》礼家《古封禅群祀》二十二篇中。

黄以周《礼书通故》将陈寿祺所谓《礼记·王制》并未言及封禅巡守之事的说法充分展开，进而论定汉文《王制》与《礼记·王制》非同一书，根据郑注认为《礼记·王制》作于战国之末。② 我们可以看到陈寿祺、黄以周的意见，是对方回、臧庸、孙志祖、孙星衍、姚振宗等已有论证的进一步拓展。《礼书通故》是清代礼学的总结性著作，黄以周此论亦影响颇大。

### （三）贾谊《新书》引《王制》

清儒论《王制》非汉文博士所作，论证最为有力的学者当推姚范与丁晏。丁晏《礼记释注》谓：

然小司马《索隐》引刘向《别录》云文帝所造书有《本制》、《兵制》、《服制》篇，则非今《礼记》之《王制》，子干之

---

① 转引自皮锡瑞《经学通论》，《续修四库全书》第180册，上海古籍出版社，2002，第126页。
② 黄以周：《礼书通故》卷三十四，《续修四库全书》第112册，上海古籍出版社，2002，第92页。

说非也。贾谊《新书·无蓄篇》引《王制》曰："国无九年之蓄谓之不足，无六年之蓄谓之急，无三年之蓄国非其国也"，即今《礼记·王制》文。考《封禅书》，作《王制》之明年，遂改十七年为元年，则博士之作当文帝之十六年也。《贾谊传》称梁王胜坠马死，谊自伤为傅无状，后岁馀亦死。后四岁，齐文王薨，《诸侯王表》梁怀王薨当汉文之十一年，齐文王薨当汉文之十五年，则贾生之卒，定在孝文十二年。至十六年始作《王制》，《新书》在博士未作之前已先引《王制》，如此则今《礼记》中《王制》必非汉文时所作明矣。①

丁晏认为《礼记·王制》并非汉文《王制》，《王制》之作据郑玄之说，则在六国之末，在汉初为礼学先师后仓所传，故其中"凡养老有虞氏以燕礼"至"周人冕而祭元衣而养老"一段文字，能被《内则》征用。丁晏在这里据《新书·无蓄》引"《王制》"的一段文字，用以证明《王制》在汉文博士之前，这是一条非常重要的证据。其实在丁晏之前，姚范已经据《新书》而论《王制》非汉文博士所作，只是姚范之说不如丁晏明切，姚范之说见《援鹑堂笔记》②。

清代否定《王制》为汉文博士所作的各家学者，所用的一个共同的方法就是引郑义以破卢说，承认郑玄"孟子当赧王之际，《王制》之作复在其后"之说，这是清代否定派学者对《孟子》和《王制》关系的基本认识。《王制》与《孟子》在周室班爵禄上的文字基本相同，否定派学者有可能认为《王制》抄自《孟子》。《王制》与《孟子》的关系，是讨论《王制》的重要内容，下文将会继续讨论。

### （四）今文学者认为《王制》为素王改制之作

否定派的考据学者，大概受晚清今文学影响，不满意于《王制》

---

① 丁晏：《礼记释注》卷四，《续修四库全书》第106册，上海古籍出版社，2002，第52页。
② 姚范：《援鹑堂笔记》，《续修四库全书》第1148册，上海古籍出版社，2002，第596页。

在《孟子》之后，进而提出了《王制》为孔子之作的意见，首倡此说的学者乃是俞樾。此后，《王制》作者的讨论，遂由考据学的视角进入今文学的视角。俞樾认为《王制》为孔子素王改制之作、门人弟子纂辑之书，这是前人从未提出过的观点，俞樾《达斋丛说》"王制说"谓：

> 《王制》篇，卢植谓汉文帝令博士诸生作。然据《史记索隐》，文帝所造书有《本制》《兵制》《服制》篇，则非今《王制》也。郑康成答临硕云"孟子当赧王之际，《王制》之作复在其后"，此亦以意言之，无所据。愚谓：《王制》者，孔氏之遗书，七十子后学者所记也。王者孰谓，谓素王也。孔子生衰周不得位，乃托鲁史作《春秋》，立素王之法，垂示后世。《春秋》微言大义，惟《公羊》得其传，《公羊》之传，惟何劭公为能发明其义。乃今以《公羊》师说求之《王制》，往往符合……孔子将作《春秋》，先修王法，斟酌损益，具有规条，门弟子与闻绪论，私相纂辑而成此篇。后儒见其与周制不合而疑之，不知此固素王之法也。①

俞樾论汉文博士所作《王制》并非《礼记·王制》，且据郑注以难卢说，显然是因袭了宋代方回以下的考据学观点，然而俞樾尚不满足于此，进而提出《王制》是孔子素王改制之书、门人弟子纂辑之作。其实，俞樾此论，似非凭空而来，又与清代今文经学重新兴起当有一定关联。俞樾此论一出，《王制》的作者，从汉文帝博士诸生一跃上升为先圣孔子，《王制》亦因此在较短时间内引起了晚清今文学者的极大重视。

清代今文学大师皮锡瑞，接受了俞樾的观点，其《经学通论》对

---

① 俞樾：《达斋丛说》，《春在堂全书》第三册，凤凰出版社，2010，第41页。

俞樾此论赞叹不已。①皮锡瑞著《王制笺》，专据今文以发挥素王改制之说。《王制》与《孟子》在周室班爵禄方面的相同，为学者所周知，《荀子》书中亦有《王制》篇，皮锡瑞在《王制笺后序》中进一步认为"荀卿子书，亦有《王制》篇，不惟名同，其义亦多吻合"②，并列举二书相合证据共有四条。关于《王制》与《孟子》《荀子》的关系，皮锡瑞谓：

> 郑君谓《王制》是孔子之后大贤所记，当时大贤无过孟、荀，孟子之言与《王制》合而略焉弗详。《荀子·王制篇》虽详，亦不若此经条理之密。则此经必有所授，以为素王之制，似无可疑。故虽孟、荀大贤，犹未尽得其旨，以为汉博士作，不亦违乎？③

与清代考据学者认为《王制》在《孟子》之后不同，皮锡瑞认为《王制》在《孟子》之前，这也是今文学者有关《王制》作者与考据学者看法不同的一个重要方面。

廖平亦接受了俞樾的意见，相比皮锡瑞在《王制笺》中发挥素王改制之义，在《经学通论》中提高《王制》的地位，廖平则将《王制》引入今古文经学之争这个更为宏大的命题之中。廖平认为《王制》是今古文学的分界所在，今古文经学的根本区别不在于文字的不同，而在于制度的差异；今古文经学的产生远在先秦，其中古学宗周公，是孔子早年主张，今学宗孔子，是孔子晚年的主张；孔子后学之中，齐鲁学者为今学，燕赵学者为古学；《王制》为今学之主，《周礼》为古学之主。其说详见《今古学考》。④

---

① 皮锡瑞：《经学通论》，《续修四库全书》第180册，上海古籍出版社，2002，第128页。
② 皮锡瑞：《王制笺》，《续修四库全书》第107册，上海古籍出版社，2002，第71页。
③ 皮锡瑞：《王制笺》，《续修四库全书》第107册，上海古籍出版社，2002，第72页。
④ 廖平：《今古学考》，《续修四库全书》第179册，上海古籍出版社，2002，第440页。

在《今古学考》卷上中，廖平依据《王制》，将汉代以上重要典籍，甚至一书之中不同篇目如《礼记》，均一一划分今古。如此，《王制》在廖平的手中就有了神奇的作用，一跃而成为今文经学的宗祖之作。廖平笔下今古文经学，因为《王制》的引入，今古二字的内涵也开始发生了变化。廖平的学说又为康有为所接受，康有为据此而著《王制义证》《王制伪证》《新学伪经考》《孔子改制考》等书，继续发挥孔子改制之说，成为维新变法的思想武器，在近代政治史与思想史上产生了巨大的影响。

### （五）清儒肯定派学者的意见

清代否定派众多学者认为《王制》非为汉文博士所作，并且不断提出新的证据，然肯定派学者亦不乏其人。乾隆皇帝开设"三礼馆"，三礼馆臣撰有《钦定礼记义疏》，该书谓：

> 案作此书者，必《仪礼》已行，《周礼》未出，故以乡、相见列诸七教，六官无宗伯，而司马亦不言掌兵。要其大旨，言公田藉而不税、关市讥而不征、山泽入而不禁，言圭田，言养老恤穷民无告者，言省刑罚，言设学校，多根柢《孟子》，而言班爵，则取《孟子》全文。其不言"天子一位"，则以汉承秦后，天子甚尊，不敢复与公侯伯子男并列为五等。其质成之法，独归重大司徒、大司马、大司空，则因汉法以此为三公，欲稍变古以宜今也。虽于古圣人制作之精意未必尽当，而规模亦整饬可观。厥后文帝谦让，辛莫之行，而此书亦成虚说矣。辑礼者取入《记》中，以其去古未远也。而后人徒以其与《周礼》、《孟子》不合，铢铢而称、寸寸而度，曾不察其本末，岂通儒之论哉？[①]

---

[①] 乾隆三礼馆：《钦定礼记义疏》卷十五，《文渊阁四库全书》第124册，上海古籍出版社，1987，第431页。

案"三监监方伯之国",疑只是汉置诸侯守相之法,而作《王制》者见其如此,因刺诸书,取武王命管叔监殷事以实之,因管、蔡与霍叔三人,故曰三监。又曰"天子使其大夫为三监"云云,则真汉时法,如曹参为齐相,而苏意为楚相等是也。后儒信为实然,遂欲以三公之孤四命者当之,无论止是一人,与国三人文不合,抑于使其大夫之旨,不更缪乎?至黄帝二监,亦后世增附之言,与武庚为牧说等耳,未足为据。①

《义疏》将汉初制度与《王制》本文对比,发现《王制》中的制度多为汉法,因而谓《王制》固当为汉文博士所作。这可以代表清代中期的官方看法,不能否认,三礼馆臣所提出的证据,的确很有见地。

明确针对否定派证据,提出异议的学者,似乎只有洪颐煊,洪氏《读书丛录》谓:

刺《六经》中作《王制》,谋议巡狩封禅事,《索隐》刘向《七录》云文帝所造书有《兵制》《本制》《服制》篇。颐煊案:即今《礼记·王制篇》,今本无《兵制》、《本制》、《服制》篇目,亦犹《乐记》十一篇,后人合并为一,无篇目也。卢植亦云"汉孝文皇帝令博士诸生作此《王制》之书"。②

针对方回以下学者所提出之《王制》中无《兵制》《服制》《本制》篇,以驳难汉文博士作《王制》之说,王应麟曾谓今本《王制》为诸书删略之本,洪颐煊于此则认为今本《王制》为钞合诸书之本。二人所论虽然不同,其实则没有差异,但洪颐煊的说法又是针对方回疑问的第二种答案。

---

① 乾隆三礼馆:《钦定礼记义疏》卷十六,《文渊阁四库全书》第124册,上海古籍出版社,1987,第459页。
② 洪颐煊:《读书丛录》卷十七,《续修四库全书》第1157册,上海古籍出版社,2002,第713页。

通过考察，我们发现，清代学者对于汉文帝博士作《王制》的说法，肯定意见与否定意见并存于世，其中否定意见似乎又占据了上风。清代学者对《王制》为汉文帝博士所作持否定意见，起先只是对方回说法的认同与复述，然后又对方回意不断补充新的证据，而将《王制》的时代前推到战国之末。今文经学兴起以后，《王制》又被认为是孔子素王改制之作，《王制》的作者又从战国学者上升为大圣孔子。这是清代《王制》作者与年代研究的基本状况，也是民国以后学者对此问题继续讨论的起点。

## 三 民国学者对清人论说的批评与否定

民国时期《王制》作者的研究紧承清代而来，参与讨论的学者有刘师培、章太炎、刘咸炘、吴承仕、金德建、蔡介民等，除蔡介民以外，诸家学者均持《王制》为汉文博士所作的观点。因此刘师培、章太炎等学者的研究，均是对清代学者否定《王制》为汉文博士所作意见的再否定而不断展开。总结清代学者否定《王制》为汉文帝博士所作的论点或论据有如下几个方面。第一，据《史记索隐》"汉文帝所造书有《本制》《兵制》《服制》篇"，且今本《王制》并无封禅之文，论汉文博士所作《王制》与今本《王制》非同一书。第二，据郑玄"孟子当赧王之际，王制之作复在其后"等以驳难卢植汉文帝博士所作之说。第三，据《新书》引《王制》"国无九年之蓄曰不足"等语，论《王制》之作在汉文帝博士之前。第四，据《王制》与《公羊传》等相通，论《王制》为孔子素王改制之作。除此之外，与以上四个问题相关的《王制》与《孟子》的关系，也进入了民国学者研究的视野。下文将以上述五个问题为纲，逐次对民国时期各家之说进行考察。

刘师培是晚清、民国时期的古文经学大师，于1907年发表《王制篇集证》，考虑到刘师培的思想、学术、政治主张，以及学术史中的变革与联系，我们将刘师培计入民国时段进行考察。《王制篇集证》是针对清代《王制》研究进行全面批判的开山之作。刘师培首先强调《王制》确为汉文帝博士所作，并举三条论据：

> 案《礼记》之《王制》即汉文时博士所著，其证有三。赵岐《孟子题辞》言汉文时《孟子》、《尔雅》皆立博士，今《王制》篇中多采《孟子》、《尔雅》说，必汉文时博士所辑无疑，一证也。"周尺""东田"明系汉制，非周人之书，二证也。巡狩之事，《王制》所言特详，与《史记》谋议巡狩封禅语合，三证也。观此三证，则《王制》明作于汉文之时，不得谓《礼记》之《王制》非文帝时所作之《王制》也。①

这是刘师培对《王制》作者的基本态度，刘师培所举三证，均细致有理。刘氏所论第三点则是对清儒陈寿祺、黄以周所谓《礼记·王制》中并无封禅巡狩事说法回应。

对于清儒论定《王制》并非汉文博士所作的论据，刘师培驳论亦非常精到：

> 郑君《三礼目录》云："名曰王制者，以其记先王班爵、祭祀、养老之法度，此于《别录》属制度"。又《郑志》答临硕问云"《孟子》当赧王之际，《王制》之作复在其后"。又《驳五经异义》云"《周礼》是周公之制，《王制》是孔子之后大贤所记先王之事"。是郑君虽未言《王制》为汉文时所作，然一则曰出孟子之后，再则曰是孔子之后大贤所记，则亦未尝定指为周人所作也。不得据郑说以非卢说。近儒孙志祖、臧庸均执守郑说以斥卢说之非。……不知《兵制》、《服制》本别自为篇，非附于《王制》中，特《王制》存而彼篇亡耳。且卢氏为汉人，亦不至误解

---

① 刘师培:《王制篇集证（未完）》，《国粹学报》第3卷第11期，1907，第14~21页。

汉事，孙、臧所言非笃论也。①

刘师培首先指出郑玄虽未明言《王制》作者为汉文博士，但郑玄也未曾明言《王制》作者为周人，因此郑玄之说虽稍含混，但不能据郑玄之说以驳难卢植之说。又关于《史记索隐》所称之《本制》《服制》《兵制》，王应麟认为《王制》为《本制》诸书的删略之本。而刘师培别出心裁，认为《王制》与《本制》等书本来别自为篇，《本制》等篇已经亡佚，《王制》则因收入《礼记》而得以保存至今。这是针对宋代方回提出的疑问，在王应麟删略说、洪颐煊钞合说之外的第三种答案，应该引起重视。

刘师培对《王制》的性质亦有所估价，刘师培认为：

> 盖《王制》一书为汉文时博士所作，博士各出其师说汇为一篇。故一篇之中有古文说，有今文说，不拘于一经之言也；所记之制有虞夏制，有殷制，有周制，不拘于一代之礼也。惟其不拘于一经之言，故《史记》言其刺《六经》而成；惟其不拘于一代之礼，故郑君以为所记乃先王之事。是则《王制》一篇，与东汉《白虎通》无异，乃杂采众家之说、历代之制而成书者也。②

刘师培认为《王制》一篇，所作者非一人，所采者非一书，今古混杂、异代相间，进一步阐明了卢植直指汉文博士而郑玄只称孔子以后大贤这种区别产生的原因。刘师培本拟撰《王制篇集证》，"首定某条为某经之说，以证所采非一家之言，继定某条为某代之制，以证所辑非一代之制"③，可惜的是该书只完成四条，后人只能借此以窥其一斑。

关于《王制》为孔子素王改制的今文学家之论，刘师培于此亦有

---

① 刘师培：《王制篇集证（未完）》，《国粹学报》第3卷第11期，1907，第14~21页。
② 刘师培：《王制篇集证（未完）》，《国粹学报》第3卷第11期，1907，第14~21页。
③ 刘师培：《王制篇集证（未完）》，《国粹学报》第3卷第11期，1907，第14~21页。

提及，其谓：

> 乃近人解《王制》者，其误有二。一以《王制》为孔子改制之书，或以为合于《穀梁》、或以为合于《公羊》，不知《王制》所采本不仅今文之说，于今文之中，又不仅《公》、《穀》二家之说，谓之偶取《公》、《穀》则可，谓之悉合于《公》、《穀》，则不可也。一以群经非古籍，均依《王制》而作，不知此乃《王制》杂采群经也，谓《王制》依群经而作则可，谓群经依《王制》而作，则倒果为因，夫岂可哉？①

刘师培此论虽略，然亦针对明确。前者乃是针对俞樾以《王制》合于《公羊传》以及皮锡瑞《经学通论》"证以《公羊》《穀梁》二传，及《尚书大传》、《春秋繁露》、《说苑》、《白虎通》诸书，所说制度多相符合"而发。后者实则针对廖平《今古学考》认为《王制》为今文经学之祖而论。

章太炎也是晚清、民国之际古文经学的代表学者，他于1910年在《国粹学报》发表《驳皮锡瑞三书》，其中《王制驳议》专门驳难俞樾、皮锡瑞、康有为等所持之素王改制之说。该文对《王制》作者的基本问题均有所涉及，乃是对清代《王制》研究的又一次全面性批判。章太炎谓：

> 《王制》者，汉文帝使博士刺《六经》为之，见于《史记》，卢子干从其说，而郑君以为在赧王后，说已淹昧。或言博士所作有《本制》、《兵制》、《服制》诸篇，又有望祀射牛事，今皆无有，是本二书也。不悟经师传记，时有删取其文，即今《乐记》，亦不及本数，则《王制》愈可知。②

---

① 刘师培：《王制篇集证（未完）》，《国粹学报》第3卷第11期，1907，第14~21页。
② 章太炎：《驳皮锡瑞三书·王制驳议》，《国粹学报》第6卷第2期，1910，第17~22页。

由此可知，章太炎对于清儒据郑驳卢的态度与刘师培有所不同，他认为卢植所言为确，而郑玄之说淹昧难据，相较刘师培谓卢、郑二说并不相悖，章、刘议论已有差异。对于汉博士所作《本制》等，章氏认为《王制》为诸书删略之本，与王应麟所论大致相同，而与洪颐煊认为《王制》为诸书钞合之本、刘师培谓《王制》《本制》别自为篇的说法有所区别。

章太炎此文对素王改制之说批评尤切，章氏谓：

> 先师俞君以为素王制法，盖率尔不考之言，皮锡瑞信是说，为《王制笺》，所不能通即介恃素王以为容阅。案"周尺""东田"之文，非孔子作甚明，其言制录又参半本《孟子》，孟子自言去籍以后，其详不闻。当孔子时，周典犹在，纵欲改制，不当适与孟子所略闻者同。
>
> 尤渎乱不经者，以为天子之官，三公、九卿、二十七大夫、八十一元士，此非《孟子》所说，而与《昏义》《尚书》《大传》《春秋繁露》《白虎通义》相扶。案《周礼》三百六十官，非徒三百六十人也。官各有正、有贰、有考，除胥、徒、府、吏、妇官不计，约三千人，而乡、遂、郊、野之官不与。官之以事别者，一官无过十数人，官之以地别者，一官率有千百人，故乡、遂凡二万二千八百七十二人，郊、野凡六千五十八人。今云百二十官，从有百二十人，何其昧于设官分职之略也。[①]

章太炎评价他的老师、素王改制说的首倡者俞樾之言为"率尔不考"，进而批评皮锡瑞借题发挥素王改制之义的违谬。章太炎举证颇多，皆刺《王制》之文颇多荒诞，不可能为孔子素王改制之法，上所引证《王制》官员数目之辨，只是其中一条，其他皆论据确凿、条理分明。《王制》

---

① 章太炎：《驳皮锡瑞三书·王制驳议》，《国粹学报》第6卷第2期，1910，第17~22页。

为素王改制的今文学家说，经章太炎的批判，可谓已经彻底瓦解。

章太炎亦对《王制》的性质进行估价，其谓：

> 余以《王制》、《昏义》、《尚书大传》、《春秋繁露》，皆不达政体者为之，名曰博士，而愚莫甚焉。锡瑞又欲移其愚于孔子，谓之为后王制法。……然则《王制》者，博士钞撮应诏之书，素非欲见之行事。①

俞樾、皮锡瑞、康有为等将《王制》上升为素王改制之作，章太炎则将《王制》降而与《昏义》《尚书大传》《春秋繁露》诸汉人之书相等。

刘咸炘于1928年著成《周官王制论》，亦对清代否定派学者的意见进行了批判。清儒据《别录》"文帝所造书有《本制》《兵制》《服制》篇"，谓汉文博士所作《王制》非今《礼记·王制》，刘咸炘引证刘师培《王制篇集证》中《王制》《本制》等别自为篇说，以证清儒之非。针对清代今文学家所谓素王改制，刘咸炘则引据章太炎《王制驳议》为说。由此可见，章太炎、刘师培关于《王制》的论说在当时已经产生巨大影响。

刘咸炘的学术与章学诚渊源甚深，特精于目录与历史之学，关于《王制》作者的论辩，刘咸炘的创获也正在此两个方面。刘咸炘针对《别录》"文帝所造书"佚文，谓：

> 《索隐》本引刘氏《七略别录》，而《别录》即此《礼记·王制》下之文，安得谓为别一书乎？至于今书无封禅事，则孙希旦（《礼记集解》）所谓二戴所删去者，是也。且《史记》本云"谋议其事"，不云书中必有其事，固不足难也。②

---

① 章太炎：《驳皮锡瑞三书·王制驳议》，《国粹学报》第6卷第2期，1910，第17～22页。
② 刘咸炘：《周官王制论》，见黄曙辉编校《刘咸炘学术论集·哲学编（上）》，广西师范大学出版社，2010，第147页。

刘咸炘认为《史记索隐》所引《别录》文字，本为刘向系于《别录》之中《王制》条下的案语，意思是除《王制》外，文帝所造书还有《本制》《兵制》《服制》等书，这为刘师培《王制》与《本制》诸篇别自为书提供了新的证据。刘咸炘对陈寿祺、黄以周提出的《礼记·王制》中并无封禅巡守之事的说法也做了反驳，其据孙希旦说，谓封禅之事为二戴辑《礼记》所删去。

又清代《钦定礼记义疏》关于《王制》为汉文博士所作的意见，提出了《王制》中部分制度本于汉法的证据，如《王制》不论"天子一位"，又有"三监监方伯之国"等，皆为刘咸炘所赞同。刘咸炘基于《义疏》的思路，又补充了以下几条证据：

> 又如："名山大泽不以封。"此亦汉人防币之意，吴濞、淮南之事若预见之，说者乃谓与民同财，不得障管（禁民取之），不知封之诸侯固亦可不障管，归之天子亦可障管也。《诗》言"锡之山川，土田附庸"，是山川固非不以封矣。
>
> 又如："天子之县内诸侯，禄也；外诸侯，嗣也。"此亦汉关内侯与列侯之制，若古之畿内诸侯，其禄亦世，固亦嗣也。先儒则说为世采邑不世官，不知此本言采邑，岂言官邪？（旧说此章最曲而不相当对，不具驳。）凡此皆荦荦大端，不合于古。
>
> 若执技者不与士齿，与古重祝史医卜之旨背，破律乱名者亦杀，而四杀皆不以听，亦似汉法吏之苛深，说者虽曲释之而实不圆。[①]

这都体现了刘咸炘治史的卓识，为《王制》成于汉文帝博士之手，提供了有力的证据。又皮锡瑞在《王制笺后序》中提出《孟子》《荀子》本于《王制》，而又略于《王制》，不能尽得《王制》之旨，刘咸

---

[①] 刘咸炘：《周官王制论》，见黄曙辉编校《刘咸炘学术论集·哲学编（上）》，广西师范大学出版社，2010，第147页。

炌谓：

> 荀子之言本多近法，非尽孔门本旨。若孟、荀所言之合于是篇者，乃儒者所通主也。此言详于彼者数耳，彼略此详，正此后于彼之证，安所以证此先于彼邪？诚此先于彼，则孟、荀当得称引之，何略不言，而反不能尽其旨邪？①

刘咸炘这里特别强调《王制》本于《孟子》，均为有识之言。

金德建于1939年在《制言》发表《王制丛考》一文，继续讨论《王制》的作者。② 金德建的论说显然受到章太炎《王制驳议》、刘师培《王制篇集证》较大影响。关于《史记索隐》引刘向《别录》"文帝所造书有《本制》、《兵制》、《服制》篇"，刘师培、刘咸炘均认为《王制》与《本制》《兵制》《服制》别自为篇，刘师培以为《本制》诸篇今已亡佚，这与方回以下学者至章太炎的说法均不相同。金德建基本上接受了刘师培的意见，但金德建并不认为《本制》诸篇今已亡佚，金德建谓：

> 《礼记·王制》但属文帝所造之《本制》。而《兵制》、《服制》则当别自有书，所谓《兵制》，应以《司马兵法》属之。(《司马兵法》非古，司马迁早有此疑，《司马穰苴列传》又云"齐威王使大夫追论古者《司马兵法》"。此以《司马兵法》为后人所追论而作。《穰苴列传》又云"《司马兵法》闳廓深远，穰苴区区为小国行师，何暇及《司马兵法》之揖让乎"。此又疑《司马兵法》非出穰苴，则史迁已知此书晚出。) 所谓《服制》，应以《春秋繁露》中之《服制》、《度制》、《爵国》三篇属之。(三篇

---

① 刘咸炘：《周官王制论》，见黄曙辉编校《刘咸炘学术论集·哲学编（上）》，广西师范大学出版社，2010，第148页。
② 金德建：《王制丛考》，《制言》第57期，1939，第1~7页。

内容相连，应并为一，当出文帝博士所造，为仲舒所采，以录入《繁露》中者。）此皆论述古代制度之作，与《王制》体例既近，且与《王制》今说多合。①

金德建认为《王制》就是《本制》，《兵制》乃是《司马兵法》，《服制》则以《春秋繁露》中《服制》《度制》《爵国》三篇属之。金德建在该文举证《司马兵法》与《春秋繁露》多条与《王制》相同相合文字，以证成己说。这与刘师培所谓《本制》诸篇今已亡佚之说又不相同，其实这是对章太炎认为《王制》与《春秋繁露》等书相类说法的进一步发展。

《王制》中有关封地爵禄文字与《孟子》大同小异，此前学者多以《王制》本于《孟子》，本来不成问题。清代今文经学学者以《王制》为素王改制之论出，遂谓《王制》早于《孟子》，《孟子》本于《王制》。章太炎、刘师培等于此并未专门置论，刘咸炘亦只稍微提及，金德建则将《孟子》《王制》详细比勘，勾稽二书文字相合或文义相近的语句，共计三十四条，逐一疏说，这为《王制》与《孟子》关系的再讨论提供了详实的基本材料。金德建认为《王制》与《孟子》所述制度相通，《王制》源于《孟子》：

> 今按《王制》多称"古者"，如云"古者公田籍而不税"、"古者以周尺八尺为步"皆是。知所称述，原多稽考古说。以此为例，当系《王制》晚出，采据《孟子》无疑。郑康成答临硕难礼云"孟子当赧王之际，《王制》之作，复在其后"。郑氏殆亦因《孟子》与《王制》相通，故举以比拟，更谓《孟子》时代较早，《王制》之作在后，其说亦然。然则旧说《王制》文帝时博士所作，于此亦可征信矣。文帝时申公、韩婴俱以《诗》

---

① 金德建：《王制丛考》，《制言》第57期，1939，第1~7页。

为博士。《五经》列于学官，唯《诗》而已。至诸子传记，然又广至博士，《汉书·刘歆传》所谓"孝文皇帝时，天下众书往往颇出，皆诸子传记，犹广立学官，为置博士"。赵岐《孟子题辞》亦云"孝文皇帝欲广游学之路，《论语》、《孝经》、《孟子》、《尔雅》皆置博士"。可征文帝时《孟子》已置博士，而《王制》即作于文帝博士，是故《王制》所述制度，遂多采据《孟子》矣。①

这是金德建的看法。金德建撰作该文之时，今文经学认为《王制》为素王改制之作的说法，经过刘师培、章太炎、刘咸炘等学者的驳议，已不再为大多学者所认同，故金氏此文对此只略有论及，并未展开。

又在金德建著《王制丛考》之前，吴承仕于1929年撰《王制疏证自序》，发表于《制言》杂志。据该序可知吴承仕本欲撰《王制疏证》，"首申郑氏一家之学，次释记文违错之原，次明注疏弥缝之失，博稽经传，作为图谱，本之师说，参之各家，折以己意"②，以成一家之言，然该书并未写成。该序亦论及《王制》作者，谓：

> 《王制》之作又在赧王后，卢子干以为孝文时博士为之，疑事既不可质。要之，作《王制》者当秦汉之际，《逸礼》《周官经》未出于山岩屋壁，乃上采《孟子》之书，下关衰世之制，旁摭世儒之说，捃拾秘逸，总纰成文。寻厥体制，盖贾子《新书》、董生《繁露》之俦，上不拟周之正经，下不关异代法。③

吴承仕之论，大体本于章太炎，只是并不直指《王制》为汉文博士之作，而谓《王制》之作在秦汉之间，古文诸书未出之前。

---

① 金德建：《王制丛考》，《制言》第58期，1939，第1~12页。
② 吴承仕：《王制疏证自序》，《制言》第8期，1936，第1~8页。
③ 吴承仕：《王制疏证自序》，《制言》第8期，1936，第1~8页。

## 第一章 民国时期《礼记》考证研究（上）

这一时期，持《王制》并非汉文博士所作意见的学者只有蔡介民一家，蔡介民撰《礼记通论》，该书第三章考查《礼记》各篇时代，论及《王制》一篇。蔡介民认为《王制》之作前于汉后于周，所举三证全同清儒，一者《史记·封禅书》"使博士诸生刺《六经》中作《王制》，谋议巡狩封禅事"，今《王制》中无一言及于封禅，与陈寿祺、黄以周说相同，刘咸炘已论其非。二者贾谊《新书·无蓄》引"王制曰……"云云，与今《王制》文同，贾谊卒年在汉文帝使博士作《王制》之前，故《王制》不可能作于汉文帝博士之手。这一点清儒姚范、丁晏已有成论，民国诸家学者似未对此专门论及。三者《王制》与《公羊传》《穀梁传》相合，则本之俞樾、皮锡瑞，刘师培也曾驳斥其非。①

以上是民国时期诸家学者论《王制》作者大概情况，我们可以看到民国学者的论述，基本上是以对清儒的否定而逐步展开的，经过这番讨论，《王制》为汉文帝博士所作的意见，基本成为定论。他们的讨论之中，否定方回以下清代学者谓汉文帝《王制》并非《礼记·王制》，否定清代学者据郑玄之说驳难卢植之说，否定清代今文学家认为《王制》为素王改制之作，均为不刊之论，是最精彩也最有学术价值的部分，对解决《王制》作者的问题起到了决定性的作用。惟刘师培、吴承仕所论《王制》杂出众书，尚需深入讨论，方可厘清《王制》与《孟子》的关系，并消弭清儒据贾谊《新书》"国无九年之蓄"文字谓《王制》非汉文博士所作的争议。又《别录》所记之《本制》《兵制》《服制》诸篇，仍有继续讨论的必要，以最大限度还原其制作的历史背景与本来面目。又清儒据《王制》中无封禅文字，否定《王制》为汉文帝博士所作，刘师培、刘咸炘虽略有论及，但这个问题似乎仍未完全解决，尚有新的材料可以补充论证。又《王制》

---

① 蔡介民：《礼记通论》，中日文化协会排印本，1941。又见《民国时期经学丛书》第四辑第31册，台湾文听阁图书有限公司，2009，第24页。

篇末"古者以周尺"云云注解文字，清代今文学以后争议颇多，也需要从《王制》体例性质的角度加以讨论。这些都是前代学者留给后学继续思考的问题。

### 四 《王制》作者当为汉文博士补议

民国以后，关于《王制》作者问题的讨论并没有停止。任铭善撰《礼记目录后案》，对《王制》作者有专门的讨论。任氏谓汉文帝博士所作《王制》与《礼记·王制》并非一书，持论本于黄以周《礼书通故》。此外，任铭善认为《王制》"古者以周尺"以下文字，为汉儒增益之文，又据此谓《王制》并非汉人之作。又根据《孟子》北宫锜问孟子之文，断定《王制》在孟子之后。①

台湾学者屈万里、陈瑞庚则认为《王制》之作在汉文帝之后、汉宣帝之前。屈万里认为《礼记·王制》与汉文帝《王制》并非一书，说与方回相同；《礼记·王制》中引用《孟子》《荀子》《公羊传》《尚书大传》等文献，说明《王制》的成书时代，不会在汉文帝之前（陈瑞庚《王制著成之时代及其制度与周礼之异同》）；小戴将《王制》收入《礼记》，又说明《王制》之作也不会在宣帝之后。②

华友根《〈礼记·王制〉的著作时代及其思想影响》一文，认为《王制》为汉文帝博士所作，其论据是《王制》所体现的法律制度、政治制度、经济制度、民族政策等，与汉文帝时期的社会实际相符合。其论证方式与《钦定礼记义疏》、刘咸炘《周官王制论》相同。③

王锷老师《礼记成书考》亦对《王制》的作者与年代有专门论说，王锷老师的意见与清儒诸家之说均不相同。《礼记成书考》的基

---

① 任铭善：《礼记目录后案》，齐鲁书社，1982，第12页。
② 屈万里：《先秦文史资料考辨》，台湾联经出版事业公司，1983，第350页。
③ 华友根：《〈礼记·王制〉的著作时代及其思想影响》，《中华文史论丛》1985年第4辑，第27～38页。

本观点是，《王制》并非汉文博士所作，也不是孔子素王改制之作，其成篇的年代在《孟子》之前，大约在战国中期。王锷老师的依据包括以下几个方面。第一，《公羊传》《荀子》节引过《王制》文字。第二，《王制》记载周朝爵禄制度的一段文字与《孟子》记载基本一致，而《孟子》则出自《王制》。第三，《王制》记载的官职诸如冢宰、司空、司徒、小胥、大胥、小乐正、大乐正、司寇、太史、司会、司市等均见于《周礼》，但其职掌却不如《周礼》清晰，只能说明《王制》在《周礼》之前。第四，《王制》中有"顺先王《诗》、《书》、《礼》、《乐》以造士"文字，《庄子》中有"丘治《诗》、《书》、《礼》、《乐》、《易》、《春秋》六经"，郭店楚简《六德》中亦有《诗》《书》《礼》《乐》《易》《春秋》的六经名称，而且顺序相同，这说明六经名称孔子之时已有，可以从侧面说明《王制》作于战国中期。第五，《王制》自"古者以周尺"以前文字为经，以后文字为传，体例与马王堆汉墓出土的《相马经·大光破章故训传》相同，《王制》"古者以周尺"以下传文部分为秦汉之际所附益。[①]

我们认为《王制》的作者当为汉文帝博士，《王制》作者各家争议，以刘师培、章太炎的意见最为合理，惟刘师培、章太炎的论说尚有可以补充之处，兹述之如下。

第一，《孟子》与《王制》。《王制》一篇，确如刘师培、吴承仕、金德建所论，为汉文博士杂采众书而成，《史记·封禅书》谓"使博士诸生，刺《六经》中作《王制》"即是明证。文帝博士当秦火焚书残阙之后，山崖屋壁未发之前，辑纂《王制》，溢出《六经》之外，遍采群书之中，以对上诏而答上问，亦是事势之必然。

据前贤稽考，《王制》与诸书互见特多，如"天子五年一巡守"至"归假于祖、祢，用特"，出自《尚书·舜典》，历来并没有疑问。

---

① 王锷：《礼记成书考》，中华书局，2007，第184~188页。

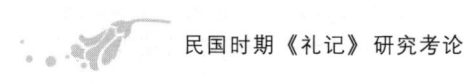

"王者之制禄爵"至"诸侯之附庸不与",前儒以为出自《孟子·万章》,其他见于《孟子》者尚有多处。"凡养老有虞氏以燕礼"至"九十者其家不从政",与《礼记·内则》篇基本相同。以上为《王制》与他书互见篇幅较大的几处。

又如《王制》"天子七日而殡,七月而葬;诸侯五日而殡,五月而葬;大夫士庶人,三日而殡,三月而葬"与《左传·隐元年》"天子七月而葬,同轨毕至;诸侯五月,同盟至;大夫三月,同位至;士逾月,外姻至"相同,《礼记》之《礼器》和《杂记》,以及刘向《说苑》亦有相同或相近记载。又如《王制》"天子祭天地,诸侯祭社稷……天子祭天下名山大川……诸侯祭名山大川之在其地者",与《公羊传·僖三十一年》"天子祭天,诸侯祭地;天子有方望之事,无所不通;诸侯山川有不在其封内者,则不祭也"亦同。又如《王制》"方一里者,为田九百亩",与《春秋繁露·爵国》"方里而一井,一井九百亩"相同。又如《王制》"司徒修六礼以节民性,明七教以兴明德",与《荀子·大略》"立太学、设庠序,修六礼,明十教,所以道之也"相发明,皮锡瑞《王制笺后序》列《王制》《荀子》相合文字又有其他四处。又如《王制》"三公九卿二十七大夫八十一元士",并见于《尚书大传》《淮南子》《春秋繁露》《说苑》《礼记·昏义》之书,等等。

诸如此类文字,《王制》或直接取自诸书,或与诸书共同采自其他文献,都能说明《王制》乃是杂钞后出之作。此等与《王制》文字互见诸书,如《尚书·舜典》《公羊传》《孟子》《荀子》等都是汉初流传的今文文献,《左传》虽是古文,但在民间早有授受,与《周官》《逸礼》等出自山崖屋壁又有所不同,都是汉文帝博士遍采群书纂辑《王制》的表现。先秦两汉文献百不存一,其他文字互见者又不知凡几。

《王制》爵禄封国文字出自《孟子》,本来没有争议。清代今文经学学者以《王制》为孔子素王改制之作,《王制》既是孔子之作,自然不得不在《孟子》之前，这是今文学家论说的逻辑必然，《王制》与《孟子》的关系至此方才成为问题。因此《王制》在《孟子》之前的说法，只是学术史上的一种附带现象，并没有事实依据，在《王制》素王改制说推翻以后，《王制》在《孟子》之前的说法，理应随之否定。故刘师培、刘咸炘、金德建、任铭善等人对此问题都有专门辩驳。《王制》本是杂采众书之作，《王制》爵禄封国文字，采自《孟子》，完全符合《王制》的性质。汉文帝曾立《孟子》博士，其博士杂纂《王制》，采辑《孟子》之说，自然也在情理之中，刘师培、金德建持此为说，也是符合历史实际的。或认为《王制》早于《孟子》，乃是忽视了《王制》的杂采众书性质，亦是没有对《王制》早于《孟子》观点的学术成因进行深入考察。

第二，《新书》与《王制》。贾谊《新书·无蓄》篇有：

> 王制曰：国无九年之蓄谓之不足，无六年之蓄谓之急，无三年之蓄，国非其国也。其王制若此之迫也，陛下奈何不使吏计所以为此？①

姚范、丁晏、蔡介民据此认为《新书》已经引用《王制》，贾谊之卒年在文帝前元十二年，《新书》之作必在前元十二年以前，而文帝博士作《王制》却在前元十六年，故今《礼记·王制》早于汉文博士《王制》，二者定非一书。如此之议，章太炎、刘师培、刘咸炘诸家或以其不值一辩而皆不置论。

其实，"国无九年之蓄"云云，见于贾书尚有其他两处：

> 《忧民》篇：王者之法，民三年耕而馀一年之食，九年而馀三年之食，三十岁而民有十年之蓄。故禹水八年，汤旱七年，甚也。野无青草，而民无饥色，道无乞人，岁复之后，犹禁陈耕，

---

① 方向东：《贾谊〈新书〉集解》，河海大学出版社，1994，第194页。

古之为天下，诚有具也。王者之法，国无九年之蓄谓之不足，无六年之蓄谓之急，无三年之蓄曰国非其国也。①

《礼》篇：国无九年之蓄谓之不足，无六年之蓄谓之急，无三年之蓄，国非其国也。民三年耕，必馀一年之食；九年而馀三年之食，三十岁相通而十年之积，虽有凶旱水溢，民无饥馑，然后天子备味而食，日举以乐。②

此三段文字贾书引用或称"王制"，或称"王者之法"，或直接引用。

今案此《无蓄》篇所引"王制曰"之"王制"并非篇名，此"王制"与"王者之法"相同，意思是"王者之制"。姚范、丁晏、蔡介民以此"王制"为篇名，是误会了原文的意思。下文"其王制若此之迫也"，尤可证此"王制"并非篇名。即便"王制"用作篇名，如《荀子》或《礼记》，仍有"王者之制"的意思。

《礼记·王制》谓：

国无九年之蓄曰不足，无六年之蓄曰急，无三年之蓄曰国非其国也。三年耕，必有一年之食。九年耕，必有三年之食。以三十年之通，虽有凶旱水溢，民无菜色，然后天子食，日举以乐。③

将此与贾书比较，显然《礼记·王制》与贾书之《礼》篇更为一致，《礼记·王制》"然后天子食"，似为贾书《礼》篇"然后天子备味而食"的脱文。

贾谊《新书》各篇分为"事势""连语""杂事"三类，《忧民》《无蓄》在"事势"类，《礼》篇在"连语"类，方向东师《贾谊〈新书〉集解》前言谓"'连语'、'杂事'两类或为太傅时所用的教

---

① 方向东：《贾谊〈新书〉集解》，河海大学出版社，1994，第155页。
② 方向东：《贾谊〈新书〉集解》，河海大学出版社，1994，第245页。
③ 郑玄注，孔颖达疏《礼记正义》卷十二，《十三经注疏》，中华书局，1980，第1334页上。

材和笔记，或释经传古义，或草创仪法，与'事势'类陈政事不同。"①"连语"类《傅职》《保傅》中文字多与《大戴礼记》互见，而《礼》篇文字又有见于《礼记·曲礼》者，据此可知此类教材、笔记常有征引故书旧文的现象。《礼》篇"国无九年之蓄"云云亦当为征引故书之文，且与《王制》杂钞出处相同或相差不远，或者汉文博士纂辑《王制》此段文字就是直接袭取《新书》之《礼》篇。《穀梁传》中亦有"国无九年之畜曰不足，无六年之畜曰急，无三年之畜曰国非其国也"之文，可能就是《新书》《王制》中这段文字的源头。在两汉文献中，《淮南子》《盐铁论》《汉书》对此段文字都有不同长短、不同形态的征引，这说明"国无九年之蓄"云云在当时是习见的材料。因此，不能据《新书》有"王制曰"文字，断章取义而推断《王制》之作在汉文博士之前。

据上所论，《王制》材料的来源非常广泛，其时代大多在汉代之前，故刘师培谓"惟其不拘于一经之言，故《史记》言其刺《六经》而成；惟其不拘于一代之礼，故郑君以为所记乃先王之事"（见前文所引）。其实，卢植谓《王制》为汉文博士所作，乃据《王制》成篇称其作者；郑玄谓"《王制》是孔子之后大贤所记"，又谓"《王制》之作盖在秦汉之际"，乃据《王制》材料称其时代。二者之间并不存在矛盾，清儒据郑难卢，实是不明此义。当然汉文帝博士纂辑《王制》，钞合各种资料，根据汉代形势做出一定的损益增删，也在情理之中，如《钦定礼记义疏》谓《王制》"天子三监"以及删去"天子一位"等，可能就是汉文博士损益增删留下的痕迹。

第三，《服制》等三篇与《王制》。方回以后学者据刘向《别录》"文帝所造书有《本制》、《兵制》、《服制》篇"，以《王制》中没有《本制》《兵制》《服制》内容，而论汉文帝博士所作《王制》并非

---

① 方向东：《贾谊〈新书〉集解》，河海大学出版社，1994，第5页。

《礼记·王制》。王应麟、章太炎谓《王制》为《本制》等书的删略之本，而洪颐煊则以为《王制》为《本制》等书的钞合之本。刘师培、刘咸炘则谓《王制》与《本制》等别是一书互不相关，刘师培谓《本制》诸篇已经亡佚。金德建认为《本制》即今《王制》，《兵制》为《司马法》，《服制》则当《春秋繁露》之《服制》《度制》《爵国》三篇。

我们认为刘师培谓《本制》三篇别自为书，且已亡佚的说法最接近事实。金德建谓《王制》为《本制》，《兵制》为《司马法》，《服制》当《春秋繁露》之《服制》《度制》《爵国》三篇并不可信。《本制》《兵制》两篇的内容，今天已经不得而知，当确如刘师培所论已经亡佚。然而《服制》虽然已经亡佚，但贾谊《新书》之《等齐》《服疑》两篇可以反映汉文帝制作《服制》的缘由与目的，《春秋繁露》中《服制》篇亦可见汉文帝《服制》的一鳞半爪。

服制指的是衣服文采的等级制度，不同级别不同爵位之人，衣服文采应该有所差异。《服制》产生的历史背景是汉初推行分封制度，同姓诸侯尾大不掉，器服制度比拟天子，对中央政府造成巨大的政治威胁，中央政府需要采取各种手段，以限制诸侯王的权力。《新书》中《等齐》《服疑》篇，就是贾谊针对当时诸侯王器服制度比拟天子的现实，向汉文帝提出的建议。《等齐》篇谓：

> 人之情不异，面目、状貌同类，贵贱之别非天根著于形容也。所持以别贵贱、明尊卑者，等级、势力、衣服、号令也。乱且不息，滑曼无纪，天理则同，人事无别。然则，所谓臣主者非有相临之具、尊卑之经也，特面形而异之耳。近习乎形貌，然后能识，则疏远无所放，众庶无以期，则下恶能不疑其上？君臣同伦，异等同服，则上恶能不眩于其下？[①]

---

① 方向东：《贾谊〈新书〉集解》，河海大学出版社，1994，第69页。

这是贾谊向汉文帝强调制定衣服等级的重要性与必要性。在《服疑》篇中，贾谊又向汉文帝提出了制定衣服等级的具体原则与办法，也就是贾谊所谓的"制服之道"：

> 制服之道，取至通至和以予民，至美至神进之帝。奇服文章，以等上下而差贵贱。是以高下异，则名号异，则权力异，则事势异，则旗章异，则符瑞异，则礼宠异，则秩禄异，则冠履异，则衣带异，则环佩异，则车马异，则妻妾异，则泽厚异，则宫室异，则床席异，则器皿异，则饮食异，则祭祀异，则死丧异。故高则此品周高，下则此品周下。加人者品此临之，埤人者品此承之；迁则品此者进，绌则品此者损，贵周丰，贱周谦；贵贱有级，服位有等。等级既设，各处其检，人循其度。擅退则让，上僭则诛。建法以习之，设官以牧之。是以天下见其服而知贵贱，望其章而知其势位，使人定其心，各著其目。①

因此，汉文帝制作《服制》的缘由，就是基于贾谊制定衣服等级的建议，应该是没有疑问的。《史记·屈原贾生列传》谓：

> 贾生以为汉兴至孝文二十馀年，天下和洽，而固当改正朔，易服色，法制度，定官名，兴礼乐，乃悉草具其事仪法，色尚黄，数用五，为官名，悉更秦之法。②

据此可以推测，贾谊既然向汉文帝建议制定衣服等级，亦有可能草具服制的仪法，而成为汉文帝制作《服制》的基本参考资料。

《服制》制作的缘由始末大抵如上所述，而《服制》的内容已经无从稽考，惟《春秋繁露·服制》篇尚可见汉文帝《服制》的一鳞半爪。《春秋繁露·服制》谓：

---

① 方向东：《贾谊〈新书〉集解》，河海大学出版社，1994，第72页。
② 司马迁著，赵生群等点校《史记》第8册，中华书局，2013，第3005页。

率得十六万国，三分之，则各度爵而制服，量禄而用财。饮食有量，衣服有制，宫室有度，畜产人徒有数，舟车甲器有禁，生则有轩冕之服位贵禄田宅之分，死则有棺椁绞衾圹袭之度。虽有贤才美体，无其爵不敢服其服。虽有富家多赀，无其禄不敢用其财。天子服有文章，夫人不得以燕飨。公以庙，将军大夫不得以燕。卿以庙，将军大夫以朝。官吏以命士，止于带缘。散民不敢服杂采，百工商贾不敢服狐貉。刑馀戮民不敢服丝元缥乘马，谓之服制。①

此篇文字，对天子、夫人、公、卿、大夫、将军、庶民、百工、商贾的衣服制度略有提及。观《春秋繁露》此文，似只是对服制的含义作出一定的解释，而不是一部制度之书，故其篇末结之以"谓之服制"之文。据贾谊《新书》，可以推知汉文帝《服制》的主要限制对象是当时的同姓诸侯王，而《繁露》此文并未提及诸侯王。这说明《繁露》很可能只是对汉文帝《服制》略有征引，不会是《服制》的全部，汉文帝《服制》也不当如是简略，但通过《繁露》文字仍然可见汉文帝《服制》之一斑。

《春秋繁露·度制》亦对衣服等级制度的意义作了说明：

凡衣裳之生也，为盖形暖身也。然而染五采饰文章者，非以为益肌肤血气之情也，将以贵贵尊贤而明别上下之伦，使教亟行，使化易成，为治为之也。若去其度制，使人人从其欲、快其意，以逐无穷，是大乱人伦而靡斯财用也，失文采所遂生之意矣。上下之伦，不别其势，不能相治，故苦乱也。嗜欲之物，无限其数，不能相足，故苦贫也。今欲以乱为治，以贫为富，非反之制度不可。古者天子衣文，诸侯不以燕，大夫以禄，亦不以燕，庶人衣

---

① 苏舆撰，钟哲点校《春秋繁露义证》，中华书局，1992，第221页。

缦，此其大略也。①

《春秋繁露》所说，与贾谊《新书·等齐》大致相同，这也可以看出，制定衣服等级制度，乃是汉初学者的共同主张，直至汉武帝时，有关衣服等级制度的话题，仍然是当时政治的重要内容。

第四，《王制》无封禅之文。清儒又据《王制》中无封禅礼制，谓汉文帝博士所作《王制》并非《礼记·王制》。今案汉文帝博士作《王制》，其中无封禅文字，是历史的事实。封禅礼制本来湮灭不彰，秦始皇封禅泰山，无文可征，竟至自创仪法，《封禅书》谓：

> 诸儒生或议曰："古者封禅为蒲车，恶伤山之土石草木；扫地而祭，席用葅秸，言其易遵也。"始皇闻此议各乖异，难施用，由此绌儒生。而遂除车道，上自泰山阳至巅，立石颂秦始皇帝德，明其得封也。从阴道下，禅于梁父，其礼颇采太祝之祀雍上帝所用，而封藏皆秘之，世不得而记也。始皇之上泰山，中阪遇暴风雨，休于大树下。诸儒生既绌，不得与用于封事之礼，闻始皇遇风雨，则讥之。②

是秦始皇时封禅仪阙，始皇因其私智，创为礼仪，为人所讥。

汉文帝鉴于封禅巡狩之事无文可征的现实，遂"使博士诸生刺《六经》中作《王制》，谋议封禅巡狩事"，这是汉文帝时的历史情形。司马迁《史记·封禅书》，开篇即谓：

> 每世之隆则封禅答焉，及衰而息。厥旷远者千有馀载，近者数百载。故其仪阙然堙灭，其详不可得而记闻云。③

---

① 苏舆撰，钟哲点校《春秋繁露义证》，中华书局，1992，第232页。
② 司马迁著，赵生群等点校《史记》第4册，中华书局，2013，第1636页。
③ 司马迁著，赵生群等点校《史记》第4册，中华书局，2013，第1623页。

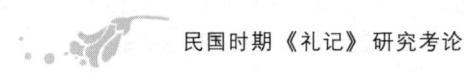

据此可知封禅仪阙，至司马迁时依然没有改变，这是司马迁时的历史现实，司马迁于此还指明了封禅仪阙的原因。因此，汉文帝使博士刺《六经》中作《王制》，用以谋议封禅的努力，只能是劳而无功（巡狩礼仪的大概，则已取自《尚书·舜典》），否则司马迁不当仍谓"其仪阙然堙灭，其详不可得而记闻"。据此可以确知汉文帝博士所作《王制》中一定没有封禅礼制的文字。

因此陈寿祺、黄以周、任铭善等以《王制》中并无一言及于封禅之事，而否定汉文博士作《王制》的说法，并不能成立。刘师培谓"巡狩之事，《王制》所言特详，与《史记》谋议巡狩封禅语合"，其"语合"之义，似指此而言，然稍嫌语焉不详。刘咸炘谓"至于今书无封禅事，则孙希旦（《礼记集解》）所谓二戴所删去者，是也。且《史记》本云'谋议其事'，不云书中必有其事，固不足难也"。"二戴所删去"云云则属无稽之谈。

第五，《王制》本文附注。"古者以周尺"以下为解释此前封国、田亩、爵禄等的文字，其"古者以周尺"云云，则此段文字必然作于周亡之后。清代今文学家倡《王制》为素王改制之作，对于此段周亡之后的文字，不得已只好谓其时汉人所增益之文，以自圆其说。皮锡瑞《王制笺》谓：

> "古者"以下当为汉人之言，礼家附入记中，如《大戴·公冠篇》有孝昭冠辞之比，卢植以为汉博士作，孔疏以为秦汉之际，以其中有周尺云云，当在周亡之后也，而以此概全经，则误矣。①

而章太炎、刘师培、金德建等人均将此段文字作为汉文帝博士作《王制》的证据，与皮锡瑞之说针锋相对。任铭善认为"古者以周尺"以

---

① 皮锡瑞：《王制笺》，《续修四库全书》第 107 册，上海古籍出版社，2002，第 69 页。

下文字确为汉人所作的注释文字,因其为注释文字,更能证明《王制》之作在战国之末,任铭善谓"果为汉人所作,何不径取汉制,又安劳复加注明哉?……斯知'古者以周尺'以下为汉人语,固本文为之附益,犹《礼经》篇末之有记也。又何得据以定是篇之出于汉人哉?"(见前文所引)任铭善虽然反对素王改制之作,但此处的论证逻辑却与今文学家基本相同。王锷老师则认为《王制》自"古者以周尺"以前文字为经,以后文字为传,体例与马王堆汉墓出土的《相马经·大光破章故训传》相同,乃是秦汉之际所附益,并将之作为《王制》作于《孟子》之前战国中期的证明。

我们以为"古者以周尺"以下文字,确为汉人注释之文,王锷老师谓其与《相马经·大光破章故训传》体例相同,理亦当然。只是此段文字正好是《王制》遍采众书增删损益的证明。汉文帝博士纂辑《王制》,杂采诸书,上自《尚书》,下及《孟子》以后,故刘师培谓其不拘一代之礼,汉文帝博士纂辑《王制》成篇以后,根据汉代时势增删损益附加的注释,亦符合《王制》的体例与性质。我们以为用此段文字证明《王制》出自汉文帝博士之手,可谓恰当其用;用此段文字证明《王制》早于汉代,则《王制》的体例与性质不甚符合。

以上是我们对《王制》作者问题以及《王制》作者研究史的基本看法。

# 第二章

## 民国时期《礼记》考证研究（下）

## 第一节 《月令》来源研究考论

《月令》为《礼记》第四篇，文辞与《吕氏春秋》之《十二月纪》略同。《月令》的来源在汉代就有争议，孔颖达《礼记正义》引郑玄《礼记目录》谓：

> 郑《目录》云："名曰月令者，以其记十二月政之所行也，本《吕氏春秋十二月纪》之首章也，以礼家好事抄合之，后人因题之名曰礼记，言周公所作，其中官名时事，多不合周法。此于《别录》属《明堂阴阳记》。"①

卢植、高诱均同郑说，以为《月令》出于《吕氏春秋》。

然《后汉书·鲁恭传》载鲁恭奏疏谓：

> 《月令》周世所造，而所据皆夏之时也。其变者唯正朔、服色、牺牲、徽号、器械而已。故曰殷因于夏礼，周因于殷礼，所损益可知也。②

蔡邕《明堂月令论》谓：

> 文义所说，传衍深远，宜周公之所著也。官号职司与周官合，《周书》七十二篇，而《月令》第五十三。秦相吕不韦著书，取《月令》为纪号，淮南王安亦以取为第四篇，改名曰《时则》。故

---

① 郑玄注，孔颖达疏《礼记正义》卷十四，《十三经注疏》，中华书局，1980，第1352页。
② 范晔撰，李贤等注《后汉书》卷二十五《鲁恭传》，中华书局，1965，第881页。

> 偏见之徒，或云《月令》吕不韦作，或曰淮南，皆非。①

由上可知《月令》的来源在汉代已经有不同的说法。历代对此问题争论不休，或从郑或从蔡，或更出新说。杜台卿《玉烛宝典序》谓：

> 束皙又云：案《月令》四时之月，皆夏数也，殆夏时之书，而后人治益。②

《隋书·牛弘传》谓：

> 今《明堂月令》者，郑玄云是吕不韦著《春秋十二纪》之首章，礼家钞合为记。蔡邕、王肃云周公所作，《周书》内有《月令》第五十三，即此也。各有证明，文多不载。束皙以为夏时之书。刘瓛云"不韦鸠集儒者，寻于圣王月令之事而记之，不韦安能独为此记？今案不得全称《周书》，亦未可即为秦典，其内杂有虞夏殷周之法，皆圣王仁恕之政也。"③

据此可知《月令》的来源在隋代已经多出两种说法，其一，束皙以为《月令》是夏时之书；其二，刘瓛认为《月令》"杂有虞夏殷周之法"。

明末方以智《通雅》又称《月令》因《夏小正》，而《吕氏春秋》因袭《月令》：

> 周公《月令》因《夏小正》，《吕览》因《月令》，《淮南》因《吕览》，记有异同，非后人笔也。陆德明以为《吕氏春秋》后人所删，蔡邕、王肃以为周公所作，先儒以"赞杰俊，遂贤良，行爵出禄"非太尉之职，太尉秦官，决非周公之书。予谓不

---

① 蔡邕：《蔡中郎集》卷三，《文渊阁四库全书》第1063册，上海古籍出版社，1987，第182页。
② 杜台卿：《玉烛宝典》，《续修四库全书》第885册，上海古籍出版社，2002，第2页。
③ 魏征等：《隋书》卷四十九《牛弘传》，中华书局，1982，第1302页。

然,《月令》之书自大挠作甲子占斗,所建伶伦制十二律以节四时之度,尧命羲和敬授人时,分四仲以定中星,验之于人,占之于鸟兽,应之于事,终以允厘咸熙,此夏时之所由起。《夏小正》之书,辞简理明,固已备月令之体。周以农开国,犹以时令为先务,大概具见《七月》,周公制礼作乐,得无一代之成书?使此书尽出不韦之手,不应以十二令为纪,各以数释解释于后,合为六十一篇。太尉固秦官所命,冢宰、司徒、司空、司马与太史、乐正、乐师、泽人、虞人、四监之类,皆周官也。不韦不过改周司马为太尉耳,盖"赞俊杰,遂贤良"与"行爵出禄",虽非太尉之职,而设仪辨位进贤兴功制畿内封,则大司马之任也,大率周公增益《夏小正》,不韦增益周公之书,其间岂得无改窜?《淮南·时则训》比吕氏《十二纪》又有异同,此可为证。①

清代汪鋆又谓《月令》为秦汉之书,其《十二砚斋随录》谓:

> 周官无太尉,汉乃有之,《月令》乃曰:"孟冬命太尉赞俊杰",此一错也。《周礼》"龟人上春衅龟",上春者,建寅之月,用周正也。《月令》乃曰"孟冬命太史衅龟策",此又错也。昔云《礼记》强半秦汉人笔,于此益信。②

以上六种说法,历代学者各有代表人物,下将随文提及,此不赘述。总结历代学者对《月令》来源问题的探讨,基本以《月令》与《吕纪》的关系、《月令》与《周书》的关系为中心,旁及《月令》与阴阳五行学说的关系、《月令》与"三正"的关系、《月令》与《明堂月令》的关系、郑注提及的《今月令》为何书等基本问题而展

---

① 方以智:《通雅》卷十二《天文》,《文渊阁四库全书》第857册,上海古籍出版社,1987,第293页。
② 汪鋆:《十二砚斋随录》卷三,《清代学术笔记》第55册,学苑出版社,2005,第44页。

开。民国时期对《月令》问题展开讨论的学者有刘师培、王公贤、容肇祖、童书业、杨宽、向宗鲁等诸位先生，他们的研究，大致也都以这五个问题作为中心。

## 一 《月令》与《吕纪》的关系

### （一）郑玄认为《月令》为秦制的依据

郑玄谓《月令》出于《吕纪》，其理由是《吕氏春秋》为秦制，证据主要有两点：

> 《孟夏》：命太尉，赞桀俊，遂贤良，举长大。郑注：三王之官有司马无大尉，秦官则有大尉。今俗人皆云周公作《月令》，未通于古。①
>
> 《季秋》：合诸侯，制百县，为来岁，受朔日，与诸侯所税于民轻重之法，贡职之数，以远近土地所宜为度，以给郊庙之事，无有所私。郑注：秦以建亥之月为岁首，于是岁终，使诸侯及乡遂之官受此法焉。凡周之法，以正月和之正岁，而县于象魏。②（《吕纪》季秋此文高诱注：来岁，明年也，秦以十月为正，故于是月受明年历日也。③）

《吕纪》既然为秦制，《月令》又与《吕纪》同，故郑玄以为《月令》必出于《吕纪》。刘师培《月令论》④、王公贤《〈礼记·月令〉篇是否即〈明堂月令〉而郑注引〈今月令〉又为何书考》⑤，均

---

① 郑玄注，孔颖达疏《礼记正义》卷十五，《十三经注疏》，中华书局，1980，第1365页。
② 郑玄注，孔颖达疏《礼记正义》卷十七，《十三经注疏》，中华书局，1980，第1379页。
③ 陈奇猷：《吕氏春秋校释》卷九，学林出版社，1984，第472页。
④ 刘师培：《月令论》，《四川国学杂志》第11期，1913，第56~59页。
⑤ 王公贤：《〈礼记·月令〉篇是否即〈明堂月令〉而郑注引〈今月令〉又为何书考》，《民大中国文学系丛刊》第1卷第1期，1934，第12~14页。

从此说。刘师培《月令论》分《月令》为《周月令》《秦月令》《汉月令》。《周月令》指《周书》之《月令》，刘氏以为其在汉代有《周书》与《明堂阴阳》两个传本。《秦月令》指《吕氏春秋》，《礼记》之《月令》，《淮南子》之《时则训》俱出吕氏。《汉月令》指郑注《月令》所称之"《今月令》"，其实为汉代所遵行之《月令》。王公贤认为《月令》出于《吕纪》，其论据也是《月令》所载太尉等为秦制，但他对这个说法稍作调整，他吸收了刘瓛"杂有虞夏殷周之法"的说法，以为《周书·月令》损益《夏小正》，《吕纪》损益《周书》，而《礼记》之《月令》、《淮南子》之《时则训》则出于《吕氏》。

**（二）诸家驳郑注《月令》以十月为岁首**

《月令》为秦制之说，王肃已有异议，杜台卿《玉烛宝典》引王肃驳郑玄"受朔"之说谓：

> 始皇十二年吕不韦死，廿六年并天下，然后以十月为岁首，不韦已死十五年，便成乖谬。①

据此可知孔颖达《礼记正义》：

> 秦始皇十二年吕不韦死，十六年并天下，然后以十月为岁首，岁首用十月时，不韦已死十五年，而不韦不得以十月为正。又云《周书》先有《月令》，何得云不韦所造？又秦并天下立郡，何得云诸侯？又秦以好兵杀害毒被天下，何能布德施惠春不兴兵？②

这一段文字亦为王肃之说。徐文靖、孙星衍的辩驳比王肃之说则更进一步，徐氏《管城硕记》谓：

---

① 杜台卿：《玉烛宝典》，《续修四库全书》第885册，上海古籍出版社，2002，第2页。
② 郑玄注，孔颖达疏《礼记正义》卷十四，《十三经注疏》，中华书局，1980，第1352页。

> 此因大飨帝告庙而受朔也,若秦以十月建亥为岁首,而季秋为来岁受朔日,即是九月为岁终,十月为受朔,此时与周法不合。试问秦以十月为来岁,即以十月为来年,而孟冬"祈来年于天宗",又何者为来年乎?季冬"与大夫共饬国典论时令,以待来岁之宜",若谓秦以十月为来岁,即以季秋为岁终,而季冬何以待来岁乎?①

徐氏已经注意到了《月令》文本内部的联系,但他说"此因大飨帝告庙而受朔",孙氏《王制月令非秦汉人所撰辨》则谓:

> 四夷俱禀正朔,去王畿或万里,非先期班硕,势不能达。②

因此向先生说:

> 故预计于九月,使凡受正朔者,皆可从容尽逮,此固无可议矣。③

如上之说,果真《月令》以十月为岁首,但秦以十月为岁首已在吕不韦死后十五年,吕不韦不能预知;《月令》若并不以十月为岁首,所用为夏正建寅之月为岁首,那么郑注"秦制"之说就失去了立论的根据。向宗鲁先生《月令章句疏证叙录》、杨宽先生《月令考》赞同王肃、徐文靖、孙星衍的说法,他们均认为《月令》以孟春为岁首,所用历法为夏正。

### (三) 诸家驳郑注周官无太尉

又郑玄谓秦官有"太尉",周无"太尉"之官,故《月令》为秦

---

① 徐文靖:《管城硕记》卷十三,《文渊阁四库全书》第861册,上海古籍出版社,1987,第194页。
② 孙星衍:《平津馆文稿》卷上,《孙渊如先生全集》,《续修四库全书》第1477册,上海古籍出版社,2002,第530页。
③ 向宗鲁:《月令章句疏证叙录》,《民国时期经学丛书》第一辑第38册,台湾文听阁图书有限公司,2008,第9页。

制，然而这一说法，也遭到后儒的质疑，徐文靖《管城硕记》谓：

> 据《鱼豢典略》，古者兵狱官皆以尉为名，《国语》"晋悼公使祁溪为元尉，奚午为军尉"。《管子》"管藏于里尉"。又襄公二十一年《左氏传》"栾盈曰：将归死于尉氏"，杜预曰："尉氏讨奸之官"，正义曰："《周礼》司寇之属无尉氏之官"。又《石氏星经》"紫微垣右枢第二星曰少尉"，既有少，则应有太矣。故《中侯握河纪》云"舜为太尉"。《河图录运法》云"尧坐舟中，与太尉舜观凤皇"。如《尚书·立政》"常伯任准人牧夫"，皆《周礼》所无，安见无太尉官耶？应劭以太尉为周官者是也。①

向宗鲁先生《月令章句疏证叙录》以为徐文靖的说法引证《星经》以及《中侯握河纪》等纬书，还不能成为定论。他说"不得以《周礼》无太尉，遂谓周无此官，《诗》《书》传记所载周官不见《周礼》者，遽数难终，非特徐氏所引《立政》而已"，这是他的基本认识。向先生认为：

> 《月令》出于《吕氏》，则《吕氏》与《月令》当无异文，而《吕氏·孟夏纪》实作"大封"，见于朱子《仪礼通解》，今本作"太尉"者，后人据《月令》改之也。②

他引臧庸《拜经日记》"命大封"条下谓：

> 《吕氏春秋·孟夏纪》"明大封赞杰俊"，《淮南·时则训》依汉制改"大封"作"太尉"，汉儒传《礼记》从之，俗本《吕览》又同《月令》作"尉"，朱子《仪礼集传集注》云"《吕》

---

① 徐文靖：《管城硕记》卷十三，《文渊阁四库全书》第861册，上海古籍出版社，1987，第194页。
② 向宗鲁：《月令章句疏证叙录》，《民国时期经学丛书》第一辑第38册，台湾文听阁图书有限公司，2008，第7页。

'尉'作'封',今据此改正"。案《管子·五行篇》云"黄帝得大封而辩于西方,故使为司马"。高氏诱注"仲冬命神农将巡功",云"昔炎帝殖谷,号为神农,后世因名名其官为神农",则此亦因大封治西方,职为司马,后世因名司马为大封也。考《汉书·百官公卿表》"太尉秦官,武帝建元二年省,元狩四年初置大司马,以冠将军之号"。《淮南》改《吕览》以从汉制,不作司马而作太尉者,以汉初官制因秦未革,至元狩四年改制,而淮南王以谋反诛,在元狩元年,已不及见矣。郑康成因太尉秦官,而以《月令》为秦制,盖未考之《吕览》欤?[①]

臧庸以为《吕氏》原作"大封",《淮南·时则训》依汉制改作"太尉",《礼记·月令》亦改作"太尉",致使《吕氏》亦改作"太尉"。这是文献考证的方法,向先生认同臧庸的观点,他说:

> 夫大封之为司马,明见《管子》,则决非误文。既可云礼家抄合不韦之书,改"大封"作"太尉",亦可云礼家袭取《周书》之文,改"司马"作"太尉"矣。[②]

但杨宽先生对此却不以为然,他说:

> 臧氏此说,仍疑无当,《淮南子·时则训》多据《吕纪》,其官制亦多不改用汉初之制。朱熹所记《吕纪》与今本出入甚多,且与高注亦多不合,盖宋时之俗本,未足据信。[③]

杨宽先生的结论与向先生稍有不同,他以为《月令》官名与其说是周制,毋宁说是晋制,后文将继续讨论杨宽先生的意见。凡此诸说,皆

---

[①] 臧庸:《拜经日记》,《清代学术笔记丛刊》第 38 册,学苑出版社,2005,第 131 页。
[②] 向宗鲁:《月令章句疏证叙录》,《民国时期经学丛书》第一辑第 38 册,台湾文听阁图书有限公司,2008,第 8 页。
[③] 杨宽:《月令考》,《齐鲁学报》第 2 期,1941,第 4~39 页。

否定郑注以周官无太尉、秦官有太尉而谓《月令》出《吕纪》的意见。

**(四) 向氏驳郑注《月令》不合周制之说**

此外,郑注依据《周礼》、《祭统》、《春秋传》、纬书、官名等,论《月令》不合周制的条目,如:

> 孟春:乘鸾路、驾仓龙、载青旗、衣青衣、服仓玉。郑注:凡此车马衣服,皆所取于殷时而有变焉,非周制也。《周礼》朝祀戎猎,事服各以其事,不以四时为异。①
>
> 仲夏:大雩帝用盛乐。郑注:《春秋传》曰:龙见而雩,雩之正,常以四月。凡周之秋三月之中而旱,亦修雩礼以求雨,因著正雩此月,失之矣。②
>
> 孟秋:是月也,毋以封诸侯,立大官,毋以割地。郑注:古者于尝出田邑,此其月也,而禁封诸侯割地,失其义。③
>
> 仲冬:去声色。郑注:声谓乐也,《易》及《乐》《春秋说》云"冬至,人主与群臣从八能之士作乐五日",此言去声色,又相反。④

向先生均将郑注一一辩驳,此不赘引。

**(五)《礼记·月令》与《吕纪》关系不能轻易否定**

以上各家所论,归结起来,就是《吕纪》既然不是秦制,《月令》也不是秦制,那么郑注就失去了立论的根据。然而这能不能说明《月

---

① 郑玄注,孔颖达疏《礼记正义》卷十四,《十三经注疏》,中华书局,1980,第1355页。
② 郑玄注,孔颖达疏《礼记正义》卷十六,《十三经注疏》,中华书局,1980,第1369页。
③ 郑玄注,孔颖达疏《礼记正义》卷十六,《十三经注疏》,中华书局,1980,第1373页。
④ 郑玄注,孔颖达疏《礼记正义》卷十七,《十三经注疏》,中华书局,1980,第1383页。

令》不是出于《吕纪》呢？我们以为，从逻辑关系上来看，以上各家论证的确能够证明《吕纪》《月令》不是秦制，但这并不能否定《月令》不出《吕纪》。我们校读《吕纪》《月令》看到，除有限的字词异文以外，二书文本结构上的差异有以下六处，如：

> 季春：行是之令，而甘雨至三旬。（在"季春行冬令，则寒气时发，草木皆肃，国有大恐"上。）①
>
> 孟夏：行是之令，而甘雨至三旬。（在"孟夏行秋令，则苦雨数来，五谷不滋，四鄙入保"上）②
>
> 季夏：行是之令，是月甘雨三至，三旬二日。（在"季夏行春令，则谷实解落，国多风欬，人乃迁徙"上）③
>
> 孟秋：行是之令，而凉风至三旬。（在"孟秋行冬令，则阴气大胜，介虫败谷，戎兵乃来"上）④
>
> 仲秋：行是之令，白露降三旬。（在"仲秋行春令，则秋雨不降，草木生荣，国乃有大恐"上）⑤
>
> 季冬：行是之令，此谓一终，三旬二日。（在"季冬行秋令，则白露蚤降，介虫为妖，四邻入保"上）⑥

由上六处差异可以看出，《月令》每月文末行反令所带来各种灾异之上，《吕纪》有顺时行令而得祯祥的描述，但《吕纪》的这种描述又只见于其中六个月的月纪文中。相比之下，《月令》虽然没有这几段文字，但结构却比《吕纪》更为严整。如果说《月令》刊落《吕纪》此文而成书，也并非完全不能成立。因为这种文本的细微差异，

---

① 陈奇猷：《吕氏春秋校释》卷三，学林出版社，1984，第122页。
② 陈奇猷：《吕氏春秋校释》卷四，学林出版社，1984，第186页。
③ 陈奇猷：《吕氏春秋校释》卷六，学林出版社，1984，第312页。
④ 陈奇猷：《吕氏春秋校释》卷七，学林出版社，1984，第376页。
⑤ 陈奇猷：《吕氏春秋校释》卷八，学林出版社，1984，第422页。
⑥ 陈奇猷：《吕氏春秋校释》卷十二，学林出版社，1984，第616页。

在秦汉文献中是比较常见的,比如《礼记·丧服四制》摘抄《荀子》,但它并不与《荀子》完全相同。换句话说,即便《吕纪》《月令》都不是秦制,但他们仍然可能存在文本承袭关系,无非承袭的不是秦制而是周制而已。

因此,我们认为论定《月令》不出于《吕纪》,还需要更加有力的材料,方可使人信服。向宗鲁先生开篇即认为《月令》出于《周书》,而否定《月令》与《吕纪》的关系,可能是他尚未意识到上述之逻辑关系。故刘师培等依然以为《月令》出于《吕纪》,仍有可取之处。杨宽先生虽然没有点明这层逻辑关系,但他却以为郑注《月令》出于《吕纪》的说法,并不能用王肃、徐文靖等人的论证而推驳,故其论《月令》非出《吕纪》,与向先生的观点也有分歧。杨先生论定《月令》并非出于《吕纪》,乃别有说法,详见本书第三部分的讨论。要而言之,《月令》与《吕纪》的关系不能轻易否定。

## 二 《月令》与《周书·月令》的关系

民国学者对《月令》与《周书·月令》的考辨极为精彩,所讨论的问题分为三个部分。

### (一)《周书·月令》"改火"之文为《礼记·月令》所无辨

1. 问题的缘起

鲁恭谓"《月令》周世所造",蔡邕谓《月令》"宜周公之所著也"。然隋代杜台卿《玉烛宝典序》称:

> 案《周书序》"周公制十二月布政之法,作《月令》",自《周书·月令》耳。且《论语注》云《周书·月令》有改火之文,今《月令》聊无此语,明当是异。……当是七十弟子之徒,及其时学者杂为记录,无以知其姓氏,吕氏取以为篇目,或因治

改，遂令二本俱行于世。①

杜台卿所谓《论语注》有《周书·月令》有改火之文，见何晏《论语集解》引马融之说：

> 《论语·阳货》：宰我问：三年之丧期已久矣。君子三年不为礼，礼必坏；三年不为乐，乐必崩。旧谷既没，新谷既升，钻燧改火，期可已矣。何晏注：马曰《周书·月令》有更火之文，春取榆柳之火，夏取枣杏之火，季夏取桑柘之火，秋取柞楢之火，冬取槐檀之火。一年之中，钻火各异木，故曰改火也。②

此处《周书·月令》改火之文"春取榆柳之火"诸语，不见于今本《月令》，故杜台卿以此为据，认为《月令》不出《周书·月令》、蔡邕所言乃为臆断之辞。这是否认《月令》不出《周书》的第一条证据。

然此更火之文，郑注《周礼·司爟》引郑众之说，却谓其出自邹子之书：

> 《周礼》：司爟掌行火之政令，四时变国火，以救时疾。郑注：郑司农说，以邹子曰：春取榆柳之火，夏取枣杏之火，季夏取桑柘之火，秋取柞楢之火，冬取槐檀之火。

贾公彦《周礼注疏》谓：

> 先郑引邹子书，《论语注》引《周书》，不同者，邹子书出于《周书》，其义是一，故各引其一言。春取榆柳之等，旧师皆以为取五方之色同，故用之。今按枣杏虽赤，榆柳不青，槐檀不黑，

---

① 杜台卿：《玉烛宝典》，《续修四库全书》第 885 册，上海古籍出版社，2002，第 2 页。
② 何晏集解，邢昺疏《论语注疏》卷十七，《十三经注疏》，中华书局，1980，第 2526 页。

其义未闻。①

若依贾公彦之说，邹子改火之文出于《周书》，那么今本《月令》仍然与《周书·月令》不同。臧庸辑《月令章句》于蔡邕《明堂月令论》"《周书》七十一篇，而《月令第》五十三"下有案语谓：

> 据中郎此言，是《周书·月令》即《礼记·月令》也。今据《论语集解》言《周书·月令》有改火之文，疑别有《月令》。今考《周礼·司爟》注郑司农引《周书》为邹子，贾疏云"邹子出于《周书》，其义是一"。然则《论语注》所言《周书》，实邹子耳。②

臧氏主《礼记·月令》与《周书·月令》相同，因而在这里他说《论语注》所引"《周书·月令》"实为"邹子"，改火之文应出邹子而非《周书》，这样就消解了《周书·月令》与《礼记·月令》的文本矛盾。

2. 杨宽先生之说

杨宽先生与向宗鲁先生在这个问题上，有着截然相反的观点。杨宽先生谓臧氏之说不确。杨先生考索古书，谓邹子五德学说主五行相胜，他的引证如下：

> 《史记·封禅书》：驺子之徒，论著终始五德之运。裴骃集解：如淳曰：今其书有《五德终始》，五德各以所胜为行。秦谓周为火德，灭火者水，故自谓之水德。③
>
> 《文选·魏都赋》：考历数之所在，察五德之所莅。李善注：《七略》曰：邹子有终始五德，从所不胜，木德继之，金德次之，

---

① 郑玄注，贾公彦疏《周礼注疏》卷三十，《十三经注疏》，中华书局，1980，第843页。
② 臧庸辑《月令章句》卷下，《丛书集成续编》第10册，上海书店，1994，第427页。
③ 司马迁著，赵生群等点校《史记》第4册，中华书局，2013，第1638页。

火德次之，水德次之。①

据此杨先生谓：

> 是邹子所言五行之次，为土木金火水，据以言朝代递嬗之理者。②

而《论语注》所引更火之文，《论语》皇疏所释为：

> 改火之木，随五行之色而变也，榆柳色青，春是木，木色青，故春用榆柳也。枣杏色赤，夏是火，火色赤，故夏用枣杏也。桑柘色黄，季夏是土，土色黄，故季夏用桑柘也。柞楢色白，秋是金，金色白，故秋用柞楢也。槐檀色黑，冬是水，水色黑，故冬用槐檀也。③

此正贾疏所谓"旧师皆以为取五方之色同，故用之"。依皇侃此疏，改火所因五行之次为木、火、土、金、水相生之序，与邹子土、木、金、火、水相胜之序正好相反。因此，杨宽先生以为《论语注》《周礼注》所引改火之文，不可能出自邹子之书。与臧庸意见相反，杨先生以为郑注所引"邹子"当为"周书"之误，邹、周音近而讹。又《淮南子·时则训》有"孟春爨萁燧火""孟夏爨柘燧火""孟秋爨柘燧火""孟冬爨松燧火"④诸语，杨宽先生认为此文虽与《周书·月令》略有不同，然亦本于《月令》之类的典籍，也能证明《周书·月令》有改火之文，此文既然不见于《礼记·月令》，更可见《礼记·月令》不出于《周书》。

---

① 萧统选，李善注《文选·京都赋下》卷六，上海古籍出版社，1986，第286页。
② 杨宽：《月令考》，《齐鲁学报》第2期，1941，第4～39页。
③ 皇侃：《论语集解义疏》卷九，《文渊阁四库全书》第195册，上海古籍出版社，1987，第505页。
④ 何宁：《淮南子集释》卷五，中华书局，1998，第381页。

3. 向宗鲁先生之说

向宗鲁先生则从古人引书习惯来解释这个问题，向先生以为"改火之文"《论语注》引马融说谓出于《周书·月令》，郑注引郑众说谓出于邹子，乃各举一端并不矛盾，"春取榆柳之火"诸语出于邹子，《周书》有"更火之文"，乃略举之辞。郑众单举邹子，马融兼用《周书》与邹子，而只题《周书》之名。向先生说：

> "《周书·月令》有更火之文，春取榆柳之火，夏取枣杏之火，季夏取桑柘之火，秋取柞楢之火，冬取槐檀之火。""《周书·月令》有更火之文"，乃略举之词，与下文"春取榆柳之火"诸语非出一书。否则"更火之文"四字为赘语矣。季长既以《周书·月令》有"更火"之文，证《论语》之改火，又引邹子书四时及季夏取火于木之文，以广其义。不云邹子者，古人简质，不尽注所出耳。①

因此，改火之文，郑注所引谓出于邹子，并没有错误，与《论语注》马融之说也没有矛盾，只不过是马融引书简质而已。关于《周书·月令》有改火之文，向先生以为，《吕览》《礼记·月令》《淮南子·时则训》均出于《周书·月令》，《礼记》所取与《吕览》最相近，而《淮南子》所取与《礼记》《吕览》稍有不同。《淮南子·时则训》篇中"孟春爨其燧火"等改火之文，正为《周书·月令》之文，只不过《礼记》《吕览》没有转录而已。不能据此改火之文，不见《礼记·月令》，而断定《礼记·月令》不出于《周书·月令》。

比较杨、向二先生所说，向先生所说更为通达，也更符合古书流传的实际。杨先生论"邹子"为"周书"之讹，乃为推断之辞。如向先生所论，"春取榆柳之火"诸语出自邹子，邹子五行相胜，而皇侃

---

① 向宗鲁：《月令章句疏证叙录》，《民国时期经学丛书》第一辑第38册，台湾文听阁图书有限公司，2008，第25页。

"改火之木，随五行之色而变也"之释，却依五行相生为说，于邹子则有矛盾。贾疏"今按枣杏虽赤，榆柳不青，槐檀不黑，其义未闻"，质疑皇疏，正当其宜，盖皇氏之说乃为弥缝，不可尽信。

### （二）"三日粤朏"出《周书·月令》之说辨

1. 问题的缘起及杨宽先生之说

杨先生论证《礼记·月令》不出于《周书·月令》还有其他两条证据。究其所论，则本于俞正燮《癸巳类稿》卷三《月令非周书论》，俞氏谓：

> 又《召诰·正义》引《周书·月令》云"三日粤朏"，即《班志》之《古文月采》，班固及见之。此《月令》文例，无处著之。①

杨先生引此为据，认为"三日粤朏"，也是《周书·月令》之文，而此文亦不见于《礼记·月令》，因此《礼记·月令》不当出于《周书·月令》。

俞正燮所谓《召诰正义》，其文如下：

> 《尚书·召诰》：三月惟丙午朏。孔疏：《说文》云"朏，月未盛之明，故为明也"。《周书·月令》云"三日粤朏"，朏字从月出。②

然此"三月粤朏"之文，不止见于《召诰正义》，《汉书·律历志》亦有引用：

> 《汉书·律历志》：《召诰》曰："惟三月丙午朏"，《古文月

---

① 俞正燮：《癸巳类稿》，《丛书集成续编》第93册，上海书店，1994，第80页。
② 孔安国传，孔颖达疏《尚书正义》卷十五，《十三经注疏》，中华书局，1980，第211页。

采篇》曰:"三日日朏"。师古曰:月采,说月之光采,其书则亡。①

如《汉书·律历志》所引,则"三日粤朏"之文不出于《周书·月令》,而出于《古文月采篇》,颜师古《汉书》注以为,《月采》已亡佚,其书则说月之光彩。宋儒王应麟《困学纪闻》谓:

>《召诰正义》引《周书·月令》云"三日粤朏"。《汉·律历志》引《古文月采篇》曰:"三日日朏"。颜注谓说"月之光采"。愚以《书正义》考之,"采"字疑当作"令"。②

杨宽先生据《困学纪闻》,以为"三日粤朏"乃为《周书·月令》之文。

2. 向宗鲁先生之说

向宗鲁先生对此亦不以为然,他以为《汉书·律历志》"古文月采",不可谓之"古文月令",他说:

>若《召诰正义》引《周书·月令》"三日粤朏",即用《汉书·律历志》之文,非真见《周书·月令》而引其文也。《汉志》作"古文月采",颜注云"说月之光采",使孔氏果见《周书》而引之,则颜、孔并世,同为经儒,名相若,位相亚,孔之所见,颜亦宜见之。颜不引《周书》为证,以明"采"之为"令",而以为"说月之光采",何耶?孔氏疏《月令》,不一引《周书》以明同异,知其不见《周书》之《月令》,而此所引正出《汉志》,其以《古文月采》为《周书·月令》者,妄意室中之藏耳。《月令》之文易晓,《月采》之义难知,改难就易,常情所同。故王伯厚反于以孔疏改《汉志》,而不知其误。俞氏袭王氏之说,

---

① 班固撰,颜师古注《汉书》卷二十一《律历志》,中华书局,1962,第1016页。
② 王应麟撰,栾保群等点校《困学纪闻》卷二,上海古籍出版社,2008,第240页。

遂以为真出《周书》之《月令》，朱亮甫辑《周书》佚文，亦据孔疏录入，皆大谬也。①

今案"三月粤朏"之文，孔疏以为出自《周书·月令》，颜注《汉书》则说之曰"月之光采"，孔颜之说，已有歧异。王应麟《困学纪闻》之语，并无证据，不过存疑之辞，不能引以为凭。因此，意欲证明《礼记·月令》不出《周书·月令》，不可据"三日粤朏"存疑之文为说。此处向宗鲁先生之说又较杨宽先生说为优。

(三)《周书·月令》与《礼记·月令》天文不同辨

1. 问题的缘起及杨宽先生之说

俞正燮《月令非周书论》最早讨论《月令》与《周书·月令》的天文问题，其谓：

> 《逸周书·周月解》云："惟一月既南至，日月俱起于牵牛之初，是谓日月权舆。"此《月令》则云："孟春之月日在营室，昏参中，旦尾中，乃命太史，守典奉法，司天日月星辰之行，宿离不贷，以初为常。"《周月解》云："既南至，日月右回而行，月周天进一次，与日合宿，日行月一次而周天，历舍于十有二次，终则复始"。此《月令》则云："季冬日在婺女，昏娄中，旦氐中，日穷于次，月穷于纪，星回于天，数将几中，岁且更始。"其断天行始终，《周月解》起于牵牛，故周人以斗牛为星纪，为十二次之始。此《月令》季春星回于天，则起营室，室壁为天门，为十二次之始，相去四十五六度，岂得以此《月令》当《周月令》？……颛顼虞夏用寅，以立春起算，秦正朔用亥，而置算从之；唐殷正朔用丑，以冬至起算，周鲁正朔用子，而置算从之。

---

① 向宗鲁：《月令章句疏证叙录》，《民国时期经学丛书》第一辑第38册，台湾文听阁图书有限公司，2008，第27页。

> 《月令解》与《周月解》用唐殷法，此《月令》用颛顼虞夏法，至明也。周同唐起冬至，秦同颛顼起立春，《月令》于孟春言"星辰之初"，于季冬言"日月星辰数将几终"，岂得谓即《周书·月令解》，使与《周月解》相谬。①

杨宽先生引俞氏之说，且谓：

> 《周书·周月篇》之天文与《礼记·月令》既不同，当非同时之作品，安见《周书·月令篇》，必与《礼记·月令》相同耶？②

考俞氏之说，乃谓《周月篇》十二次始于牵牛，以冬至起算；《月令》十二次始于营室，以立春起算，二者相差四十五六度。三正历算之法，颛顼虞夏以建寅之月为岁首，岁次以立春起算。唐殷以建丑之月为岁首，岁次以冬至起算。周人以建子之月为岁首，但岁次起算与唐殷冬至同。秦人以建亥之月为岁首，而岁次起算与虞夏同。因此《周月篇》以建子之月为岁首，以冬至起算，与《月令》以建寅之月为岁首，以立春起算绝不相同。《周月》属《周书》为周制，那么《周月令》属《周书》，亦当为周制，《礼记·月令》既然与《周月》篇不同，自然也与《周书·月令》不同。

### 2. 向宗鲁先生之说

向宗鲁先生承认《月令》用夏正与《周月》篇用周正的不同，但他以为这并不能说明《月令》不能出自《周书》，因为《时训》同样出自《周书》，但亦用夏正，向先生谓：

> 案《汉书·律历志》云："古历遭战国及秦而亡，汉存六历，虽详于五纪之论，皆秦汉之际假托为之。"则六历置算本不足据。……

---

① 俞正燮：《癸巳类稿》，《丛书集成续编》第93册，上海书店，1994，第79页。
② 杨宽：《月令考》，《齐鲁学报》第2期，1941，第4~39页。

《周月篇》又云:"夏数得天,百王所同,亦越我周王,致伐于商,改正异械,以垂三统。至于敬授民时巡守祭享,犹自夏焉。"《月令》者,敬授民时之书也,其用夏正又何足怪乎?是则《周月》之篇,不足以明《月令》之异于《周书》,反足以明《月令》之合于《周书》矣。……《周书》《月令》之次,继以《时训》,其所载二十四气,始于立春,终于大寒,其所载七十二候,始于东风解冻,终于水泽腹坚,与《月令》若合符节。《月令》不出于《周书》,则《时训》又何以载于《周书》乎?[①]

今案向先生据《周书》之《时训》篇与《礼记·月令》大体略同,否定俞氏《礼记·月令》与《周书》不合,颇为合理。因为《周书》既有《周月》篇用周正,又有《时训》篇用夏正,那么据《礼记·月令》用夏正,论其与《周书》合或不合,均不符合逻辑。换句话说《周月》篇与《礼记·月令》历元起算的不同,并不能作为论《月令》不合于《周书》的依据。

综上所述,否定《礼记·月令》不出《周书·月令》的三条证据,均不能完全成立。

### 三 民国时期《月令》来源的主要结论

#### (一)向宗鲁先生之说

研究《月令》的来源,《月令》与《周书》或《吕纪》的关系是不可回避的话题。在讨论过《月令》与《周书》《吕纪》的关系之后,向宗鲁先生的意见是《月令》出于《周书》,其论据见上文所述。关于《月令》的流传过程,他以为:

---

[①] 向宗鲁:《月令章句疏证叙录》,《民国时期经学丛书》第一辑第38册,台湾文听阁图书有限公司,2008,第22页。

## 第二章　民国时期《礼记》考证研究（下）

　　《月令》为周代政典，载于《周书》，记礼者取以为记，在《汉志·明堂阴阳》三十三篇中，《小戴记》又由《明堂阴阳》之古《记》，转录其文，故《月令》于《别录》属《明堂阴阳》也。《吕览》《淮南》并取《周书》，与《礼记》之《月令》，同出一源。①

《月令》出于《周书》的旧有说法，自有"改火之文""三日粤朏""历元起算"等反证出现，几乎被完全推翻。向先生虽然维护《月令》出于《周书》的旧说，但他却能对旧说一一申辩，这是他的独到之处。

### （二）杨宽先生之说

　　杨宽先生否定《月令》出于《吕纪》与《周书》之后，提出《吕纪》《月令》均出于晋太史之学，经春秋战国陆续订补而成。吕不韦为晋人，其门客亦为晋人，《吕纪》为钞合晋学之书，《礼记》之《月令》从《明堂阴阳》三十三篇中抽出，而《明堂阴阳》亦出于晋学。他的论据主要有三点，第一，《月令》以建寅之月为岁首，所用为夏正，夏正为晋国记事历法；第二，《月令》之五行学说亦与《左传》《国语》等记晋国五行学说相合；第三，《月令》之官制，与晋国官制符合。

　　杨宽先生根据《竹书纪年》记晋国史事全用夏正，以及《左传》《国语》记晋事杂用夏正、周正的现象，认为夏正乃为晋国所创，为晋国最先使用，他说：

　　　　大抵春秋时晋国已采用夏正。……夏正为列国所采用，疑在战国末年。历法本于农业有密切之关系。月为纪时自然节度，先民早

---

① 向宗鲁：《月令章句疏证叙录》，《民国时期经学丛书》第一辑第38册，台湾文听阁图书有限公司，2008，第25页。

已习用之，及推步术稍进，乃亦日景短长为一岁终始，故周正以冬至之月为岁首，夏正以此后二月为岁首，盖欲便于农事，此乃较为进步之历法。夏正疑即晋人创始，以晋本夏墟而名夏正也。①

《月令》用夏正，上文已经讨论，杨先生以为《月令》既用夏正，又推测夏正为晋人所创，因而就以这为《月令》出于晋学的第一条依据。

《吕纪》《月令》关于自然人事的组织以阴阳五行为基础，凡四时、五方、十日、五帝、五神、五虫、五音、十二律、五味、五祀、五色、五谷、五牲等莫不与五行相搭配。杨宽先生以为《吕纪》《月令》阴阳五行之说出于阴阳家，《汉书·艺文志》谓"阴阳家者流，盖出于羲和之官"②，"羲和之官"实为占日之官，如《吕氏春秋·勿躬》篇"羲和作占日"③。杨先生又谓春秋战国之世，列国天文历法占日之事，皆由太史掌之，他认定《吕纪》《月令》出于晋太史之学的主要依据，如《左传·昭公二十九年》载晋太史蔡墨之言：

> 故有五行之官，是谓五官，实列受氏姓，封为上公，祀为贵神，社稷五祀，是尊是奉，木正曰句芒，火正曰祝融，金正曰蓐收，水正曰玄冥，土正曰后土。④

这与《月令》五神配五行之说同。又《国语·晋语》云：

> 虢公梦在庙，有神人面白毛，虎爪执钺，立于西阿之下，公惧而走。神曰："无走，帝命曰使晋袭于尔门。"公拜稽首，觉，召史嚚占之。对曰："如君之言，则蓐收也，天之刑神也。"⑤

---

① 杨宽：《月令考》，《齐鲁学报》第 2 期，1941，第 4~39 页。
② 顾实：《汉书艺文志讲疏》，上海古籍出版社，1984，第 132 页。
③ 陈奇猷：《吕氏春秋校释》卷十七，学林出版社，1987，第 1077 页。
④ 杜预注，孔颖达疏《春秋左传正义》卷五十三，《十三经注疏》，中华书局，1980，第 2123 页。
⑤ 徐元诰撰，王树民等点校《国语集解·晋语二》，中华书局，2002，第 283 页。

## 第二章 民国时期《礼记》考证研究（下）

杨先生谓：

> 《月令》秋季属金德，"其色白，其虫毛"，而毛虫虎为之长，《淮南子·天文篇》云："西方金色，其帝少皞，其佐蓐收……其兽白虎。"金可作兵，古者兵刑不分，此云蓐收白毛虎爪，执钺为刑神，是则五神配五行五色五虫之说，亦必早已存在。《左传》五神配五行之说，出于太史蔡墨之口，此五神配五行之说，又出之史嚚之口，亦足证《月令》本太史之学也。此五神配五行之说，见于《晋语》，《晋语》颇多用夏正，必录自晋之史乘；五神配五行之说，又见《左传》，《左传》据今人考证，本晋人之作，此语又出之晋太史口，益足证《吕纪》《月令》本晋学也。①

这是杨宽先生为《月令》出自晋学的第二条论据。

《月令》的官制，郑注以为多不合周法，谓其为秦制，向宗鲁先生则谓经传官名不见于《周礼》者尚有多种，不能据《周礼》无说，而谓其不合周制。杨宽先生则以为《月令》的官制多与晋国官制符合。如"太尉"，《国语·晋语》云："公知祁奚之果而不淫也，使为元尉。"② 杨先生谓"元尉"即"太尉"，元，大也。"相与将帅"，杨先生以为将帅之名创始于晋，如《左传·僖公二十七年》"作三军谋元帅"③，《昭公二十八年》"岂将军食之而有不足"④，他认为直至战国之世，齐赵魏乃相继设将军。"阉尹"，杨先生谓《国语·晋语》有"公令阉楚刺重耳"⑤，阉为宫官之称由来已久。"七驺"，蔡邕《月令问答》以为

---

① 杨宽：《月令考》，《齐鲁学报》第 2 期，1941，第 4~39 页。
② 徐元诰撰，王树民等点校《国语集解·晋语七》，中华书局，2002，第 407 页。
③ 杜预注，孔颖达疏《春秋左传正义》卷十六，《十三经注疏》，中华书局，1980，第 1822 页。
④ 杜预注，孔颖达疏《春秋左传正义》卷五十二，《十三经注疏》，中华书局，1980，第 2119 页。
⑤ 徐元诰撰，王树民等点校《国语集解·晋语二》，中华书局，2002，第 281 页。

当作"六驺"①，杨先生谓《左传·成公十八年》有："程郑为乘马御，六驺属焉。"②"太史"则为列国共有之官。又《月令》言"制百县"，杨先生谓县之制度起于春秋，晋国与楚国最先实行。

基于以上的论证，杨先生以为《月令》《吕纪》均出于晋太史之学。那么《月令》与《吕纪》的关系怎样呢？杨先生考校《吕氏春秋·音律篇》，谓《音律篇》乃根据《十二纪》改作，但改作之后的部分语词与《十二纪》不同，反而与《月令》相类。他认为《月令》一篇早有成说，《礼记·月令》、《吕纪》和《音律篇》均依据同一个底本，《吕纪》与《音律篇》又非出自一人之手，《音律篇》作者参考了《月令》，故不能与《十二纪》整齐划一。因此，他以为《月令》并不钞合自《吕纪》。

### （三）容肇祖先生与童书业先生的论辩

容肇祖先生《月令的来源考》一文，对《月令》的来源亦提出了不同以往的看法，他以为《月令》出自邹子书。容先生的理据是《月令》出自阴阳家之说，而邹子为阴阳家的代表。改火之文，郑众谓出自邹子，马融谓出自《周书·月令》，贾公彦疏以为邹子之说出自《周书》，容先生则以为《周书·月令》出自邹子之书，因此郑众谓出自邹子，而马融则以为出自《周书·月令》，其实则没有区别。容先生以为《吕纪》为割裂邹子之书而成，至于割裂的原因，则采用了胡适《战国文籍中的篇式书体》文中的说法。胡适先生以为记言是战国文体的第一步，据体为论是战国文体的第二步，系统成书则是战国文体的第三步。因此，容先生谓《吕纪》割裂《月令》的原因则是系统成书的结果，他拟出《月令》的流传过程为：《周书·月令》与《吕

---

① 蔡邕：《蔡中郎集》卷三，《文渊阁四库全书》第1063册，上海古籍出版社，1987，第184页。
② 杜预注，孔颖达疏《春秋左传正义》卷二十八，《十三经注疏》，中华书局，1980，第1924页。

纪》同出邹子《月令》，《淮南子·时则训》与《明堂阴阳》之《月令》同出《吕纪》，而《礼记·月令》又出于《明堂阴阳》。在《月令》与《吕纪》的关系上，容先生则维护了郑注的说法。

但容先生的说法，甫一发表就遭到童书业先生的反对，童书业先生撰有《读容肇祖先生月令的来源考质疑》一文，质疑容先生《月令》出自邹子之书的观点。童先生以为邹子阴阳五行学说主张五行相胜，与《月令》五行相生的内在逻辑完全不同。关于邹子五行始终与《月令》五行的内在不同，上文讨论也有提及，这里就不再引述。童先生否定容先生的说法之后，也提出了他自己的意见。童先生基于"古史辨"的立场与方法，谓《月令》为西汉后出之作，羼入《吕氏春秋》《淮南子》《礼记》等书为东汉马融等所为，《周书》亦为汉代伪造之书，对传统旧说给予了根本的颠覆。

## 结　语

上文我们以《月令》来源问题的缘起及争论发展为线索，逐一分析各种说法代表学者的观点与论据，我们看到，否定《月令》出自《吕纪》论证存在逻辑漏洞，而否定《月令》出自《周书》观点的论据亦不充分。郑玄主《月令》出《吕纪》，蔡邕主《月令》出《周书》，二人均处汉世而论近古，其去古未远，所说当各有本原，后人必欲使二说对立，可能并不是历史的本来面貌。杨宽先生则认为《月令》不出自《吕纪》，也不出自《周书》，乃据同一底本各自衍生，从而形成今本不同的文字面貌，这在客观上打破了郑玄与蔡邕两种说法相互对立的局面，而将《周书·月令》《吕纪》《淮南子·时则训》《礼记·月令》等置于同样的流传地位，这种说法在论证思路与论证方法上，相对此前非郑即蔡的争论，无疑更为合理。

杨宽先生认为《月令》出自晋国，谓夏正建寅为岁首为晋国历法，晋国杂用周正与夏正，确实文献有征，也是后来学者所认同的观点,如张平辙《诗经·豳风·七月应为晋诗——兼论夏正就是晋正》一文就认为晋国周正、夏正并用①。但杨宽先生的"古史辨"学者立场,又使他认为夏正为晋国所创始,并以此作为《月令》出自晋国的依据,彻底推翻了《史记·历书》所载之"夏正以正月、殷正以十二月、周正以十一月。盖三王之正若循环,穷则反本"②的传统"三正论"。然而对于杨宽先生推翻《史记》所载之"三正论"的观点,我们以为应该持以审慎的态度。

杨宽先生认为《月令》五行学说与《左传》《国语》等记载之晋国五行相合,但是晋国之外的区域是否就没有五行学说?如果有类似的五行学说,那么《月令》的来源又将如何处置?这也是一个让人颇为疑惑的地方。杨宽先生《月令》官制与晋国官制亦有相合之处,但先秦文献百不存一,《月令》官制是否与晋国之外的官制也有相合之处,这也是一个不能轻易否定的话题。

因此,我们以为杨宽先生创立新说,极大地推动了《月令》来源问题的研究,但他以为《月令》出自晋国,至少在目前看来,只是一种潜在的可能,还不能成为定说,尚待更加深入的讨论。本文以为杨宽先生打破《月令》不出《周书》则出《吕纪》的二说对立局面,应是当前研究《月令》来源问题较为妥当的起点,而具体的研究,不应仍旧使郑、蔡二说绝对隔立,应该承认郑、蔡二说的合理之处,依据更新的材料,进行更为深入的研究。近年有汤勤福先生论文《〈月令〉祛疑——兼论政令、农书分离趋势》,对《月令》的内容与演变,作了较为细致的讨论,他认为:

> 《月令》内容由四个方面的组成,一是政令,是其政治基础;二是阴阳五行,是其理论基础;三是物候,是其自然基础;四是

---

① 张平辙:《诗经·豳风·七月应为晋诗——兼论夏正就是晋正》,《教学研究》1981年4月,第21~24页。
② 司马迁著,赵生群等点校《史记》第4册,中华书局,2013,第1497页。

星象历法，是其科学基础。从《月令》所载物候判断，它应该是战国时期黄河中下游地区诸侯国的太史所著。①

汤先生认为从物候判断，《月令》应是战国时期黄河中下游地区的诸侯国太史所著，这在前人研究的基础上，为《月令》来源问题提供了更新的思路。《月令》的来源，仍然需要进一步研究，方能得出肯定而具体的结论。

## 第二节 《今月令》出处研究考论

《月令》来源，以往学者认为或出《周书》，或出《吕纪》，或出晋太史之学，或出邹子之书，或为汉人伪作，至今没有定论。②《月令》一书，汉儒或称《明堂月令》，又郑注中有《今月令》，孔颖达《礼记正义》以为《今月令》即《吕氏春秋》十二月纪之首章。清代以来，关于《今月令》究竟指的是什么，以及《今月令》《明堂月令》《礼记·月令》之间的关系，也成为学者研究的重要议题。本文基于前贤时修已有的论述，对《今月令》问题继作探讨，敬祈读者方家批评指正。

### 一 诸家之说述略

《今月令》见于郑注凡十八条，皆郑注记其与《礼记·月令》之

---

① 汤勤福：《〈月令〉祛疑——兼论政令、农书分离趋势》，《第三届礼学国际学术研讨会论文集》，2014，第313页。
② 汉代蔡邕《明堂月令论》认为《月令》出自《周书》，郑玄《礼记目录》认为《月令》钞自《吕氏春秋》，民国时期杨宽先生《月令考》认为《月令》出自晋太史之学，容肇祖先生《月令的来源考》认为《月令》出自邹子之书，童书业先生《读容肇祖先生月令的来源考质疑》引顾颉刚先生说，认为《月令》为汉人伪作之书。

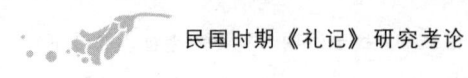

间的文字差异。①《今月令》具体指代何书，今可考见最早的说法来自孔颖达《礼记正义》，孔疏谓：

> "今月令"鸿皆为候者，但《月令》出有先后，入《礼记》者为古，不入《礼记》者为今，则《吕氏春秋》是也。②

孔颖达最早指称《今月令》为《吕氏春秋》，然而这个说法并不为清儒所认同，清儒代表性的意见有以下几种。

惠栋《九经古义》认为《今月令》即《明堂月令》，其谓：

> 淫雨蚤降，注云"《今月令》曰众雨"。案《吕览》亦作"淫雨"。《说文》雨部霖云"小雨也，从雨众声，《明堂月令》曰霖雨"。郑所云《今月令》皆《明堂月令》也。③

钱大昕《潜研堂答问》、李惇《群经识小》、蔡云《蔡氏月令章句》等并主此说。④

梁玉绳《瞥记》以为"《今月令》为汉时太史所上月历"，梁氏谓：

> 窃疑所谓《今月令》者，乃汉时太史所上月历，非《吕览》也。《后汉书·侯霸传》"每春下宽大之诏，行四时之令，皆霸所建"，是东汉自有所行月令矣。⑤

许宗彦《月令说》则谓《今月令》为汉代所行月令：

---

① 郑注引"今月令"，下文讨论详有征引。
② 郑玄注，孔颖达疏《礼记正义》卷十四，《十三经注疏》，中华书局，1980，第1355页。
③ 惠栋：《九经古义》，《皇清经解》卷三六九，清咸丰十年（1860）广东学海堂补刊本，第七叶B。
④ 钱大昕著，吕友仁点校《潜研堂文集》，上海古籍出版社，1989，第103页。李惇：《群经识小》，《续修四库全书》第173册，上海古籍出版社，2002，第36页。蔡云：《蔡氏月令章句》第10册，《丛书集成续编》，上海书店，1994，第479页。
⑤ 梁玉绳：《瞥记》，《续修四库全书》第1157册，上海古籍出版社，2002，第8页。

## 第二章 民国时期《礼记》考证研究（下）

> 案汉时自有所行月令，《元帝纪》"诏百官毋犯四时之禁"，《李寻传》云"今朝廷忽于时月之令"，此皆西汉所行月令也。《后汉书·侯霸传》云"每春下宽大之诏，奉四时之令，皆霸所建"，《章帝纪》元和二年"十一月壬辰，日南至，初闭关梁"，此东汉月令之班班可考者。他如"夏至案薄刑"见于《和帝纪》，"仲春养幼小、存诸孤，季春赐贫穷、赈乏绝、省妇使、表贞女"见于《安帝纪》，皆与《礼月令》相出入。然则康成所谓《今月令》者，其指当时所行之月令无疑。①

许说与梁氏略同，桂馥《晚学集·明堂月令考》、黄以周《礼说·今月令》等皆持此议。②

许宗彦、桂馥、黄以周等既以《今月令》为汉所行月令，那么《明堂月令》又为何书？许宗彦于《明堂月令》无说。桂馥《晚学集·明堂月令考》认为《明堂月令》乃《礼记·月令》，列证据共八条。兹举其一如下：

> 《隋书·牛宏传》"今《明堂月令》者，郑玄云吕不韦著《春秋十二纪》之首章，礼家钞合为记；蔡邕、王肃云周公所作，《周书》内有《月令》第五十三即此也"。馥案牛氏称"今《明堂月令》郑玄"云云，即指《礼记·月令》，此四证也。③

汪中《经义知新记》亦谓《明堂月令》为《礼记·月令》。④

黄以周《礼说·明堂月令》则以《明堂月令》《礼记·月令》俱

---

① 许宗彦：《鉴止水斋集》，《续修四库全书》第1492册，上海古籍出版社，2002，第442页。
② 桂馥：《晚学集》，《续修四库全书》第1458册，上海古籍出版社，2002，第656页。黄以周：《礼说》，《续修四库全书》第112册，上海古籍出版社，2002，第762页。
③ 桂馥：《晚学集》，《续修四库全书》第1458册，上海古籍出版社，2002，第655页。
④ 汪中：《经义知新记》，《皇清经解》卷八〇一，清咸丰十年（1860）广东学海堂补刊本，第4页A。

113

出自古记《明堂阴阳》,《明堂月令》为古文,《礼记·月令》为今文:

> 汉代经记多今古文之别,《明堂月令》汉时亦有古文有今文,《说文》称引经传从古文,见许君自叙,其引《明堂月令》,字多与《戴记》异,亦用古文也。郑君所见后题之《礼记·月令》为今文。①

关于《明堂月令》与《今月令》,洪颐煊《读书丛录》的意见与以上诸说均有不同,洪氏谓:

> 《月令》"鸿雁来",郑注:《今月令》"鸿"皆为"候"。《正义》:《今月令》者,《月令》出有先后,入《礼记》者为古,不入《礼记》者为今,则《吕氏春秋》是也。颐煊案:《说文》引《明堂月令》、蔡邕《月令章句》与此注《今月令》,皆后汉单行本,非《吕氏春秋》。②

洪颐煊谓《今月令》《明堂月令》《月令章句》都是后汉《月令》的单行本。

清代以后,关于《明堂月令》和《今月令》的讨论并没有停止。民国学者刘师培先生《月令论》分《月令》为周、秦、汉三种,谓周《月令》至汉代有《周书》本与《明堂阴阳》本,秦《月令》为《吕纪》,汉《月令》为郑注所引之《今月令》。③ 刘师培谓《今月令》即汉所行月令,说与许宗彦同。又以《明堂月令》即周《月令》之《明堂阴阳》本,则为其新见,与清儒说法又有不同。

王公贤先生《〈礼记·月令〉篇是否即〈明堂月令〉而郑注引〈今月令〉又为何书考》亦谓《今月令》即汉所行月令,持论亦与许

---

① 黄以周:《礼说》,《续修四库全书》第112册,上海古籍出版社,2002,第763页。
② 洪颐煊:《读书丛录》,《续修四库全书》第1157册,上海古籍出版社,2002,第588页。
③ 刘师培:《月令论》,《四川国学杂志》第11期,1913,第56~59页。

宗彦同。① 王氏不从桂馥《明堂月令》即《礼记·月令》之说，谓"《明堂月令》者何？徐锴释之最明，曰：古者天子居明堂布政，每月告朔，班一月之政令，故曰明堂月令。《周书·月令》本阙，丁氏佚记篇目有《明堂月令》，然则古《明堂月令》之亡久矣"。王氏之意乃谓《明堂月令》已不存在。

杨宽先生《今月令考》接受了清儒《今月令》为"汉代所行月令"、《明堂月令》就是《礼记·月令》的看法，② 其说与许宗彦、桂馥大致相同。杨先生申论蔡邕《明堂月令论》释《月令》篇名一节文字：

> 因天时，制人事，天子发号施令，命神受职，每月异礼，故谓之"月令"，所以顺阴阳，奉四时，效气物，行王政也。成法具备，各从时月，藏之明堂，所以示承祖考神明，明不敢泄渎之义，故以"明堂"冠"月令"，以名其篇。③

谓汉儒之称《月令》，详言之则称为《明堂月令》，简言之则称为《月令》，《月令》《明堂月令》只是详省之分，而无实质不同。如《说文》引《月令》凡十条，其中九条皆称《明堂月令》，而"䴢"字下却只称《月令》，就是明证。④ 许慎《说文》等所引之《明堂月令》，与《礼记·月令》或有出入，杨先生认为这是因为古今文字不同，《说文》引证经传皆用古文，而《礼记》则为今文。后儒如韦昭注《国语》引《明堂月令》与《礼记》不同，其原因则是古人引书或不全袭原文。要之，杨宽先生以为《明堂月令》就是《礼记·月令》，二

---

① 王公贤：《〈礼记·月令〉篇是否即〈明堂月令〉而郑注引〈今月令〉又为何书考》，《民大中国文学系丛刊》第1卷第1期，1934，第12~14页。
② 杨宽：《今月令考》，《制言》第5期，1935，第1~13页。
③ 蔡邕：《蔡中郎集》，《文渊阁四库全书》第1063册，上海古籍出版社，1987，第182页。
④ 分别见"薙"、"䭉"、"儀"、"舫"、"霙"、"乳"、"䴢"、"蠲"、"虹"和"酎"等字之下。

者只有称谓上的详简之分,《明堂月令》并不是郑注所引之《今月令》。

向宗鲁先生《月令章句疏证叙录》亦据蔡邕《明堂月令论》,以为《明堂月令》就是《礼记·月令》,而不是郑注所引之《今月令》。①《说文》等所引《明堂月令》与《礼记·月令》的不同,向先生以为乃是礼家所据之本各有不同。刘师培先生认为《明堂月令》为周《月令》之别本,其主要依据如下:

> 《史记·三王世家》:"臣窃不胜犬马心,昧死愿陛下诏有司,因盛夏吉时,定皇子位。"《索隐》:"《明堂月令》云'季夏月可以封诸侯、立大官'是也。"②
> 
> 《说文解字》:"酎,《明堂月令》曰:孟秋天子饮酎。"③

今本《礼记·月令》孟秋有"毋以封诸侯、立大官"之文,与《索隐》所引在季夏不同;孟夏有"天子饮酎"之文,与《说文》所引在孟秋又不同。故刘氏据此以为《礼记·月令》与《明堂月令》并非一书,《明堂月令》为周《月令》之别本。向宗鲁先生否定刘师培先生此说,以为诸如此类的不同,古书引文司空见惯,本为注家引书偶有误记,并非《明堂月令》与《礼记·月令》有所不同。

因此,在对《明堂月令》就是《礼记·月令》的认识上,杨宽先生与向宗鲁先生的意见是一致的。然而向宗鲁先生却对《今月令》为汉所行月令的观点提出了质疑,他说:

> 《章帝纪》:"元和二年十一月壬辰,日南至,初闭关梁"。初者,创始之辞也,汉果自有其《月令》,有西汉诸文可证,不当于章和之世,乃初行之也。《鲁恭传》云:"旧制至立秋乃行薄

---

① 向宗鲁:《月令章句疏证叙录》,《民国时期经学丛书》第一辑第 38 册,台湾文听阁图书有限公司,2008。
② 司马迁著,赵生群等点校《史记》第 6 册,中华书局,2013,第 2547 页。
③ 许慎撰,徐铉校定《说文解字》,中华书局,1963,第 312 页。

刑，自永元十五年以来，改用孟夏"，盖始依古《月令》改今制，非自改其《月令》也。然则所谓《今月令》者，即汉人所遵用之古《月令》，传于礼家，布于郡国。谓之今者，以其为官府通行之本，非学校讲习之借故也。①

向先生折中旧说，谓《今月令》为汉代所遵行之古《月令》，而此古《月令》传于礼家，布在郡国，汉代本身并没有所行之《月令》。考向先生此说的实质，乃是以《今月令》为《月令》在汉代的一个传本，这个传本与其他传本的不同，只是在于此本为汉代官方所遵行并用以施政。向先生的说法，其实是对梁玉绳、许宗彦与洪颐煊等人意见的折中。

今案向先生驳议诸家以《今月令》为汉代所行月令，诚为卓见，然谓《今月令》为汉代所遵行之古《月令》，疑仍未当。又桂馥、杨宽先生等以《明堂月令》为《礼记·月令》，黄以周谓《明堂月令》为古文，《礼记·月令》为今文，似亦不确。1949年以后，学者王利器、陈梦家、黄人二、汤勤福等诸位先生对《明堂月令》以及《今月令》亦有相关论述，为行文方便，他们的观点我们将在后文继续讨论。

## 二 《今月令》为汉代《月令》单篇别行之本

我们以为清儒洪颐煊的说法更接近实质。《今月令》或为《月令》在汉代的单篇别行之本，此单篇别行之《月令》，既然不在《礼记》之中，与《礼记》又稍有差异，故郑玄注《礼记》，乃据之校勘，别其称名为"今月令"。蔡邕《月令问答》谓：

予幼读《记》，以为《月令》体大经同，不宜与《记》书杂

---

① 向宗鲁：《月令章句疏证叙录》，《民国时期经学丛书》第一辑第38册，台湾文听阁图书有限公司，2008，第33页。

录并行，而记家记之又略，及前儒特为章句者，皆用其意传，非其本旨，又不知《月令》征验，布在诸经，《周官》《左传》，皆实与《礼记》通，他议横生，纷纷久矣。①

抽绎"及前儒特为章句者，皆用其意传"中"特"与"皆"的意思，我们可以知道汉代不止一位学者曾为单篇《月令》作过章句，这说明《月令》在汉代确有单篇别行之本，而且还不止一种。考《后汉书·儒林列传》：

> 景鸾，字汉伯，广汉梓潼人也。……又撰《礼内外记》，号曰《礼略》。又抄风角杂书，列其占验，作《兴道》一篇。及作《月令章句》。②

汉儒景鸾曾作《月令章句》，明见《后汉书》记载，据此可知蔡邕谓"前儒特为章句"不是虚言，惜可知者只有景鸾一家。因此，郑注所引《今月令》，极有可能就是其所见单篇别行本之《月令》。

郑注所引《今月令》与《礼记·月令》差异详如下表：

《礼记·月令》与郑注引《今月令》差异*

| 《礼记·月令》 | 《今月令》 |
| --- | --- |
| 鸿雁来 | "鸿"皆为"候" |
| 田猎罝罘罗罔毕翳 | 无"罘"，"翳"为"弋" |
| 淫雨蚤降 | 曰"众雨" |
| 毋悖于时，毋或作为淫巧 | 无"于时"，"作为"为"诈伪" |
| 王瓜生 | 云"王萯生"，《夏小正》云"王萯秀"，未闻孰是 |
| 毋休于都 | "休"为"伏" |
| 处必掩身毋躁 | "毋躁"为"欲静" |

---

① 蔡邕：《蔡中郎集》，《文渊阁四库全书》第 1063 册，上海古籍出版社，1987，第 183 页。
② 范晔撰，李贤《后汉书·儒林列传》，中华书局，1965，第 2572 页。

续表

| 《礼记·月令》 | 《今月令》 |
|---|---|
| 百官静事毋刑 | "刑"为"径" |
| 命渔师伐蛟取鼍 | "渔师"为"榜人" |
| 命四监大合百县之秩刍 | "四"为"田" |
| 寒热不节民多疟疾 | "疟疾"为"疾疫" |
| 天子乃厉饰执弓挟矢以猎 | "猎"为"射" |
| 天子居玄堂左个，乘玄路 | 曰"乘骖路"，似当为"袗"字之误也 |
| 命大史衅龟筴占兆 | 曰"衅祠"，"祠"衍字 |
| 固封疆 | "疆"或为"玺" |
| 祈祀四海大川名源渊泽井泉 | "渊"为"深" |
| 水泽腹坚 | 无"坚" |
| 收秩薪柴以共郊庙及百祀之薪燎 | 无"及百祀之薪燎" |

\* 引文据1980年中华书局影印阮刻《十三经注疏》本。

将郑注校勘《今月令》的校语，与郑注校勘《仪礼》今古文的校语比较，如"《今月令》某为某"，与《仪礼注》"今文某为（作）某""古文某为（作）某"的用语方式大致相同。"《今月令》或为某"，与《仪礼注》"今文或作某"的用语方式也基本相似。"《今月令》无某"，与《仪礼注》"今文无某""古文无某"的用语方式也无差别。郑玄《仪礼注》有关今古文的校语，所体现的只是今古文文本的差异，那么在这里《今月令》与《礼记·月令》的差异，应该也只是文本的差异。如同《仪礼注》，凡是郑注没有提及差异之处，《今月令》与《礼记·月令》自然是相同的。因此，就文本来看，郑注《今月令》与《礼记·月令》只是文字稍有不同，故谓《今月令》即是郑注所见之《月令》单行别本，亦在情理之中。

又蔡邕曾作《月令章句》，今其书虽无完帙，但就其佚文，仍可见到汉代《月令》别本的蛛丝马迹，亦可与郑注《今月令》相互参证。如上表《礼记·月令》"田猎置罘罗罔毕翳"，郑注谓"《今月令》无罘、翳为弋"，隋杜台卿《玉烛宝典》引《月令章句》佚文有

"田獵置罗网毕弋"，①此与郑注《今月令》相合。"百官静事毋刑"，郑注"《今月令》刑为径"，《玉烛宝典》引《月令章句》佚文有"百官静事无径"，②"径"字与郑注《今月令》亦相合。"固封疆"，郑注"《今月令》疆或为玺"，蔡邕《独断》引《月令》有"固封玺"，③亦与郑注《今月令》相合。

蔡邕《月令章句》所据为汉代《月令》之别本，故其文字与《礼记·月令》偶有出入，这是传抄之本互有异同的表现。蔡邕《月令章句》所据之本虽然不是郑注之《今月令》，④但却与郑注《今月令》颇有相合之处，这可说明郑注《今月令》与《月令》在汉代的别行之本有着一定的关联。换言之，郑注《今月令》为郑玄所见《月令》之别本，因此它与同为汉代《月令》别本的蔡邕《月令章句》，能够在文字上有一定程度的契合。至于郑注《今月令》与《礼记·月令》以及蔡邕《月令章句》的文字略有不同，则亦是传抄差异的缘故。

王引之《经义述闻》谓："家大人曰：蔡邕《独断》引《月令》曰'固封玺'，即郑所谓《今月令》也。"⑤王氏虽然以《独断》所引"固封玺"为《今月令》，但其未必不知《今月令》为郑注所见《月令》之别本。蔡云辑《蔡氏月令章句》佚文"置罗网毕弋，掩飞禽曰毕、缴射曰弋"，谓"《章句》释'弋'，《今月令》即《明堂月令》之一证也"⑥。蔡云以蔡邕既著《明堂月令论》，则蔡邕《月令章句》

---

① 杜台卿：《玉烛宝典》，《续修四库全书》第 885 册，上海古籍出版社，2002，第 37 页。
② 杜台卿：《玉烛宝典》，《续修四库全书》第 885 册，上海古籍出版社，2002，第 53 页。
③ 蔡邕：《独断》，《文渊阁四库全书》第 850 册，上海古籍出版社，1987，第 77 页。
④ 《礼记·月令》"处必掩身毋躁"，郑注：《今月令》"毋躁"为"欲静"。孔疏引蔡邕《章句》谓"蔡氏云处必掩身，处犹居也，掩，隐翳也，阴既始萌，故君子居处不显露，恐干阴也。毋躁者，躁，动也，既不显露，又不得躁动，宜静以安萌阴也"，据孔疏，蔡邕《月令章句》当作"处必掩身毋躁"，马国翰《玉函山房辑佚书》辑蔡邕《月令章句》亦作"处必掩身毋躁"，与郑注《今月令》不同，而与《礼记·月令》相同。据此可知蔡邕《月令章句》所据之本与郑注《今月令》有所不同。
⑤ 王引之：《经义述闻》，江苏古籍出版社，1985，第 343 页。
⑥ 蔡云：《蔡氏月令章句》，《丛书集成续编》第 10 册，上海书店，1994，第 479 页。

亦当为《明堂月令》，《月令章句》又能与郑注《今月令》相合，故蔡云以郑注《今月令》即《明堂月令》。然"明堂月令"只是汉代《月令》之书的别称，并不指代某一具体的《月令》传本，详见下文"明堂月令"称名的论述，故蔡云之说可以存而不论。

汉代《月令》既然有众多传抄之本，这为郑注《礼记·月令》以其所见取以校勘提供了客观的可能；而作为汉代《月令》别本的蔡邕《月令章句》，与郑注《今月令》在文字上，又多有相合之处，皆可为我们论证郑注《今月令》即其所见之《月令》别本提供旁证。又，从郑注《今月令》的文本来看，《礼记·月令》与《今月令》只是在文字上稍有不同，也使我们有理由相信郑注《今月令》就是《月令》在汉代的单篇别行之本。

我们校读《吕氏春秋》十二月纪与《礼记·月令》，且不论《吕纪》与郑注所引《今月令》用字的差异，即便"行是之令，而甘雨至三旬"诸语，① 论顺时行令风调雨顺，为《礼记·月令》所无，郑注引《今月令》亦无片语提及。郑注明谓"名曰月令者，以其记十二月政之所行也，本《吕氏春秋》十二月纪之首章也，以礼家好事抄合之"，② 则郑玄一定曾见《吕氏春秋》本书。若《今月令》果真是《吕氏春秋》十二纪之首章，那么郑注对如此之大的差别不当只字不提。因此孔疏谓《今月令》为《吕氏春秋》十二月纪，当是臆测之辞。

又许宗彦论《今月令》为汉代所行月令，其引证为史书中有关《月令》的文字，如：

> 《后汉书·章帝纪》：元和二年"十一月壬辰，日南至，初闭关梁"。③

---

① 陈奇猷：《吕氏春秋校释》，学林出版社，1984，第122页。
② 郑玄注，孔颖达疏《礼记正义》卷十四，《十三经注疏》，中华书局，1980，第1352页。
③ 范晔撰，李贤注《后汉书·章帝纪》，中华书局，1965，第153页。

案：《月令》孟冬有"谨关梁，塞徯径"，非但文字不同，时节亦一在冬至、一在立冬。

《后汉书·和帝纪》：永元十五年"初令郡国，以日北至案薄刑"。[1]

案：《月令》孟夏有"断薄刑、决小罪"，文字、时节亦不相同。

这与《礼记·月令》出入甚大。郑注引《今月令》不及上述二语，说明《今月令》有关于此，皆与《礼记·月令》没有差别。上述二语既然与《礼记·月令》出入甚大，那么它与郑注之《今月令》自然也不相同。若许氏之议，此二语为汉代所行月令，郑注所谓《今月令》也是汉代所行月令，但此二语却与《今月令》大不相同，这在逻辑关系上就自相矛盾。并且上述二语与《礼记·月令》出入甚大，如果郑注所引《今月令》指的就是上述诸语，那么它与《礼记》的不同，也应当见于郑注所引之《今月令》，但郑注《今月令》于此亦无只言片语。这两点都可以说明郑注所引《今月令》，并非诸家所议之汉代所行月令。

我们以为汉代经学昌明，治国理政，多引经据典，甚至有引《春秋》以决狱讼之说，故诸史书中可以见到汉代引证《月令》，以实施政令的现象。如《后汉书·安帝纪》云："乙卯，诏曰：《月令》仲春'养幼小、存诸孤'，季春'赐贫穷、赈乏绝、省妇使、表贞女'，所以顺阳气，崇生长也。"[2] 此处安帝诏书明引《月令》之文，止"表贞女"三字，与今本《礼记·月令》不同。他若《后汉书·鲁恭传》云"旧制至立秋乃行薄刑，自永元十五年以来，改用孟夏"，[3]《后汉书·侯霸传》云"每春下宽大之诏，奉四时之令，皆霸所建"，[4]《后汉

---

[1] 范晔撰，李贤注《后汉书·和帝纪》，中华书局，1965，第192页。
[2] 范晔撰，李贤注《后汉书·安帝纪》，中华书局，1965，第229页。
[3] 范晔撰，李贤注《后汉书·鲁恭传》，中华书局，1965，第879页。
[4] 范晔撰，李贤注《后汉书·侯霸传》，中华书局，1965，第902页。

书·蔡邕传》载蔡邕上书汉灵帝，谓"《明堂月令》：天子以四立及季夏之节迎五帝于郊。……书奏，帝乃亲迎气北郊，及行辟雍之礼"，①皆是汉代引经治国的体现。因此，汉代君臣诏策虽引《月令》之文，但它并不是汉代所颁行的月令。

### 三 汉代所自行之月令并不是《今月令》

清儒许宗彦、民国学者杨宽先生等，以郑注《今月令》为汉廷所自行之月令，向宗鲁先生则谓郑注《今月令》为汉廷所遵用之古《月令》，汉代并无其自行之月令。那么汉代到底有没有自己所颁行的月令呢？今人黄人二、汤勤福先生对此问题讨论颇恰。汤先生著有论文《〈月令〉祛疑——兼论政令、农书分离趋势》，②该文对《月令》的内容与演变，作了非常细致的讨论，他认为：

> 《月令》内容由四个方面的组成，一是政令，是其政治基础；二是阴阳五行，是其理论基础；三是物候，是其自然基础；四是星象历法，是其科学基础。从月令所载物候判断，它应该是战国时期黄河中下游地区诸侯国的太史所著。秦汉间有关农事的律令，与《月令》差异颇大。由于太史地位下降，秦汉之际没有再出现类似《月令》那样的著述，而分别形成律令、阴阳五行著述和农书，后世"月令"则以法令、诏书的形式颁布。

基于这样的认识，汤先生认为两汉所行的月令，类似于敦煌悬泉置出土的《四时月令诏条》，与《礼记·月令》在内容和形式上均有所不同，比如《月令》有比较浓厚的阴阳五行思想，而《四时月令诏条》的具体内容很少涉及阴阳五行的内容。汤先生以为这种不同主要是太

---

① 范晔撰，李贤注《后汉书·蔡邕传》，中华书局，1965，第1993页。
② 汤勤福：《〈月令〉祛疑——兼论政令、农书分离趋势》，《第三届礼学国际学术研讨会论文集》，2014，第313页。

史地位下降与职能变化而引起。因此，汤先生不认同杨宽先生等以郑注所引《今月令》为汉所行月令的观点，汤先生以为《今月令》与《礼记·月令》只是字之异同，《今月令》完全可能是当时所流行《月令》的不同版本，或"今"字指代其他内容。①

在汤先生论著之前，黄人二先生著有《敦煌悬泉置〈四时月令诏条〉整理与研究》一书，其中亦有关于《今月令》的研究与讨论。黄先生于是书篇首自序称："敦煌悬泉置《月令》文本为官方之诏书文本，在汉代其时称为'今月令'，为帝臣人民所共奉之日用生活政令指导。"② 黄先生博稽汉代史实，逐条注释《四时月令诏条》文本，参核出土文献以及传世文献中与《月令》相关的资料，结合汉代经学与政治的关系，引证《后汉书·卢植传》"植乃上书曰：臣少从通儒故南郡太守马融受古学，颇知今之《礼记》特多回冗"中"今之《礼记》"，③ 又对《今月令》作了进一步的说明：

> 言"《今月令》"、"今之《礼记》者"，与"古"相对，明为当时当日所实行者，为《礼》家所传，而当时据以刻石之官书也。既镂于刻石，布于郡国，有掌月令之官摄之。授时敷政，引以为据，其言有行有不行，今之所见，皆其所欲行者也，以其名为"令"，故为官府通行之本，非仅为学校讲习之籍也。然所谓"古"，仅与"今"相对，其所实用之《月令》，殆为前此所用之《古月令》也，非谓汉人自有其《月令》也，此亦可从《古月令》与汉人所引之《月令》文仅有文字上之少数差异可得知。然

---

① 汤先生论述郑注《今月令》为当时所流行《月令》的不同版本，或"今"字指代其他内容，其引据的材料为《后汉书》李贤注，并未从汉代《月令》流传的角度对此问题加以论证。李贤注中亦有"今月令"之语，凡三见，皆指《礼记·月令》。汤先生引证两处，据以类比郑注"今月令"，他以为"今"字为时间副词，义谓"今存"，用法与郑注"今月令"相同，故而得出以上的结论。参见《第三届礼学国际学术研讨会论文集》，2014，第330页。
② 黄人二：《敦煌悬泉置〈四时月令诏条〉整理与研究》，武汉大学出版社，2010，第3页。
③ 范晔撰，李贤注《后汉书·卢植传》，中华书局，1965，第2116页。

换个角度言，虽仅是如此之小不同，亦可言汉廷自有其《月令》。故知今之《礼记》者，汉师之家法；《今月令》者，时王之政典。①

黄先生论《今月令》《古月令》为汉代前后遵用不同，其说与向宗鲁先生相似。向宗鲁先生以《今月令》为汉廷所遵用之古《月令》，汉廷并无其自行之月令，而黄先生认为《四时月令诏条》为《今月令》，亦即汉代所自有之月令，又与向先生观点不同。据此我们看到，汤勤福先生与黄人二先生对《今月令》的具体所指存在分歧，但他们都认为《四时月令诏条》为汉廷所自行之月令，这也是我们所认同的观点，敦煌悬泉置所出土之《四时月令诏条》，确实为汉代月令研究提供了新的材料。黄先生"今之《礼记》者，汉师之家法；《今月令》者，时王之政典"之说，足解读者之疑惑，可当汉事之故实。

惟黄先生所称之《今月令》与郑注《今月令》，似又不可同一而论。我们将敦煌悬泉置出土的《四时月令诏条》，与郑注《今月令》相互比较，可以看到，郑注《今月令》十八条只有"固封玺"与《四时月令诏条》"固封印"一条相似，其他均不见于《四时月令诏条》，因而郑注《今月令》自然不是《四时月令诏条》。如果说郑注《今月令》为郑玄之时的汉廷月令，但郑玄之时汉廷月令具体如何，于今已不得而知，就黄先生所论"汉师之家法""时王之政典"的区别来看，郑玄之时的汉代月令应与《四时月令诏条》大体相同。但是郑注《今月令》与《四时月令诏条》一类汉廷月令差异甚大，因而很难说《今月令》就是汉廷月令。

首先，《四时月令诏条》所载的条文多针对底层人民的日常生活而设，个别条目涉及施政官员，并没有见到其中有关天子的条文，胡

---

① 黄人二：《敦煌悬泉置〈四时月令诏条〉整理与研究》，武汉大学出版社，2010，第53页。

平生先生在《敦煌悬泉月令诏条》文中已经指出这一点;① 但郑注《今月令》有关天子条目却有两条,如"天子乃厉饰执弓挟矢以猎""天子居玄堂左个乘玄路"。又,《四时月令诏条》各条诏令均对事而设,几乎没有物候的记载(这点汤勤福先生论《四时月令诏条》与《礼记·月令》的不同亦有提及②),只有春分一条涉及物候,而其目的仍为告诫臣民春分之际容止;但郑注《今月令》有关物候却有四条,如"鸿雁来""淫雨蚤降""王瓜生""水泽腹坚",并无明显的告诫意味。又,郑注《今月令》有涉及祭祀的相关条目,如"命大史衅龟筴占兆""祈祀四海大川名源渊泽井泉""收秩薪柴以共郊庙及百祀之薪燎"凡三见,而《四时月令诏条》并无一文提及祭祀之事。如果再从郑注《今月令》与《礼记·月令》的文本来看,《今月令》与《礼记·月令》只有十八条文字之异同,那么《四时月令诏条》一类的汉廷月令,与郑注《今月令》的差异,又当远远多于上述三类。因此,郑注《今月令》也不会是郑玄时代汉代所行的月令。汉代所行之类似于《四时月令诏条》一类的《月令》文书与《礼记·月令》的巨大差异,也可以证明梁玉绳、许宗彦等所引证诸史书中有关《月令》的文字并不是汉代所行月令。然而应该承认的是,汉代所行《四时月令诏条》一类《月令》文书律令,仍旧从《月令》之中删减更改而来,这是汉代政治与经学密切相关的体现。

因此,我们以为黄先生所论《今月令》与郑注《今月令》,一为汉廷之政典,一为《月令》之别本,当分属两事,不必同一而论。敦煌悬泉置出土之《四时月令诏条》,可以证明汉廷自有其所行之月令,但并不能证明汉廷所颁行之月令,就是郑注所谓之《今月令》,二者有着本质的不同。

---

① 中国文物研究所、甘肃省文物考古研究所编《敦煌悬泉月令诏条》,中华书局,2001,第43页。
② 参见汤勤福先生《〈月令〉祛疑——兼论政令、农书分离趋势》,《第三届礼学国际学术研讨会论文集》,2014,第332页。

## 四 诸书所引《明堂月令》名同实异

汉人称引《明堂月令》，今可考见最早为《汉书·魏相传》"又数表采《易阴阳》及《明堂月令》奏之"，[①] 是西汉之人已有"明堂月令"之称。此外《大戴礼记·明堂》亦称"明堂月令"，其说明堂之制谓"《明堂月令》，赤缀户也，白缀牖也，二九四七五三六一八，堂高三尺，东西九筵，南北七筵，上圆下方，九室十二堂，室四户，户二牖，其宫方三百步，在近郊，近郊三十里"，[②] 与《礼记·月令》大不相同。许慎《说文解字》称引《明堂月令》九条，另有一条称为《月令》，与《礼记·月令》间有不同。《礼记·祭法》郑注引《明堂月令》"春曰其帝大昊，其神句芒……冬曰其帝颛顼，其神玄冥""春曰其祀户……冬曰其祀行"云云，[③] 与《礼记·月令》文字相同。《淮南子》高诱注引《明堂月令》凡三处：《原道训》"是故春风至，则甘雨降，生育万物"，高诱注"《明堂月令》曰：'清风至则谷雨'是也"，[④] 为《礼记·月令》所无；《天文训》"星正月建营室，二月建奎、娄，三月建胃"，高诱注"《明堂月令》孟春之月，日在营室，仲春之月在奎、娄，季春之月在胃"，[⑤] 《礼记·月令》无"娄"字；《主述训》"獭未祭鱼，罔罟不得入于水"，高诱注"《明堂月令》孟

---

[①] 班固撰，颜师古注《汉书·魏相传》，中华书局，1962，第3139页。
[②] 方向东：《大戴礼记汇校集解》，中华书局，2008，第853页。向宗鲁先生认为此文并不是《月令》本文，当为《月令》说解文字，其旨在说明堂之制。向先生谓《礼记·玉藻》孔疏"《明堂月令书说》云：明堂高三丈，东西九仞，南北七筵，上圆下方，四堂十二室，室四户八牖，宫方三百步，在近郊，近郊三十里"。其文与《大戴礼记·明堂》略同，而其题则为"明堂月令书说"，"书说"二字可以证明此段疏文以及《大戴礼记·明堂》文字均为说解《月令》之文，与《月令》本文并不相同。今案《玉藻》此节疏文，亦见于《礼记·明堂位》疏中，其题则为"明堂月令说"，《玉藻》疏文题"明堂月令书说"，"书"字或为衍文，"明堂月令说"正谓说解《月令》之义。
[③] 郑玄注，孔颖达疏《礼记正义》卷四十六，《十三经注疏》，中华书局，1980，第1587页。
[④] 何宁：《淮南子集释》，中华书局，1998，第125页。
[⑤] 何宁：《淮南子集释》，中华书局，1998，第271页。

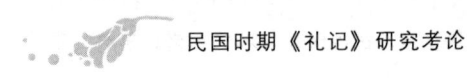

春之月，獭祭鱼",① 与《礼记·月令》同。应劭《风俗通义·祀典篇》有"谨案《明堂月令》孟冬之月其祀灶也"之文，② 与《礼记·月令》祀灶在孟夏不同。蔡邕著《明堂月令论》，也有"明堂月令"之称。由上可知，汉人称引《明堂月令》，与《礼记·月令》有同亦有不同，不能轻易地说《明堂月令》就是《礼记·月令》。

蔡邕《明堂月令论》释《月令》篇名谓"因天时，制人事，天子发号施令，命神受职，每月异礼，故谓之'月令'；成法俱备，各从时月，藏之明堂，所以示承祖考神明，明不敢亵渎之义，故以'明堂'冠'月令'，以名其篇"（见上文述杨宽先生意见所引）。蔡氏以汉人说汉事，完全可以尊信，而且可以作为讨论"明堂月令"这一问题的根本。考蔡邕此语，乃是解释《月令》有"明堂月令"之称的原因，也就是说汉人称《明堂月令》或《月令》，其实质并无不同，《说文》称"明堂月令"又称"月令"就是如此。故杨宽先生申论蔡说，谓此为详省之别。

汉人的这种称谓习惯，汉代以后也有沿袭，如韦昭《国语注》称《明堂月令》，也称《月令》。值得注意的是，汉代以后诸书所称引《月令》或《明堂月令》多指《礼记·月令》，如《隋书·牛宏传》"今《明堂月令》者，郑玄云云"就是如此，这是因为《礼记·月令》流传最广，逐渐代替了其他的《月令》传本。

《月令》与《明堂月令》作为书名，自然没有区别，但谓《明堂月令》就是《礼记·月令》则未必然。因为《说文》所据《月令》，并不一定就是郑注《礼记·月令》的传本。应劭、蔡邕、高诱所称《明堂月令》，亦未必与许慎、郑玄所据同是一本。《月令》在汉代有单篇别行之本，汉儒就其所见，各自称引，或题《明堂月令》或题《月令》，其间互有异同，乃是因为不同传抄之本，在流传过程中发生

---

① 何宁：《淮南子集释》，中华书局，1998，第686页。
② 应劭撰，王利器校注《风俗通义校注》卷八，中华书局，1981，第361页。

变化。故《说文》"乳"字下引《明堂月令》"玄鸟至之日，祠于高禖，以请子"，"以请子"三字，为《礼记》所无；"霝"字下有"《明堂月令》曰霝雨"，也与《礼记》"淫雨"不同，以及上述诸书引《明堂月令》与《礼记·月令》的出入，都是传本不同的表现。如果《说文》等所引《明堂月令》与《礼记·月令》相同，那么他们随义所引之寥寥数语，不应与《礼记》的差异如此之大。

因此我们认为，诸家以《说文》所引《明堂月令》就是《礼记·月令》，其间差异，只是古今文字不同或礼家所引各异，稍嫌笼统。黄以周以《明堂月令》为古文，《礼记·月令》为今文，就是对此而发；然而蔡邕释"明堂月令"之名，似无关于今文、古文之分别，黄氏之说，也不能尽信。许慎、郑玄等在一书之中称《明堂月令》或称《月令》，只是详省之别；但许慎所称之《明堂月令》，与郑注所称《明堂月令》，应当不是一个传本，不能据其称"明堂月令"之名相同，而谓其实亦是一书。郑玄《祭法》注所称之《明堂月令》"春曰其帝大昊、其神句芒""春曰其祀户、祭先脾"诸语，当然就是指《礼记·月令》，但许慎《说文》等所称之《明堂月令》，却不能径视为《礼记·月令》。此前学者于此疑义纷纷，都是忽略了汉人称引"明堂月令"的名实不同。

陈梦家先生遗著《战国楚帛书考》文中有"纪元前四百年间的月令"一节，[①]考察两汉诸书之《月令》共有七种，如《明堂月令》、小戴今文《月令》、王莽诏书《月令》、陈宠奏议《月令》、陈宠奏议《时令》、郑注引《今月令》、郑注之《礼记·月令》。陈先生又分此七种《月令》为四类：今文小戴一系；《明堂月令》《时令》《今月令》为一系，可能近于古文；王莽诏书和陈宠奏议所引《月令》为一系，与以上两系不同；《礼记·月令》综合诸家之说，出于古文家的

---

① 陈梦家：《战国楚帛书考》，《考古学报》1984年4月，第137~158页。

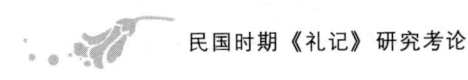

编注。王利器先生《吕氏春秋注疏》论《明堂月令》与《今月令》与陈先生不同，他认为"汉初草创，授时仍因秦旧，而汉人称之为《月令》或《明堂月令》；《月令》者谓时王所授每月之令；《明堂月令》者谓授时于明堂而之，故称《明堂月令》，皆所以别于亡秦之旧历也。迄今太初改历，正建于孟春，时人称之为今月令，所以别于旧之《月令》或《明堂月令》也"[1]。黄人二先生《敦煌悬泉置〈四时月令诏条〉整理与研究》有"月令系统"一节，黄先生认为《月令》内容的发展，经历了从十月历到十二月历法的转变，《明堂月令》属于十月历一系，《礼记·月令》则为十二月历系统。[2]

我们以为陈先生以《明堂月令》与《今月令》为一系，则是看到了二者的联系，因为诸书所称引之《明堂月令》与《今月令》一样，皆是汉代《月令》的别行之本，字有相同并不是巧合；而其与《礼记·月令》的不同，亦因传本不同而引起。王先生论"明堂月令"与"月令"的称名，本于蔡邕《明堂月令论》，惟其谓《明堂月令》为秦时旧书，《今月令》为汉代新历，本文论述与此不同，汉代所行月令与郑注《今月令》的区别，上文已有论及，此不赘述。《月令》经历十月历到十二月历的转变，黄先生论述明切，应当是《月令》发展的事实。然而《明堂月令》却并不见得就是十月历系统的《月令》，因为从蔡邕《明堂月令论》"每月异礼，故谓之'月令'，藏之明堂，故以'明堂'冠'月令'"的文字来看，《明堂月令》与《礼记·月令》并无实质区别。

## 结　语

综上所论，我们以为郑注所引《今月令》，乃是郑玄所见《月令》

---

[1] 王利器：《吕氏春秋注疏》第1册，巴蜀书社，2002，第19页。
[2] 黄人二：《敦煌悬泉置〈四时月令诏条〉整理与研究》，武汉大学出版社，2010，第57页。

单篇别行的一个传抄之本，郑玄注《礼记》之时取以校勘以证异同，与《礼记·月令》只是文字的差异。《今月令》既不是孔颖达所称之《吕氏春秋》十二月纪之首章，也不是清儒所谓之《明堂月令》或汉代所行月令。汉儒所称《明堂月令》与所称《月令》，作为书名只是详省之别，但不同学者如许慎、郑玄所称之《明堂月令》，未必是同一个传抄之本，其名虽同而其实却有差异，二者之间容有文字不同，故不能简单地说《明堂月令》就是《礼记·月令》。汉代《月令》既然有不同的传抄之本，彼此之间自然互有出入，故郑注《今月令》与蔡邕《独断》所引有"固封玺"之相同，又有"众雨"与《说文》所引《明堂月令》"霢雨"之相似，因此也不能径以《今月令》为《明堂月令》，然甚而言之，郑注《今月令》亦可称为"明堂月令"。清儒引证汉代所行月令的诸史书之文，是汉代经学昌明、治国理政引经据典的表现，其实并不是汉代所行之月令。汉代所行之月令，当以汤勤福、黄人二先生之说为是，为敦煌悬泉置出土所见《四时月令诏条》一类文书。

## 第三节 《学记》作者研究考论

《礼记·学记》一篇，郑玄《目录》谓："名曰学记者，以其记人学教之义，此于《别录》属通论。"《学记》的时代与作者，前人讨论较少，其原因可能是《学记》的作者文献无征故无法讨论，而《学记》的时代又往往被默认为先秦。

清代陆奎勋《戴礼绪言》认为《学记》为汉儒所作，陆奎勋谓：

> 《王制》略言建学之法，孝景俱未举行，武帝举贤良方正，董广川乃以设庠序、兴大学、置严师为急务，惜乎广川未见任用，故其说亦不详。此篇殆继《王制》而作者欤？引《兑命》者凡

三，两汉诸儒不见《古文尚书》，疑河间献王所辑而后仓记之，小戴复录之耳。何以知非周代之书？曰：家塾、党庠、术序、国学，与《周礼》闾胥、党正、州长、卿大夫之职略同，而云"古之教者"，则明其为汉记也。①

陆氏的证据是《学记》中"古之教者，家有塾，党有庠，术有序、国有学"，所谓"党""术（遂）""国"的行政制度与《周礼》略同，而《学记》行文又称之为"古之教者"，因而认为《学记》当为周代以后之作，具有明显的汉代特征。陆氏此说的前提在于承认《周礼》所记确为周代制度。

陈澧《东塾读书记》的意见与陆奎勋大不相同。陈澧认为《学记》与《大学》相互发明，陈氏谓：

> 《大学》篇首云"大学之道"，《学记》亦云"此大学之道也"，可见《学记》与《大学》相发明。知类通达，物格知至也。强立不反，意诚、心正、身修也；化民易俗，近者说服，远者怀之，家齐、国治、天下平也。其离经辨志、敬业乐群、博习亲师、论学取友，则格物致知之事也。②

朱熹认为《大学》一篇可以分为经、传两个部分，经为"孔子之言，曾子述之"，传则是"曾子之意而门人记之"③，这一意见为多数学者所接受。因此，陈澧所论《学记》与《大学》相发明，则《学记》与《大学》的时代应当相差不远，这与陆奎勋的看法显然是不同的。

## 一　民国学者诸家之说

民国时期有关《学记》的研究，多着重于《学记》语词的训诂考

---

① 陆奎勋：《戴礼绪言》，《四库全书存目丛书》第102册，齐鲁书社，1997，第26页。
② 陈澧：《东塾读书记》，《续修四库全书》第1160册，上海古籍出版社，2002，第585页。
③ 朱熹：《四书章句集注》，中华书局，1983，第4页。

## 第二章 民国时期《礼记》考证研究（下）

释，教育思想的发掘归纳，学年、学制的探究考证，以及《学记》对当时教育建设的指导意义等方面。民国时期关于《学记》年代与作者研究，目下所及只有冯友兰、郭沫若、杜明通有相关论说，其中杜明通的讨论最为详细。

冯友兰《大学为荀学说》从哲学史的角度讨论《大学》一篇的思想渊源，认为《大学》并非以往所谓曾子之作，而为荀子后学之作。该文间接论及《学记》的思想渊源，冯氏认为《学记》与《荀子》都持有性恶论的观点，故《学记》亦当为荀学之流，冯氏谓：

> "强立而不反"，即《荀子·不苟篇》所谓"长迁而不反其初则化矣"之意。盖主张性恶之说这，以道德仁义为人性中所本无有，其学之也，乃"化性起伪"，使性化于道德仁义。性化于道德仁义，即习惯于道德仁义，而道德仁义亦即成人之第二天性，所谓"强立而不反也"。主性善者教人复其初，主性恶者教人"长迁而不反其初"，此孟荀之异也。①

冯友兰论《学记》与《荀子》共同持有性恶论的依据是《学记》"九年视，知类通达，强立而不反"，与《荀子·不苟篇》"长迁而不反其初则化矣"，二文意思相近，皆是要求通过学习而不反其本性。冯友兰虽谓《学记》为荀学之流，但并未明确指出《学记》的具体时代。荀子为战国晚期之人，荀子之学传至汉初仍有百年以上时间，而且此段时间还有着秦灭六国以及秦汉更迭的历史。因此就冯氏所论，《学记》的年代，从荀子到汉初的这段时间里，并不能进行具体的断限。

郭沫若撰有《儒家八派的批判》，他反对冯友兰以《大学》《学记》为荀学的观点，认为《大学》《学记》为孟子后学所作。郭氏谓：

---

① 冯友兰：《大学为荀学说》，《燕京学报》第七期，1930，第166~173页。

"强立而不反"即《洪范》所谓"无反无侧,王道正直",《中庸》所谓"中立而不倚,强哉矫",亦即《孟子》所谓"强恕而行"或"中道而立,能者从之"。行是前进,也就是"不反"。物不进必退,无所自立,必反于不学无术,故"强立而不反"一语不一定要性恶说才能适用。

《学记》对于教育与学习是主张自发的,言"道而弗牵,强而弗抑,开而弗达"。这和孟子的"君子深造之以道,欲其自得之也,自得之则居之安,居之安则资之深,资之深则取之左右逢其原",在精神上是完全合拍的。这是性善说者的内发主义,与《荀子》篇中外铄,毕竟不同。故要把《学记》认为荀学,依然是大有距离的。①

与冯友兰相同,郭沫若也是从哲学史的角度讨论《学记》的思想渊源,但他的看法与冯友兰不同,他否认了冯友兰"强立而不反"对应荀子性恶论的看法,认为《学记》"道而弗牵、强而弗抑、开而弗达"的教育思想与孟子性善论的内发主义相吻合,因此《学记》当为孟子一系学者的制作。

冯友兰与郭沫若从哲学史的角度讨论《学记》的思想渊源,虽然并不能对学记的作者与具体的年代作出明确的推定,而且他们的观点还相互冲突,但是他们的探讨却能加深我们对《学记》的认识,也能为我们讨论《学记》的作者和年代提供有益的启发。

民国时期从经学史角度讨论《学记》时代与作者的学者为杜明通,杜明通撰有《学记考释》②,他认为《学记》的时代在西汉,作者为董仲舒。杜明通的论证分为六个方面。

---

① 郭沫若:《儒家八派的批判》,《十批判书》,《沫若文集》第十五卷,人民文学出版社,1961,第147页。
② 杜明通:《学记考释》,国立四川大学教育研究会出版,1943。该书又收于《民国时期经学丛书》第四辑第32册,台湾文昕阁图书有限公司,2009。

第二章 民国时期《礼记》考证研究(下)

第一,杜明通认为《学记》与董仲舒所处的时代相符。杜氏谓:"《礼记》之出武帝时人之追记者为多,所谓补搜求之阙焉耳,于刘向《别录》所列为通论者尤然,《学记》是也。董仲舒在武帝时最为纯儒,兴学立教之心最切,始见于对策,继见于行事建议……然亦可见《学记》与董氏为同一时代之产物,各负同一之怀抱与论调,对当时之贡献若合符节。"①

第二,杜明通认为《学记》与武帝时环境好尚相同。杜氏谓:"武帝时始有大学之设,朝野上下,靡然向风,莫不知教化之要,当时置五经博士,诏贤良,举孝廉,皆有关于教育。"又谓:"董氏在景帝时为博士,已为纯儒,其发明道术之意,具见于所著《春秋繁露》。故一经诏对,即以兴学为务,以上既好之,则平日之抱负可售。故为《学记》以干时主,亦托古改制之意,盖鉴于举贤良方正不如兴学之宜亟也,故《学记》首段即对比言之……董氏欲倡学而不能无所据,当时又寡能道古学之详者,于是考求遗言以为发挥,此《学记》之所由作欤!"②

第三,杜明通谓《学记》之作与董仲舒的地位相适合。杜氏谓:"仲舒虽生当其时,然若无其地位,亦不能成其志,今考之身世,氏在当时实执学术界之牛耳……盖仲舒已俨然为王者师,凡天下应兴应革之大计有关于教化者,皆由仲舒创其须,而后世莫或易之:建太学以养天下之士,立五经博士研究经术,诏地方官吏举修德明礼之士上之礼部以为入太学之预备等事是矣。"又谓:"且古学能道者鲜,至汉已失其记载,为礼制缺陷,学者苦之,非为一代宗师者不能补其义以为当时立学之本,故《学记》者,盖亦董仲舒对问之一欤?……然氏固不敢自是,以其为传世之文献,上以对天子,下不能欺天下后世,

---

① 杜明通:《学记考释》,《民国时期经学丛书》第四辑第32册,台湾文听阁图书有限公司,2009,第9页。
② 杜明通:《学记考释》,《民国时期经学丛书》第四辑第32册,台湾文听阁图书有限公司,2009,第13页。

故《学记》每段结以'其此之谓乎?'存疑之意也。"①

以上三点为杜明通结合董仲舒的身世与汉代的时代背景,论《学记》作者为董仲舒的外部证据,用以说明《学记》为董仲舒所作的可能性。此外,杜明通又据董仲舒《春秋繁露》对比《学记》,勾稽《学记》为董仲舒所作的其他三条证据,这三条证据均属于文献内部的互证。

第一,杜明通认为《学记》与《春秋繁露》文体类似。首先,《学记》与《春秋繁露》篇法类似,杜氏谓:"《学记》长不逾千言二百,而可分作十七或十九段读之,每段自成起讫,含独立之意义,此与任何汉儒之作法迥异者,今读《春秋繁露》,则篇中有段,段自成起讫,形式与此全同。"② 其次,《学记》段法与《春秋繁露》相似,杜氏谓:"《学记》段之归结,又有一显然之习惯,难以逃妇孺之目,其形式如下:'…曰:"……"其此之谓乎。'今《春秋繁露》各篇段以此方式结束者,不下三十例。"③ 再次,《学记》句法与《春秋繁露》相似,杜氏谓:"在《学记》有'中年考校'一语,何谓'中年'?今《繁露》'循天之道第七十七'中有'中春''中冬''中夏'等名称,与'中年'意同,可以互证。"④

第二,杜明通认为《学记》与《春秋繁露》思想一贯。杜氏以为《学记》中包含的"尊儒术""崇教化""亲贤才""循次第""明考校""重志本""善复古""言术数"等教育思想,在《春秋繁露》以及董仲舒其他言论中均有所体现。如"尊儒术"条,杜氏举董仲舒

---

① 杜明通:《学记考释》,《民国时期经学丛书》第四辑第 32 册,台湾文听阁图书有限公司,2009,第 14 页。
② 杜明通:《学记考释》,《民国时期经学丛书》第四辑第 32 册,台湾文听阁图书有限公司,2009,第 16 页。
③ 杜明通:《学记考释》,《民国时期经学丛书》第四辑第 32 册,台湾文听阁图书有限公司,2009,第 16 页。
④ 杜明通:《学记考释》,《民国时期经学丛书》第四辑第 32 册,台湾文听阁图书有限公司,2009,第 17 页。

## 第二章　民国时期《礼记》考证研究（下）

《天人三策》第三策之"今师异道，人异论，百家殊方，指意不同，是以上亡以持一统，法制数变，下不知所守。臣愚以为，诸不在六艺之科、孔子之术者，皆绝其道，勿使并进，邪辟之说灭息，然后统纪可一，而法度可明，民知所从矣"为证①。

第三，杜明通认为《学记》与《春秋繁露》遣词比合，杜氏谓"间尝读董仲舒书，考其立言，多与《学记》相发明"②。如《春秋繁露·重政》"不然，传于众辞，观于众物，说不急之言，而以惑后进者，君子之所甚恶也，……故曰：於乎，为人师者，可无慎耶"，杜氏谓此与《学记》"杂施而不逊""多其讯言""急于数进"等相比合③。又如《春秋繁露·仁义法》"夫目不视弗见，心弗论不得；虽有天下之至味，弗嚼弗知其旨也，虽有圣人之至道，弗论不知其义也"，杜氏谓此与《学记》"虽有嘉肴，弗食不知其旨也；虽有至道，弗学不知其善也"相比合④。杜氏所列如上比合之证共有八条，仅举其二如上。

陆奎勋首创《学记》为汉人所作，杜明通又将《学记》的作者坐实为西汉的董仲舒。杜明通谓："陆意《学记》乃周末汉初作而河间献王辑之以传，能见董氏设教立学之功，而未见其与《学记》直接关系，殊为可惜。"由此可知杜明通论《学记》作者为董仲舒，其实乃受到陆奎勋的启发。陆奎勋论《学记》为汉人之作的论据只有一条，即《学记》"古之教者，家有塾，党有庠，术有序、国有学"中"党""术""国"与《周礼》略同，而《学记》行文称之为"古之教者"。

---

① 杜明通：《学记考释》，《民国时期经学丛书》第四辑第32册，台湾文听阁图书有限公司，2009，第18页。
② 杜明通：《学记考释》，《民国时期经学丛书》第四辑第32册，台湾文听阁图书有限公司，2009，第29页。
③ 杜明通：《学记考释》，《民国时期经学丛书》第四辑第32册，台湾文听阁图书有限公司，2009，第30页。
④ 杜明通：《学记考释》，《民国时期经学丛书》第四辑第32册，台湾文听阁图书有限公司，2009，第30页。

《学记》引文有《兑命》三处，见于今本《古文尚书》，而《古文尚书》本在屋壁之中，武帝时孔安国将之献于朝廷之后方才得以流传，故陆奎勋迁就其说谓《学记》中《兑命》是河间献王所辑录，因为河间献王有可能见到《古文尚书》，其后又为后仓、戴圣所得而传世。

然而陆奎勋的证据却仍存在漏洞，"党""术""国"若果真就是周代制度，而《学记》称之为"古之教者"，是否就能证明《学记》必然是汉代之作，也是很大的疑问。因为周代制度，至孔子提出"克己复礼"之时，已经呈现礼崩乐坏的状态，战国以后各国变法如火如荼，周代制度更是名存实亡。《学记》所谓"古之教者"，春秋以下均可以如此称述。故王锷老师《礼记成书考》谓：

> 尤其是谈到择师的重要性，引用古《记》"三王四代唯其师"之言论；并曰："古之教者，家有塾，党有庠，术有序，国有学。"这说明，该篇只能写成于礼崩乐坏、私学兴起的春秋末期战国前期。①

因此，陆奎勋的说法并不可信。

## 二 当代学者的意见

民国以后，认为《学记》为汉人之作的学者有任铭善，任铭善撰《礼记目录后案》，其于《学记》谓：

> 大学、小学之名，依年入学之制，则汉以来传记始言之，于六艺无可考信。此篇汉人所作，言学之义则精，考学之制则托古而难据，不可不善择也。三引《兑命》，伪《古文尚书》采之。两引记文，不知所出。惟"三王四代惟其师"语甚与《白虎通》

---

① 王锷：《礼记成书考》，中华书局，2007，第64页。

引《论语谶》文相似,或即出诸其书也。汉人称纬书或曰说,亦曰记。①

任铭善论《学记》为汉人之作的论据显然与陆奎勋不同,任铭善将《学记》中"言学之义"与"考学之制"分别开来,认为《学记》"言学之义"精粹,而"考学之制"却不可信。任铭善拓展姚祖诒《古制考·学校篇》的观点,认为"家塾,党庠,术序、国学"之说,均为汉人假说,其谓:

> 盖古无聚学之制,塾、序、庠者,王者以礼教化人,则有资于观习焉,而非所以聚坐讲学者也。《孟子》、《礼记·王制》、《文王世子》、《学记》及《大戴记·保傅》、《尚书大传》、《白虎通》,诸言学校之制各异,皆战国汉儒托言立制,不可据信。而此篇大学九年大成之序,又与《曲礼》、《内则》不同,盖亦后起歧异之说耳。②

如任铭善之论,"家塾,党庠,术序、国学"之说既然为汉人假说,那么《学记》自然就是汉人所作了。

当代学者如吕友仁先生认为:"《学记》是战国后期思孟学派的作品,它对我国先秦时期的教育和教学第一次从理论上作了比较全面系统的总结。"③ 王锷老师则认为《学记》成篇于战国前期,作者是一位十分有教学经验的教师,很可能就是孔子弟子或再传弟子。王锷老师谓:

> 《学记》论述问题,文风与《表记》、《缁衣》相似。《表记》、《缁衣》在讨论问题时,先提出观点,然后引用《诗》、《易》或《尚书》中某篇文字证明自己的观点,《学记》也是这样。《表

---

① 任铭善:《礼记目录后案》,齐鲁书社,1982,第45页。
② 任铭善:《礼记目录后案》,齐鲁书社,1982,第47页。
③ 吕友仁:《礼记全译》下册,贵州人民出版社,2009,第668页。

记》、《缁衣》是子思的作品,其成篇于战国前期。《学记》文风与《表记》和《缁衣》相近,也应该是同时代的作品,即成篇于战国前期。①

以上是清代以来有关《学记》年代与作者讨论的主要观点,他们的观点明显可以分为两类,即《学记》作于汉代以前的战国时期和作于汉初时期。

### 三 民国时期《学记》作者研究总结与评价

我们以为,讨论《学记》的年代与作者,应该结合《礼记》的渊源与成书来展开探讨。经过考察我们看到,陆奎勋、杜明通等以《学记》为汉人之书,其关于《礼记》渊源认识的共同点在于认为《礼记》篇目杂出汉儒。陆奎勋每谓《礼记》为汉儒所作,如《明堂位》篇,《戴礼绪言》谓:"此篇首言周公明堂位,中后极夸鲁礼之盛,盖申公弟子所记录也。"②《四库全书总目提要》谓陆氏《戴礼绪言》:

> 是书大旨以《礼记》多出汉儒,不免有附会古义之处,而郑康成以下诸家又往往牵合穿凿以就其说,乃参考诸经、旁采众说以正之。每篇各以小序为网而逐字逐句条辨于后。然自信太勇、过于疑经疑传,牵合穿凿亦自不能免也。③

陆奎勋基于《礼记》多出汉儒的成见,认为《学记》亦为汉儒所作也就不难理解了。

杜明通认为《学记》为董仲舒所作,与其对《礼记》渊源的认识

---

① 王锷:《礼记成书考》,中华书局,2007,第64页。
② 陆奎勋:《戴礼绪言》,《四库全书存目丛书》第102册,齐鲁书社,1997,第23页。
③ 陆奎勋:《戴礼绪言》,《四库全书存目丛书》第102册,齐鲁书社,1997,第46页。

也有相似之处，杜氏《学记考释》篇首谓：

> 故《礼记》杂出于汉儒，虽名为经，其实传也。陆德明曰：此记二礼之遗阙，故名《礼记》……盖《仪礼》，礼之根本，而《礼记》乃其枝叶，《礼记》本秦汉上下诸儒解释《仪礼》之书，又有他说附益于其间。故《礼记》为孔门丛书，为儒家思想尤其礼教思想发达到细密时之产品，后人乃以与《周官》、《仪礼》并举，附会为五经之一，殊失其本色也。①

任铭善《礼记目录后案》并未专门论及《礼记》渊源。而王锷老师以及吕友仁先生，则认为《礼记》一书出自先秦，与陆奎勋、杜明通等观点绝不相同。因此对《礼记》渊源的认识，会直接影响对《学记》作者与年代的判断。

《礼记》的渊源与成书，前节曾有讨论，我们认为《礼记》篇目的撰作多在先秦之时，材料来源为《汉书·艺文志》所载之《记》百三十一篇、《明堂阴阳》三十三篇以及《礼古经》等先秦古书，《学记》为《记》百三十一篇之一，乃战国时期孔子后学所作，时代当在《荀子》以前，具体已经无法考证。

关于《礼记》的时代，《汉书·艺文志》于"《记》百三十一篇"目下，谓"七十子后学者所记也"。《经典释文序录》引文有：

> 郑《六艺论》云"后得孔氏壁中、河间献王古文《礼》五十六篇、《记》百三十一篇、《周礼》六篇"。刘向《别录》云"古文《记》二百四篇"。②

据此可知《记》百三十一篇当为先秦古文之书。王国维亦谓：

---

① 杜明通：《学记考释》，《民国时期经学丛书》第四辑第32册，台湾文听阁图书有限公司，2009，第2页。
② 吴承仕：《经典释文序录疏证》，中华书局，1984，第96页。

《汉书·景十三王传》:"河间献王所得书,皆古文先秦旧书,《周官》《尚书》《礼》《礼记》《孟子》《老子》之属。"案《汉志》及《说文叙》皆云孔壁中有《礼记》,乃谓《礼古经》五十六卷,此既言《礼》,复言《礼记》,《礼》盖谓《礼经》,《礼记》盖谓《汉志》礼家《记》百三十篇之属。①

是古今学者皆以百三十一篇之《记》为先秦古文。而今本《礼记》与百三十一篇之《记》渊源甚深,其中篇目自然多撰于先秦。

　　清代陆奎勋等以《礼记》篇目杂出汉儒,与旧说已多有不同。古史辨派学者如童书业、蔡介民等,受晚清今文经学影响的,又谓《礼记》杂出汉儒,多为刘歆伪作,更与旧说相差甚大。这些观点对《学记》年代与作者的断定,都会产生根本的影响。1993年郭店楚简中《缁衣》等有关《礼记》篇章的出土面世,为《礼记》成篇年代的考定,提供了新的思路与佐证。彭林先生有《郭店楚简与〈礼记〉的年代》② 一文,根据郭店出土《缁衣》等简文与《礼记》互勘,谓"《礼记》传经诸篇年代不离《仪礼》左右","《礼记》通论诸篇当作于战国","郭店楚简多属'古文《记》二百四篇'之列"。郭店楚简中《缁衣》别本的出现,使我们有理由相信《汉志》"七十子后学所记者",《经典释文序录》所引刘向《别录》"古文记二百四篇",及郑玄《六艺论》"后得孔氏壁中、河间献王古文《礼》五十六篇、《记》百三十一篇、《周礼》六篇"之言不虚,因此《学记》也应当是先秦时期的作品,而不是汉人造作。

　　我们认为《学记》的时间不迟于《荀子》,《学记》论师有"能为师然后能为长,能为长然后能为君。故师也者,所以学为君也",以及"鼓无当于五声,五声弗得不和。水无当于五色,五色弗得不

---

① 王国维:《观堂集林(附别集)》卷七,中华书局,1959,第324页。
② 彭林:《郭店楚简与〈礼记〉的年代》,《中国哲学》编辑部、国际儒联学术委员会编《中国哲学》第二十一辑《郭店简与儒学研究》,辽宁教育出版社,2000,第41页。

章。学无当于五官，五官弗得不治。师无当于五服，五服弗得不亲"①。这里《学记》已经论及师与君、亲的关系，而《荀子·礼论》对君、师、亲关系有如下论述：

> 《荀子·礼论》："礼有三本：天地者，生之本也；先祖者，类之本也；君师者，治之本也。无天地，恶生？无先祖，恶出？无君师，恶治？三者偏亡，焉无安人。故礼上事天，下事地，尊先祖而隆君师，是礼之三本也。"②

据此可见，荀子将天地、先祖、君师、视礼之三本，对君、师、亲的关系有着比《学记》更为系统的认识，因此我们以为《学记》应当早于《荀子》。

又《荀子·劝学》：

> 小人之学也，入乎耳，出乎口，口耳之闲则四寸耳，曷足以美七尺之躯哉……不问而告谓之傲，问一而告二谓之囋。傲，非也；囋，非也。君子如向矣。③

与《学记》：

> 善待问者如撞钟，叩之以小者则小鸣，叩之以大者则大鸣，待其从容，然后尽其声，不善答问者反此……记问之学，不足以为人师，必也其听语乎，必待其问乃说之。力不能问，然后语之。语之而不知，虽舍之可也。④

均能相互发明。而《学记》"叩之以小者则小鸣，叩之以大者则大

---

① 郑玄注，孔颖达疏《礼记正义》卷三十六，《十三经注疏》，中华书局，1980，第1523、1524页。
② 梁启雄：《荀子简释》，中华书局，1983，第256页。
③ 梁启雄：《荀子简释》，中华书局，1983，第8页。
④ 郑玄注，孔颖达疏《礼记正义》卷三十六，《十三经注疏》，中华书局，1980，第1524页。

鸣",又似不如《荀子》"不问而告谓之傲,问一而告二谓之囋。傲,非也;囋,非也。君子如向矣"深刻直切,这也可以说明《学记》的时代应当早于《荀子》。

杜明通以《学记》作者为董仲舒,原因在于受陆奎勋影响,先有汉人之作的成见横鲠在胸,然后又依次循迹,最终认定为董仲舒所作。其实,杜氏所列六证,聊备一说或可,若定断此案则仍嫌不足。所谓时代相符、环境好尚、地位合适,不过捕风捉影,难以坐实。而文体相似、思想一贯、遣词比合,或有合理之处,但从古书源流的角度来看,皆不能说明《学记》的作者就是董仲舒。杜明通所谓《学记》与《春秋繁露》文体相似,又细分篇法、段法、句法之三端,这些细微的相似固然不能否认,但是先秦两汉文献的全貌,今天已经无法窥见,就数量来看几乎是百不存一。先秦两汉文献中,是否就没有其他诸如此类的文献,实在是一个很大疑问,如果其他文体还有类似的文献,又岂能说它们的作者都是董仲舒。又杜氏所谓《学记》与《春秋繁露》思想一贯,包括"尊儒术""崇教化""亲贤才""循次第""明考校""重志本""善复古""言术数"等几个方面。其实杜氏列举的这些内容,大多是孔子以及孔子以后儒家学者的基本价值观念,《春秋繁露》与《学记》都是儒家文献,他们在思想上存在一贯性是理所当然的,这不能说明《学记》的作者就是董仲舒。又杜明通谓《学记》与《春秋繁露》遣词比合,也就是说二者之间有形式、意义上相同或相似的语句,其实这在先秦文献中是常见的现象,古人著书没有现代意义上的版权意识,不同文献之间往往互有异同,甚至还有长篇大段的钞合,这本来就不足为奇。《学记》中的部分语句,与贾谊《新书》也有相似之处,如《学记》"燕朋逆其师,燕辟废其学"[1],《新书·傅职》"天子燕辟废其学,左右之习诡其师"[2] 与之相似;

---

[1] 郑玄注,孔颖达疏《礼记正义》卷三十六,《十三经注疏》,中华书局,1980,第1523页。
[2] 方向东:《贾谊〈新书〉集解》,河海大学出版社,1994,第210页。

《学记》"禁于未发谓之豫，当其可之谓时。发然后禁，则扞格而不胜，时过然后学，则勤苦而难成"①，《新书·保傅》"必未滥而先谕教，则化易成"② 与之义同。然而我们不能据此推断《学记》的作者就是贾谊；同理，杜氏根据此类语句的相似，推断《学记》的作者为董仲舒，当是失之偏颇的。

因此，我们以为《学记》的成篇年代，在《荀子》成书之前，具体不能断定，作者也已无法考证。杜明通认为《学记》的作者为董仲舒，乃是对清代陆奎勋学术观点的延展。杜明通与陆奎勋的共同点在于他们都持有《礼记》杂出汉儒的认识，而这并不可取。

---

① 郑玄注，孔颖达疏《礼记正义》卷三十六，《十三经注疏》，中华书局，1980，第1523页。
② 方向东：《贾谊〈新书〉集解》，河海大学出版社，1994，第223页。

# 第三章

## 民国时期《礼记》经解研究

《礼记》经解包括训诂、名物、礼制、礼义等方面的研究，从来就是《礼记》研究最核心的内容，历代《礼记》经解著作可谓汗牛充栋。民国时期的《礼记》研究处于新旧交替的学术背景之中，此时经学作为学科退出学制已经成为历史的现实，新派学者鲜有专门的经解著作，《礼记》经解的研究似乎显得不是特别重要。但这一时期对《礼记》经解的研究并未停止，仍有不少经解著作问世，如戴礼《礼记通释》、廖平《礼记识》、简朝亮《礼记子思子言郑注补正》、魏元旷《礼训纂》、刘咸炘《礼记温知录》等。这些经解著作大体承继了传统经学的研究路径，其中部分著作也有比较鲜明的时代特色，对《礼记》经解的研究，有着较好的参考价值。历代《礼记》经解著作种类繁多博览不易，民国时期《礼记》经解著作尚未引起当前礼学研究的较多关注，本章以简朝亮、魏元旷、刘咸炘的经解著作为研究对象，考察各书的体例内容、学术特点、经解成就，用以窥探民国时期《礼记》经解研究的概况。

## 第一节　简朝亮《礼记子思子言郑注补正》研究

简朝亮（1851—1933），广东顺德人，字季纪，号竹居，受学广东名儒九江先生朱次琦，有《尚书集注述疏》《论语集注补正述疏》《孝经集注述疏》《礼记子思子言郑注补正》《读书堂集》《读书草堂明诗》《朱先生讲学记》等著作传世。梁启超《近代学风之地理的分布》称简朝亮"九江弟子最著者，则顺德简竹居朝亮，南海康长素先生有为。竹居艰苦笃实，卓然人师，注《论语》、《尚书》，折衷汉宋精粹"[1]。简朝亮勤于学问、著述颇丰，在清末民初的学术界，有着较大的影响。

《礼记子思子言郑注补正》为简朝亮晚年之作，成书于1920年。《礼记》之中《坊记》《中庸》《表记》《缁衣》四篇，除《中庸》外的其他三篇，历来学者多信其为孔子之言，简朝亮认为南朝沈约说此四篇为子思之作，最为可信，并为之多方论证，合《坊记》《表记》《缁衣》而称之为"子思子言"。简朝亮述其著《礼记子思子言郑注补正》的缘由，谓："今之世，去子思之世，虽远云何？其言有逆睹今之世而先言之者。其在于今，变而通之，其学则体立用行，足以济中邦斯民于生生也。朱子著《中庸章句》，今有赖焉。若此三篇，明季黄石斋为之集传，将以纳忠，犹未暇考之深尔。礼家诸说，自郑康成注以来，大抵释此为孔子言，而不察此为子思子言，其有不安，则谓记言者之失也，殆读其书而未论其世欤？其他诸说，或于郑注外，不稽古训，不参文法，遂执一以疵其言者，妄也。将使记言者欲垂示天

---

[1] 梁启超：《近代学风之地理的分布》，见汪学群编《清代学问的门径》，中华书局，2009，第126页。

下万世之心，无由明矣。朝亮不敏，冀有所明，致辨于斯。"① 简朝亮著成此书的目的，乃在发明子思子著述大旨，以期能有用于世。下文将根据《礼记子思子言郑注补正》的自身特点，从体例内容、学术价值、解经特点、解经不足等几个方面对简书展开讨论。

## 一 《礼记子思子言郑注补正》的体例与内容

简朝亮《礼记子思子言郑注补正》，仿郑玄笺毛诗之例，每段经文之下，先列郑注以为中心，次设"谨案"之辞以驳郑、申郑或补郑，末以"释曰"疏释"谨案"的观点，是典型的义疏体例。又其每节经文、注文之下，均依文字难易标明音切，以为学者阅读便利。简朝亮自述谓：

> 每分节，以谨案明之。其后申以"释曰"之辞，犹疏义也，其辨孔疏者，亦列其中，虽训诂之微，且不遗之。其宜音者，依陆德明《释文》例为音，可始学资也。②

《礼记子思子言郑注补正》共四卷，《坊记》《表记》《缁衣》各一卷，均严格按照上述体例对郑注进行补正疏释。其后附录《礼记》之《礼运》《学记》《儒行》等篇目以及《大戴礼记》《仪礼》《周礼》相关内容之札记都为一卷，行文未严格遵守上述体例，经文之后，直接列以"谨案""释曰"，较之《坊记》等三篇，稍显疏略。简朝亮著《尚书集注述疏》《论语集注补正述疏》《孝经集注述疏》之时，著述体例已经非常成熟，依照已有成例疏释《礼记》本来已在简朝亮计划之中，然而简朝亮疏释《礼记》的计划囿于年老力衰，并未

---

① 简朝亮：《礼记子思子言郑注补正》，《民国时期经学丛书》第六辑第34册，台湾文听阁图书有限公司，2013，第1页。
② 简朝亮：《礼记子思子言郑注补正》，《民国时期经学丛书》第六辑第34册，台湾文听阁图书有限公司，2013，第4页。

彻底完成。简朝亮六十九岁时，应弟子门人请求，将《坊记》等篇书稿先行付梓，简朝亮自述谓：

> 今朝亮乃六十有九，于飞三日，旅巢悲秋，昔之志将莫毕欤？乃修书稿，其完者惟子思子言三篇。其余方草创，兼《大戴礼》，皆附录存之。若《礼运》篇，明天下为公为家者，若《学记》篇，宜万世法者，若《儒行》篇，皆孔子言而申其义者，稿中亦苟完矣。①

因此《礼记子思子言郑注补正》为简朝亮未完之稿，体例与《尚书集注述疏》等著作相比，略有疏阙。

简朝亮《礼记子思子言郑注补正》虽非完稿，但仅有四卷文稿已显现了简朝亮研治《礼记》的较高成就。统计可知，简朝亮《礼记子思子言郑注补正》对《坊记》《表记》《缁衣》三篇郑注的疏释，驳郑之非47条，申郑未尽25条，补郑不及22条，这构成了简氏此书的基本内容。简氏具体意见，文繁难引，限于篇幅，本文将简氏驳、申、补涉及经文、注文相关条目，列表如下。后文我们将以简氏具体条目为对象，讨论简氏本书的学术价值。

**简氏驳郑相关经注（47条）**

| | 《坊记》 | |
|---|---|---|
| 1 | 《春秋》不称楚越之王丧 | 郑注：《春秋传》曰：吴楚之君不书葬，辟其僭号也 |
| 2 | 《诗》云：民之无良，相怨一方 | 郑注：言无善之人，善遥相怨 |
| 3 | 《诗》云：尔卜尔筮，履无咎言 | 郑注：言恶在己，彼უ过浅 |
| 4 | 《诗》云：考卜惟王，度是镐京 | 郑注：镐京，镐宫也 |
| 5 | 《君陈》曰：尔有嘉谋嘉猷…… | 郑注：君陈，盖周公之子，伯禽弟也 |

---

① 简朝亮：《礼记子思子言郑注补正》，《民国时期经学丛书》第六辑第34册，台湾文听阁图书有限公司，2013，第4页。

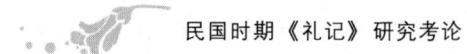

续表

| | | |
|---|---|---|
| 6 | 大夫不坐羊，士不坐犬 | 郑注：不坐犬羊，是无故不杀之 |
| 7 | 《诗》云：蓺麻如之何？横从其亩 | 郑注：横从，横行治其田也 |
| 8 | 子云：以此坊民，妇犹有不至者 | 郑注：不至，不亲夫以孝舅姑也 |
| 《表记》 | | |
| 1 | 子言之：君子隐而显，不矜而庄 | 郑注：矜谓自尊大也，厉谓严颜色 |
| 2 | 《甫刑》曰：敬忌而罔有择言在躬 | 郑注：言己外敬而心戒慎 |
| 3 | 子曰：以德报怨，则宽身之仁也 | 郑注："仁"亦当作"民"，声之误 |
| 4 | 道有至，义有考。至道以王，义道以霸，考道以为无失 | 郑注：此读当言"道有至、有义、有考"，字脱一"有"耳 |
| 5 | 是故君子以义度人，则难为人；以人望人，则贤者可知已矣 | 郑注：言以先王成法儗度人，则难中也。当以时人相比方耳 |
| 6 | 《大雅》曰：我仪图之，惟仲山甫举之，爱莫助之 | 郑注：爱犹惜也，惜乎时人无能助之者 |
| 7 | 乡道而行，中道而废 | 郑注：废，喻力极罢顿，不能复行则止也 |
| 8 | 衣服以移之，朋友以极之 | 郑注："移"读如"禾泛移"之"移"，移犹广大也 |
| 9 | 《诗》云：惟鹈在梁，不濡其翼。彼记之子，不称其服 | 郑注：污泽善居泥水之中，在鱼梁以不濡污其翼为才，如君子以称其服为有德 |
| 10 | 是故君子恭俭以求役仁，信让以求役礼 | 郑注：役之言为也，求以事君者，欲成其忠臣之名也 |
| 11 | 过行弗率，以求处厚 | 郑注：过，不复循行，犹不二过 |
| 12 | 子曰：夏道尊命事鬼敬神而远之，近人而忠焉 | 郑注：远鬼神近人，谓外宗庙、内朝廷 |
| 13 | 子曰：夏道未渎辞，不求备、不大望于民 | 郑注：不求备、不大望，言其政宽，贡税轻也 |
| 14 | 其君子尊仁畏义，耻费轻实 | 郑注：耻费，不为辞费出空言也 |
| 15 | 子曰：事君大言入，则望大利；小言入，则望小利 | 郑注：利，禄，赏也 |
| 16 | 子曰：事君不下达，不尚辞，非其人弗自 | 郑注：不下达，不以私事自通于君也。不尚辞，不多出浮华之言也 |
| 17 | 子曰：迩臣守和，宰正百官，大臣虑四方 | 郑注：和谓调和君事者也，齐景公曰：唯据与我和 |
| 18 | 故君使其臣，得志则慎虑而从之；否，则孰虑而从之，终事而退 | 郑注：孰虑而从之，又计于己利害也 |

续表

| 19 | 子曰：唯天子受命于天，士受命于君 | 郑注："唯"当为"虽"，字之误也 |
| 20 | 《国风》曰：心之忧矣，于我归说 | 郑注：欲归其所说忠信之人也 |
| 21 | 卜筮不相袭也 | 郑注：袭，因也，大事则卜，小事则筮 |
| 22 | 子曰：后稷之祀易富也，其辞恭，其欲俭，其禄及子孙 | 郑注：富之言备也，以传世之禄，共俭者之祭易备也 |

《缁衣》

| 1 | 子曰：夫民教之以德，齐之以礼，则民有格心 | 郑注：格，来也 |
| 2 | 《诗》云：淑慎尔止，不愆于仪 | 郑注：言善慎女之容止 |
| 3 | 臣仪行，不重辞 | 郑注："仪"当为"义"，声之误也 |
| 4 | 不援其所不及，不烦其所不知，则君不劳矣 | 郑注：引君所不及，谓必使其君所行如尧舜也。不烦以其所不知，谓必使其知虑如圣人也 |
| 5 | 《甫刑》曰：播刑之不迪 | 郑注：播犹施也 |
| 6 | 子曰：大臣不亲，百姓不宁，则忠敬不足，而富贵已过也 | 郑注：忠敬不足，谓臣不忠于君，君不敬其臣 |
| 7 | 子曰：夫水近于人而溺人，德易狎而难亲也，易以溺人 | 郑注：有德者亦如水矣 |
| 8 | 夫民闭于人而有鄙心 | 郑注：言民不通于人道而心鄙诈 |
| 9 | 《兑命》曰：惟衣裳在笥，惟干戈省厥躬 | 郑注：衣裳，朝祭之服也 |
| 10 | 尹吉曰：惟尹躬天见于西邑夏 | 郑注："天"当为"先"字之误。伊尹言尹之先祖 |
| 11 | 《君雅》曰：夏日暑雨，小民惟曰怨。资冬祁寒，小民亦惟曰怨 | 郑注："资"当为"至"，齐鲁之语，声之误也。"祁"之言"是"也，齐西偏之语也 |
| 12 | 故君子多闻，质而守之。多志，质而亲之 | 郑注：质犹少也 |
| 13 | 子曰：唯君子能好其正，小人毒其正 | 郑注："正"当为"匹"，字之误也 |
| 14 | 子曰：苟有衣，必见其敝 | 郑注：敝，败衣也，衣或在内，新时不见 |
| 15 | 故君子寡言而行，以成其信 | 郑注："寡"当为"顾"，声之误也 |
| 16 | 《君奭》曰：昔在上帝，周田观文王之德，其集大命于厥躬 | 郑注：古文"周田观文王之德"为"割申劝宁王之德"，"割"之言"盖"也 |
| 17 | 《兑命》曰：民立而正事，纯而祭祀 | 郑注：纯犹皆也。"纯"或为"烦" |

## 简氏申郑相关经注（25条）

| | 《坊记》 | |
|---|---|---|
| 1 | 命以坊欲 | 郑注：命谓教令 |
| 2 | 使民富不足以骄，贫不至于约，贵不慊于上 | 郑注：慊，恨不满之貌也。"慊"或为"嫌" |
| 3 | 诗云：此令兄弟，绰绰有裕 | 郑注：绰绰，宽裕貌也 |
| 4 | 子云：父母在，不称老，言孝不言慈 | 郑注：孝，上施。言慈，则嫌下流也 |
| 5 | 尸饮三，众饮一，示民有上下也。因其酒肉，聚其宗族，以教民睦也 | 郑注：主人、主妇、上宾献尸，乃后主人降洗爵献宾。言祭有酒肉，群昭群穆皆至而献酬之，咸有荐俎 |
| 6 | 故君子有君，不谋仕 | 郑注：不谋仕，嫌迟为政也 |
| 7 | 诗云：采葑采菲，无以下体。德音莫违，及尔同死 | 郑注：采葑菲之菜者，采其叶而可食，无以其根美则并取之，苦则弃之，并取之是尽利也。此诗乃故亲今疏者，言人之交当如采葑采菲，取一善而已，君子不求备于一人 |
| 8 | 子云：礼，非祭，男女不交爵。以此坊民，阳侯犹杀缪侯而窃其夫人。故大飨废夫人之礼 | 郑注：交爵，谓相献酢。大飨，飨诸侯来朝者也，夫人之礼使人摄 |
| | 《表记》 | |
| 1 | 子曰：祭极敬，不继之以乐。朝极辨，不继之以倦 | 郑注：《祭义》曰：祭之日，乐与哀半，飨之必乐，已至必哀 |
| 2 | 子曰：君子慎以辟祸，笃以不掩，恭以远耻 | 郑注：笃，厚也。掩犹困迫也 |
| 3 | 子曰：君子庄敬日强，安肆日偷 | 郑注：偷，苟且也 |
| 4 | 仁者右也，道者左也 | 郑注：右也、左也，言相须而成也 |
| 5 | 是故君子耻服其服而无其容，……耻有其德而无其行 | 郑注：无其行，谓不行其德 |
| 6 | 子言之：事君先资其言，拜自献其身，以成其信 | 郑注：资，谋也 |
| 7 | 子曰：事君难进而易退，则位有序。易进而难退，则乱也。故君子三揖而进，一辞而退，以远乱也 | 郑注：进难者，为主人之择己也。退速者，为君子之倦也 |
| 8 | 故天下有道，则行有枝叶。天下无道，则辞有枝叶 | 郑注：行有枝叶，所以益德也。言有枝叶，是众虚华也。枝叶依干而生，言行亦由礼出 |
| 9 | 《国风》曰：言笑晏晏，信誓旦旦，不思其反，反是不思，亦已焉哉 | 郑注：亦已焉哉，无如此人何，怨之深也 |

续表

| 10 | 子曰：牷牲礼乐齐盛，是以无害乎鬼神，无怨乎百姓 | 郑注：牷犹纯也 |
|---|---|---|
| 11 | 子曰：君子敬则用祭器，是以不废日月，不违龟筮，以敬事其君长 | 郑注：用龟筮问所贡献也 |

《缁衣》

| 1 | 诗云：有梏德行，四国顺之 | 郑注：梏，大也、直也 |
|---|---|---|
| 2 | 子曰：为上可望而知也，为下可述而志也。则君不疑于其臣，而臣不惑于其君矣 | 郑注：志犹知也 |
| 3 | 口费而烦，易出难悔，易以溺人 | 郑注：费犹惠也，言口多空言且烦数也 |
| 4 | 《尹吉》曰：惟尹躬天见于西邑夏 | 郑注："见"或为"败"，"邑"或为"予" |
| 5 | 诗云：朋友攸摄，摄以威仪 | 郑注：攸，所也。言朋友以礼义相摄正，不以贫富贵贱之利也 |
| 6 | 子曰：私惠不归德，君子不自留焉 | 郑注言其物不可以为德，则君子不以身留此人也 |

## 简氏补郑相关经文（20条）

《坊记》

| 1 | 贵人而贱禄，则民兴让。尚技而贱车，则民兴艺 |
|---|---|
| 2 | 上不酌民言，则犯也。下不天上施，则乱也 |
| 3 | 从命不忿，微谏不倦，劳而不怨，可谓孝矣 |
| 4 | 长民者，朝廷敬老，则民作孝 |
| 5 | 丧礼每加以远，浴于中溜，饭于牖下，……诸侯犹有薨而不葬者 |

《表记》

| 1 | 《大甲》曰：民非后，无能胥以宁；后非民，无以辟四方 |
|---|---|
| 2 | 子曰：仁之难成久矣，人人失其所好，故仁者之过，易辞也 |
| 3 | 凯以强教之，弟以说安之，乐而毋荒，有礼而亲 |
| 4 | 子曰：事君远而谏，则谄也。近而不谏，则尸利也 |
| 5 | 诗云：心乎爱矣，瑕不谓矣。中心藏之，何日忘之 |
| 6 | 君子不以色亲人，情疏而貌亲，在小人则穿窬之盗也与 |
| 7 | 子曰：大人之器威敬 |

《缁衣》

| 1 | 好贤如《缁衣》，恶恶如《巷伯》，则爵不渎而民作愿 |
|---|---|
| 2 | 子曰：禹立三年，百姓以仁遂焉，岂必尽仁 |

续表

| | 《缁衣》 |
|---|---|
| 3 | 子曰：君子道人以言而禁人以行 |
| 4 | 子曰：上人疑则百姓惑，下难知则君长劳 |
| 5 | 诗云：彼求我则，如不我得，执我仇仇，亦不我力 |
| 6 | 《太甲》曰：若虞机张，往省括于厥度，则释 |
| 7 | 子曰：轻绝贫贱而重绝富贵，则好贤不坚而恶恶不著也 |
| 8 | 《兑命》曰：民立而正事，纯而祭祀，是为不敬。事烦则乱，事神则难 |

以上是简朝亮《礼记子思子言郑注补正》涉及《坊记》《表记》《缁衣》三篇的相关条目。

## 二 《礼记子思子言郑注补正》的学术价值

据郑玄《礼记目录》，《坊记》《表记》《缁衣》三篇，于刘向《别录》均属通论之类，文字多为修身交际以及治国理政的格言道理，较少涉及复杂的礼制或名物。故郑注于此三篇，以训诂文字疏通经义为主，简氏此书补正郑注，于文字训诂、经义阐释两个方面着力最多，而于名物、礼制方面的内容也有所涉及。

### （一）从文字训诂方面来看简书

驳郑，如：

（1）是故圣人之制行也，不制以己，使民有所劝勉愧耻以行其言。礼以节之，信以结之，容貌以文之，衣服以移之，朋友以极之，欲民之有壹也。郑注："移"读如"禾泛移"之"移"，移犹广大也。（《表记》）

简氏谓："'移'如《孟子》言'移气移体'之'移'，盖先王之法服，因以改容，是仁之表也。移，今读如字，平声。《释文》：'移，昌氏反，注同'。或曰：'禾泛移者，郑引汉时言也，"禾"作"水"者，非。'莳禾分布，必泛移之而广大；章服加等，皆泛移之而广大也，似矣。然衰绖丧服，岂谓广大邪？"①

案：《卫氏集说》引方悫说谓："文之则以饰其质，移之则以改其容，极之则以致于道。"② 简氏说与之略同，盖以"移"为"迻"之假借，《说文》："迻，迁徙也。"故"移"可训为"改变"，简氏之说可通。

（2）子言之曰：后世虽有作者，虞帝弗可及也已矣。君天下生无私，……富而有礼，惠而能散，其君子尊仁畏义，耻费轻实。郑注：耻费，不为辞费出空言也。实谓财货也。（《表记》）

简氏谓："富而有礼，此制诸义，则为仁之节也；惠而能散，此发诸仁，则为义之分也。吕氏曰：'富而有礼，故耻费，恐用之不以其道也，畏义也；惠而能散，故轻实，货不必藏于己也，尊仁也'。"③

案：《卫氏集说》引吕氏说又有"实之为言，财货之谓也；费则费用其财而已"④。是吕氏训"费"为"奢费"，与郑注训"辞费"不同。孙希旦《礼记集解》谓"耻费者，耻于靡费，俭也。轻实者，轻于货财，廉也"⑤。与吕氏说同。郑训费为"辞费"，牵于《曲礼》"不辞费"。此经费、实对文，所言均为财用，与《曲礼》"辞费"不同，吕、孙、简氏等说可从。

申郑，如：

（1）子曰：君子慎以辟祸，笃以不掩，恭以远耻。郑注：笃，厚也。掩犹困迫也。（《表记》）

---

① 简朝亮：《礼记子思子言郑注补正》，《民国时期经学丛书》第六辑第34册，台湾文听阁图书有限公司，2013，第115页。
② 卫湜：《卫氏集说》卷一三八，《文渊阁四库全书》第120册，上海古籍出版社，1987，第379页。
③ 简朝亮：《礼记子思子言郑注补正》，《民国时期经学丛书》第六辑第34册，台湾文听阁图书有限公司，2013，第141页。
④ 卫湜：《卫氏集说》卷一三八，《文渊阁四库全书》第120册，上海古籍出版社，1987，第402页。
⑤ 孙希旦撰，沈啸寰等点校《礼记集解》（下），中华书局，1995，第1312页。

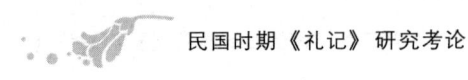

简氏谓："礼说称《易》曰：'困，刚掩也。君子笃厚则无困迫焉。'引《易》者，《困·彖传》文，此以申郑义也。"①

案：此简氏申郑训诂的文献依据。

（2）诗云：有梏德行，四国顺之。郑注：梏，大也、直也。（《缁衣》）

简氏谓："《诗·大雅·抑篇》'梏'，《毛诗》作'觉'，如《孝经》所引者然。盖'觉'于'梏'古音同，其假借也。《尔雅》曰：'梏，直也'。《说文》曰：'直，正见也。'盖'觉'者，正见之，则直矣。《易·文言》曰'直方大'，盖德行直者，必大也。《抑毛传》云'觉，直也'。《斯干传》'觉'亦训'大'，可参焉。"②

案：此简氏据声韵、古训，以申郑释"梏"字之义。

补郑，如：

（1）子曰：事君远而谏，则谄也。近而不谏，则尸利也。（《表记》）

简氏谓："谄，陷也。《释文》：'谄亦作谄'。《说文》：'谄，谀也'，徐氏曰：'谄，陷也。'今以此经参之，谀言将陷人，谏言将陷己，盖文同义异也。申《说文》释'谄'者，南唐徐氏错说也。谄从臽，象人在臽上，将陷焉。'谄'者，'谄'之省文。郑于《表记》无释'谄'焉，郑《玉藻》注云'谄，为倾身以自下也'，盖'倾'与'陷'，乃相因之义矣。孔疏'若与君疏远，强欲谏诤，则是谄佞之人，望欲自达也'，今以古制考之，孔疏岂其然乎？"③

案："谄"字郑无注。简氏据《玉藻》郑注及《说文》徐错说，而补此经"谄"字释义，与孔疏又异。

---

① 简朝亮：《礼记子思子言郑注补正》，《民国时期经学丛书》第六辑第34册，台湾文听阁图书有限公司，2013，第87页。
② 简朝亮：《礼记子思子言郑注补正》，《民国时期经学丛书》第六辑第34册，台湾文听阁图书有限公司，2013，第192页。
③ 简朝亮：《礼记子思子言郑注补正》，《民国时期经学丛书》第六辑第34册，台湾文听阁图书有限公司，2013，第149~150页。

（2）好贤如《缁衣》，恶恶如《巷伯》，则爵不渎而民作愿，刑不试而民咸服。(《缁衣》)

简氏谓："愿，谨也，《荀子》曰'孝悌原谨'，'原'古通'愿'，'作愿'与'咸服'互文也。《说文》云'愿，谨也'、'悫，谨也'，孔疏云'愿，悫也'，今训'谨'者，以义同易明尔。"①

案："愿"字郑无注。

## （二）从经义阐释方面来看简书

驳郑，如：

（1）子曰：夏道未渎辞，不求备、不大望于民，民未厌其亲。郑注：不求备、不大望，言其政宽，贡税轻也。(《表记》)

简氏谓："不求备，不求文备也。大望犹过望也。郑释求备、大望者，非也。"②

案：《卫氏集说》引吕大临说谓："不求备者，不责人之善，故政令简。不大望者，不竭人之忠，故贡赋轻。此民所以易从而未厌其亲。"③与郑注义同。引方悫说谓："不求备者，言其简易。不大望者，言其宽恕。未厌其亲者，民亲之而不厌也。"④则已不用郑注。下经"虞夏之道寡怨于民"引山阴陆氏说谓："寡怨于民，所谓不求备、不大望于民之效也。郑氏政宽贡税轻也，夫所谓不求备、不大望，岂特政宽贡税轻而已？"⑤简氏之说，与方、陆同。"周鉴于二代，郁郁乎

---

① 简朝亮：《礼记子思子言郑注补正》，《民国时期经学丛书》第六辑第34册，台湾文听阁图书有限公司，2013，第182页。
② 简朝亮：《礼记子思子言郑注补正》，《民国时期经学丛书》第六辑第34册，台湾文听阁图书有限公司，2013，第135页。
③ 卫湜：《卫氏集说》卷一三九，《文渊阁四库全书》第120册，上海古籍出版社，1987，第399页。
④ 卫湜：《卫氏集说》卷一三九，《文渊阁四库全书》第120册，上海古籍出版社，1987，第399页。
⑤ 卫湜：《卫氏集说》卷一三九，《文渊阁四库全书》第120册，上海古籍出版社，1987，第401页。

文哉",礼文始备,夏道尚简,故不求备于民,方、陆、简氏之说义可通。

申郑,如:

(1) 子曰:君子庄敬日强,安肆日偷。郑注:偷,苟且也。(《表记》)

简氏谓:"《左传》称穆叔曰:'赵孟将死矣,其语偷',又称赵孟曰:'吾侪偷食,朝不谋夕,何其长也'。盖日偷者,则如不终日矣。君子不以一日使其身有此也,则自强不息也。引《左传》襄十三年及昭元年文,此以申郑义也。"①

案:此简氏引事以申郑。

(2) 子曰:君子敬则用祭器,是以不废日月,不违龟筮,以敬事其君长。郑注:用龟筮问所贡献也。(《表记》)

简氏谓:"孔疏申郑者,谓问贡献之物,非也。此于礼无征也。郑依经文,谓用龟筮问所贡献之日月也。犹经上文言'择日月以见君'也。"②

案:此简氏申郑而驳孔,于经文有据。

补郑,如:

(1) 上不酌民言,则犯也。下不天上施,则乱也。(《坊记》)

简氏谓:"'犯'如《孟子》称'君子犯义'之犯,盖上不酌度而取民言,则于义有犯焉。而施乎下者,必无天泽,则民乱矣。经言'犯'者,郑注略焉。孔疏以'犯'为'犯上',于文未适也。民乱盖因无天泽尔,孔疏以为有君恩而不领,于义未析也。"③

---

① 简朝亮:《礼记子思子言郑注补正》,《民国时期经学丛书》第六辑第34册,台湾文听阁图书有限公司,2013,第89页。
② 简朝亮:《礼记子思子言郑注补正》,《民国时期经学丛书》第六辑第34册,台湾文听阁图书有限公司,2013,第177页。
③ 简朝亮:《礼记子思子言郑注补正》,《民国时期经学丛书》第六辑第34册,台湾文听阁图书有限公司,2013,第28页。

案：犯，郑无注。简氏补郑而驳孔。

（2）子曰：轻绝贫贱而重绝富贵，则好贤不坚而恶恶不著也。（《缁衣》）

简氏谓："轻绝贫贱，谓贫贱之贤者。重绝富贵，谓富贵之恶者。不坚，盖所好不笃，虽贤将不利焉。不著，盖所恶不彰，虽恶将有利焉。《汉书》言翟公大署其门曰'一贫一富，乃知交态；一贵一贱，交情乃见'，斯斥其利交也。"①

案：贫贱、富贵，郑无注。简氏谓贫贱之贤者，富贵之恶者，合乎经文义旨。

### （三）从名物礼制方面来看简书

名物，如：

（1）驳郑：子云：善则称君，过则称己，则民作忠。《君陈》曰：尔有嘉谋嘉猷，入告尔君于内，女乃顺之于外，曰此谋此猷，惟我君之德，於乎，是惟良显哉。郑注：君陈，盖周公之子，伯禽弟也，名、篇在《尚书》，今亡。（《坊记》）

简氏谓："郑意君陈为周公之子，郑以此篇亡，而意言之尔。今无以见其必为周公之子也。夫周公既没，三年丧毕，然后君陈可正成周，则成周无正，不已久乎？且《书序》何以不言丧毕乎？王都之官，当丧毕而就之也，盖异于诸侯自君其国者矣。东晋伪《古文尚书》，孔疏不察焉，而反据之以讥郑，则妄也。经引《君陈》为人臣爱君之辞，今伪《君陈》，则窜而为人君告臣也。何其导谀乎？"②

案：今本《尚书》有《君陈》篇，《伪孔传》不称君陈为周公之子，陆德明《经典释文》于《君陈》篇谓"郑注《礼记》云周公之

---

① 简朝亮：《礼记子思子言郑注补正》，《民国时期经学丛书》第六辑第34册，台湾文听阁图书有限公司，2013，第238页。
② 简朝亮：《礼记子思子言郑注补正》，《民国时期经学丛书》第六辑第34册，台湾文听阁图书有限公司，2013，第33~34页。

子"①，是君陈为周公之子说，今可考见始自郑注，然郑注所据，不得而知。孔颖达申郑谓："知君陈盖周公子者，以《书序》云'周公既没，命君陈分正东郊成周'，似若《蔡仲之命·书序》云'蔡叔既卒，王命蔡仲践诸侯位'，相似皆是父卒命子，故疑周公子，以伯禽周公元子既封于鲁，命君陈令居东郊，故知伯禽弟也。"②孔疏以《君陈》与《蔡仲之命》比况，亦属臆测之辞，是简氏之疑郑，盖有由也。

（2）补郑：《太甲》曰：若虞机张，往省括于厥度，则释。（《缁衣》）

简氏谓："矢末曰括，谓与弦相会也。括，会也。郑释'省''度'者，详矣，而于'括'义略焉。今释'括'者，据《释名》说也。括，会，《诗·车辇》毛传义也。"③

案：括，郑无注。简氏补之。

礼制，如：

（1）驳郑：子云：昏礼，婿亲迎，见于舅姑，舅姑承子以授婿，恐事之违也。以此坊民，妇犹有不至者。郑注：不至，不亲夫以孝舅姑也。春秋成公九年春二月，伯姬归于宋，夏五月季孙行父如宋致女，是时宋共公不亲迎，恐其有违而致之也。（《坊记》）

简氏谓："不至，不来也。《诗·国风序》曰：'《东门之杨》，刺时也，昏姻失时，男女多违，亲迎，女犹有不至者。'《毛传》曰：'期而不至也。'《序》曰：'《丰》，刺乱也，昏姻之道缺，阳倡而阴不和，男行而女不随。'《毛传》曰：'时有违而不至。'盖女违男也，君子曰：今濒嫁而逃者何多也，《序》其信乎？《释诂》云'来，至也'，则至亦来也；《士昏礼》曰'妇至'，其祝辞曰'来妇'，则

---

① 孔安国传，孔颖达疏《尚书正义》卷十八，《十三经注疏》，中华书局，1980，第236页。
② 郑玄注，孔颖达疏《礼记正义》卷五十一，《十三经注疏》，中华书局，1980，第1620页。
③ 简朝亮：《礼记子思子言郑注补正》，《民国时期经学丛书》第六辑第34册，台湾文听阁图书有限公司，2013，第220页。

《坊记》可明矣。"①

案：郑说"不至"，谓"不亲夫以孝舅姑也"，似失经文本义。《仪礼·士昏礼》有"妇至成礼"节仪文，谓妇人从婿来至夫家而成昏礼，《坊记》此论妇人不至，乃是失礼之事，正与《士昏礼》相反。简氏之说可从。

（2）申郑：子云：礼，非祭，男女不交爵。以此坊民，阳侯犹杀缪侯而窃其夫人。故大飨废夫人之礼。郑注：交爵，谓相献酢。大飨，飨诸侯来朝者也，夫人之礼使人摄。（《坊记》）

简氏谓："大飨再祼，夫人拜送爵，无宾酢夫人者，不交爵也。《周官·大行人》曰：'王礼，再祼而酢'，此王飨上公，后于再祼拜送爵也。郑司农曰：'而酢，报饮王也'，盖非宾交爵酢后焉。则王飨同姓者，可推也。则诸侯同姓相飨者，亦可推也。惟拜送爵时，得见夫人，乃有阳侯之谋，由是拜送爵之礼废，则使人摄矣。《仪礼·特牲馈食礼》，此士之祭礼也，而其上以此推矣。其礼，主妇献尸，尸酢主妇，所谓交爵也。《周官·内宰》云'凡宾客之祼、献，瑶爵，皆赞'，此赞后再祼亚献而用瑶爵之礼也，彼注云'谓王同姓及二王之后来朝觐为宾客者'，是也。《周官·大宗伯》云'大宾客，则摄而载祼'，此摄酌礼也，以君无酌臣也，非因废礼而摄也。经曰'非祭，男女不交爵'，而孔疏言大飨亦交爵也，则经上下文何能贯乎？孔疏言飨异姓则使人摄者，亦非也，飨异姓则无夫人之礼，何以摄乎为？《大宗伯》所谓摄者，非以异姓也，皆失郑意也。"②

案：简氏据《特牲》申郑"交爵，谓相献酢"，谓夫人献宾而宾酢夫人，是为交爵，夫人献宾而宾不酢夫人为不交爵。简氏据《周官·大行人》及《周官·内宰》，证王飨同姓及二王之后，王后有献宾拜

---

① 简朝亮：《礼记子思子言郑注补正》，《民国时期经学丛书》第六辑第34册，台湾文听阁图书有限公司，2013，第77~78页。
② 简朝亮：《礼记子思子言郑注补正》，《民国时期经学丛书》第六辑第34册，台湾文听阁图书有限公司，2013，第70~71页。

送爵之礼，然宾并不酢王后，是为拜送爵而不交爵。据《周官·大宗伯》，证王飨异姓诸侯，无王后拜送爵之礼。又据王礼以推诸侯飨同姓有夫人拜送爵之礼，飨异姓无夫人拜送爵之礼。故简氏申郑"夫人之礼使人摄"，谓所摄之礼，乃诸侯飨同姓之时夫人拜送爵之礼，夫人拜送爵之礼废止使人代摄的起因，则是阳侯杀缪侯而窃其夫人。故简氏又驳孔疏大飨交爵以及飨异姓有夫人之礼的说法。据简氏疏释，经文"礼，非祭，男女不交爵"之义乃为强调男女之防；大飨非祭，虽不交爵，仍有夫人献爵之礼，然此又引发阳侯之谋，故大飨又废夫人献爵之礼。简氏之说可通。

（3）补郑：丧礼每加以远，浴于中溜，饭于牖下，小敛于户内，大敛于阼，殡于客位，祖于庭，葬于墓，所以示远也。（《坊记》）

简氏谓："饭者，不忍虚其口也。《檀弓》曰：'饭用米贝。'祖者，及至葬而祖奠也，犹生时祖饯，以祖为行之始也。"[①]

案：饭、祖为丧礼仪节，郑无注，简氏据《礼记·檀弓》即《仪礼·士丧礼》节文以释此经。

上文我们以文字训诂、经义阐发、名物解释、礼制解说为线索，从驳郑、申郑、补正等三个方面，讨论了简氏《礼记子思子言郑注补正》的学术价值。据上文所举简书部分事例，我们可以看到简朝亮对《坊记》等三篇的研究非常深入，涉及的内容也非常丰富，或匡郑注，或采旧说，或立新义，对《坊记》等三篇的研究有着较高的参考价值。

## 三 《礼记子思子言郑注补正》的特点

简朝亮《礼记郑注子思子言郑注补正》，以义疏体为著述体裁，宗郑而不佞郑，于郑注或驳或申或补，辨析汉唐以下学者的诸家之说，

---

[①] 简朝亮：《礼记子思子言郑注补正》，《民国时期经学丛书》第六辑第34册，台湾文听阁图书有限公司，2013，第52页。

对《坊记》等三篇的阐释研究，往往能够提出新的意见，有着较高的学术价值。简朝亮的老师朱次琦治学，主张明理达用、无分汉宋、原本孔子，在《礼记子思子言郑注补正》书中，简朝亮显然继承了朱次琦的学术思想。在民国时期的新旧变革之际，从经解的取向来看，相比晚清廖平《坊记新解》吸收西方进化论思想以比附经文的做法，简朝亮的研究属于传统旧学一路，有着以经证经、兼采众说、时有新义的学术特征。

（一）以经证经

简朝亮治经，注重群经会通，以发挥经文义理。如《坊记》"子云：父子不同位，以厚敬也"，简氏引《孝经》"父子之道天性也，君臣之义也，故曰君亲临之"，谓"明乎父尊子卑，犹君尊臣卑，其位则以尊临卑而不同也"[①]。此则简氏据《孝经》以解释《坊记》"父子不同位"的内涵与原因。

又如《缁衣》"子曰：上好仁，则下之为仁争先人，故长民者章志贞教尊仁，以子爱百姓，民致行己，以说其上矣"，简氏谓"争先人者，不让而恐后也。《论语》曰：'当仁不让于师'，《大雅》曰：'诞先登于岸'。长民者，即君民者也，《易·文言》曰：'君子体仁足以长人'，此所由君人也"[②]。此则简氏引《论语》《诗经》《易经》以释经文"争先人""长民者"。

简氏释《坊记》三篇，所据诸经，除上所列《孝经》《论语》《易经》《诗经》外，尚有《尚书》《周礼》《仪礼》《左传》《公羊传》《穀梁传》《孟子》《尔雅》《大戴礼记》《国语》等，还包括《礼记》内如《曲礼》《玉藻》《内则》《祭义》等相关篇目，这些都

---

[①] 简朝亮：《礼记子思子言郑注补正》，《民国时期经学丛书》第六辑第34册，台湾文听阁图书有限公司，2013，第43页。
[②] 简朝亮：《礼记子思子言郑注补正》，《民国时期经学丛书》第六辑第34册，台湾文听阁图书有限公司，2013，第192页。

能深入地挖掘《坊记》《表记》《缁衣》的经文含义。此外，简氏对《坊记》等的阐释，亦征引《荀子》《春秋繁露》《史记》《汉书》等相关典籍，这说明简朝亮的学术积累相当丰富。

### （二）兼采众说

"礼是郑学"，历代"三礼"研究，无不奉郑注为圭臬，唐代三礼注疏更是严格遵守"疏不破注"的原则。宋代经学风气大变，或不守汉唐旧说，或疑难经文，卫湜《礼记集说》，搜罗宋儒《礼记》经说甚多，宋儒《礼记》经说常有精义，对后世也影响甚大。简朝亮治《礼记》，受朱次琦学术影响，对宋儒经说颇为重视，在宗郑的同时，兼采众说，有着汉宋兼容的学术特征。简朝亮申郑之时，常批评唐宋以下学者误会郑义；然其对郑注的驳斥，亦常沿用宋儒之说，这表现出简朝亮实事求是的治学态度，如上所举简氏驳"朋友以极之"中"极"字郑注，采用宋儒方悫之说等，就是简朝亮重视宋儒经说的表现。

又如《表记》云："子曰：以德报怨，则宽身之仁也。以怨报德，则刑戮之民也。"郑注："宽犹爱也，爱身以息怨，非礼之正也。'仁'亦当作'民'，声之误。"简氏驳郑谓："或曰：此'仁'非误文也。经下文曰'与仁同过，然后其人可知也，故仁者之过易辞也'。今曰'宽身之仁也'，此宽身不危急，仁者之过也。岂嘉其以德报怨乎？韩文《原道》所谓'彼以煦煦为仁也'。如郑说，经当曰'宽身之民也'。"[1] 案："宽身之仁"义自可通，宋后诸儒解经多不从郑注。《卫氏集说》引方悫说谓："以德报怨，则忘人之怨，忘人之怨，虽不足以有惩，而众将德之，而有裕矣，故曰宽身之仁也。"[2] 引马睎孟说谓："以德报德，礼也；以德报怨，非礼也。虽其非礼，而能以宽自

---

[1] 简朝亮：《礼记子思子言郑注补正》，《民国时期经学丛书》第六辑第34册，台湾文听阁图书有限公司，2013，第95页。
[2] 卫湜：《卫氏集说》卷一三七，《文渊阁四库全书》第120册，上海古籍出版社，1987，第362页。

居,故谓之宽身之仁也。宽裕者,仁之作而非仁之尽也。"① 引黄氏(《集说》未明演山、延平、长乐)谓:"此言以德报怨,谓小人有小怨微隙,当以理恕。唯父母兄弟交亲之怨,不报则亏孝义之行焉。傥小怨微隙,君子不以德消,而一一雠报,往来不息,必深结仇雠,岂非伤教害义哉?君子情以恕人,慎以避祸,小怨微隙,以德消之,亦宽身之仁道者也。"② 是简氏之说,盖有渊源。

又如《表记》:"子曰:唯天子受命于天,士受命于君。故君命顺,则臣有顺命;君命逆,则臣有逆命。"郑注:"言皆有所受,不敢专也。""唯"当为"虽",字之误也。简氏谓:"'唯'与'惟'通,士统诸臣而言,卿大夫皆由士始也。"③ 案:《卫氏集说》引方悫、刘敞、陆佃说,皆不从郑读"唯"为"虽"。古书"唯""虽""惟"常可通用,王引之《经传释词》卷八说之甚详,郑注有据。然《春秋繁露·为人者天》谓:"传曰:惟天子受命于天,天下受命于天子,一国则受命于君。君命顺则民有顺命,君命逆则民有逆命。"④《春秋繁露·顺命》谓:"天子受命于天,诸侯受命于天子,子受命于父,臣妾受命于君,妻受命于夫,诸所受命者,其尊皆天也。"⑤ 二文皆陈述事实,与此经相同,并无明显转折意味,且《为人者天》有"惟"字,《顺命》无"惟"字。孙希旦《礼记集解》谓此经"唯"为语辞,是也。简氏本之。

简朝亮治《坊记》等三篇,兼采众学,汉宋兼容,宋元明清四朝经说,除上所举方悫、马晞孟外,还包括朱熹、吕大临、应镛、陆佃、

---

① 卫湜:《卫氏集说》卷一三七,《文渊阁四库全书》第 120 册,上海古籍出版社,1987,第 362 页。
② 卫湜:《卫氏集说》卷一三七,《文渊阁四库全书》第 120 册,上海古籍出版社,1987,第 363 页。
③ 简朝亮:《礼记子思子言郑注补正》,《民国时期经学丛书》第六辑第 34 册,台湾文听阁图书有限公司,2013 年,第 158 页。
④ 苏舆撰,钟哲点校《春秋繁露义证》卷十一,中华书局,1992,第 319 页。
⑤ 苏舆撰,钟哲点校《春秋繁露义证》卷十五,中华书局,1992,第 413 页。

周谞、吴澄、陈澔等，其中尤以方悫、吕大临说最为简氏所重视。

### （三）时有新义

简朝亮疏解《坊记》等三篇，对郑注或申、或补、或驳，时有新义，其中以驳郑最为突出，这也是简朝亮研究《坊记》等三篇最为重要的成就。上文所举"君陈""妇犹不至"等就是如此。

其他如《坊记》："子云：君子不尽利以遗民，《诗》云：彼有遗秉，此有不敛穧，伊寡妇之利。故君子仕则不稼，田则不渔，食时不力珍，大夫不坐羊，士不坐犬。"郑注："古者杀牲食其肉坐其皮，不坐犬羊，是无故不杀之。"简氏谓："《玉藻》云'犬羊之裘不裼'，谓庶人无文饰也。如大夫坐羊皮，士坐犬皮，则无遗利于裘用犬羊之民矣。《玉藻》云'大夫无故不杀羊，士无故不杀犬豕'，郑注用之，惟有故而杀，又何为不坐邪？郑于义未悉也。"① 案：本经论君子求利不尽，简氏据《玉藻》，证"犬羊之裘"为庶人所衣。大夫士不坐犬羊之皮，不尽犬羊之利，使犬羊之皮得为庶人所用。简氏此论与经文上下文义和协，虽无确证，仍可备为一说。

又如《缁衣》："夫民闭于人而有鄙心，可敬不可慢，易以溺人。"郑注："言民不通于人道而心鄙诈，难卒告谕。"简氏谓："'鄙'古通'否'，《史记》'鄙德'，即《尧典》'否德'也。《易》说：'否而不通'，盖塞也。今谓民之气质闭于人，而有鄙塞心焉，世所谓愚民无知也。郑注言民心鄙诈者，非也。"② 案：简氏之说于经典有据。

又如《缁衣》："《兑命》曰：惟口起羞，惟甲胄起兵，惟衣裳在笥，惟干戈省厥躬。"郑注："衣裳，朝祭之服也。惟口起辱，当慎言语也。惟甲胄起兵，当慎军旅之事也。惟衣裳在笥，当服以为礼也。

---

① 简朝亮：《礼记子思子言郑注补正》，《民国时期经学丛书》第六辑第34册，台湾文听阁图书有限公司，2013，第62~63页。
② 简朝亮：《礼记子思子言郑注补正》，《民国时期经学丛书》第六辑第34册，台湾文听阁图书有限公司，2013，第219页。

惟干戈省厥躬,当恕己不尚害人也。"简氏谓:"惟衣裳在笥,当藏之以待有德,不敢妄赐也。犹诗美彤弓者,称其受藏之也。史称韩昭侯有敝裤,藏之以待有功。况章服乎?"[1] 案:简氏之义可备一说。

又如《缁衣》:"子曰:苟有车,必见其轼。苟有衣,必见其敝。人苟或言之,必闻其声;苟或行之,必见其成。《葛覃》曰:服之无射。"郑注:"言凡人举事,必有后验也。见其轼,谓载也。敝,败衣也,衣或在内,新时不见。射,厌也,言己愿采葛以为君子之衣,令君子服之无厌,言不虚也。"简氏谓:"'轼'与'式'通,即《曲礼》:'式路马'也。盖有车而见其轼,斯知礼敬何如人也。衣,公衣也,《葛覃》曰:'薄污我私,薄浣我衣。'则衣为公衣矣。盖有衣而见其敝,斯知其节俭也。礼家释'轼',皆以为车前器,故有谓'敝'为'襒'之省者,以求对文,皆非也。"[2] 案此经"敝"字,郭店楚简《缁衣》"敝"作"㡀","㡀"当为"敝"字省文。此字争议今人亦常讨论,见仁见智,疑而不定,简氏之解亦可备为一说。

## 四 《礼记子思子言郑注补正》的不足

简朝亮疏解《坊记》等三篇,以经证经、兼采众说、时有新义,对《坊记》等三篇的研究,有着较大参考价值,但其不足也很明显,主要表现为疑郑太过、责郑太苛,这使简书稍有好逞异说之嫌。

如《表记》:"子言之,归乎,君子隐而显,不矜而庄,不厉而威,不言而信。"郑注:"矜谓自尊大也,厉谓严颜色。"简氏谓:"矜,矜持也。《论语》曰:'矜而不争。'又曰:'子温而厉,威而不猛。'又曰:'言而有信。'盖矜而庄、厉而威、言而信者,君子德修

---

[1] 简朝亮:《礼记子思子言郑注补正》,《民国时期经学丛书》第六辑第34册,台湾文听阁图书有限公司,2013,第221页。
[2] 简朝亮:《礼记子思子言郑注补正》,《民国时期经学丛书》第六辑第34册,台湾文听阁图书有限公司,2013,第243~245页。

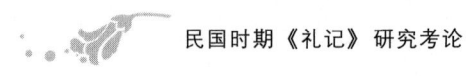

在己也;其不矜而庄、不厉而威、不言而信者,君子德化及人也。《说文》云:'矜,矛柄。'盖矛柄,则有矜持之义焉。郑注言自尊大者,以为矜夸也,斯失之;且如郑说,则三句之文,非一例也。"①案:《论语·卫灵公》"矜而不争",包咸注:"矜,矜庄也。"刘宝楠《正义》谓:"《吕览》'重言'注'矜,严也',严、庄义同。"②"矜"训庄、训严,与"尊"义皆可通,故郑以"矜"为"自尊大"。此以"矜"为"自尊大",与下以"厉"为"严颜色",文同一例,简氏谓"非一例也",不确。"矜"字本义为矛柄,引申为矜持、矜庄、矜夸,义本相因。简氏训"矜"为"矜持",驳郑"矜"训"尊大",稍嫌拘泥。

《表记》云:"道有至,义有考。至道以王,义道以霸,考道以为无失。"郑注:"此读当言'道有至、有义、有考',字脱一'有'耳。有至,谓兼仁义者;有义,则无仁矣;有考,考,成也,能取仁义之一成之,以不失于人,非性也。"简氏谓:"此承上文'道者义也'而明之。其曰'道有至、义有考',则显义道者在其间矣。盖道者义也,自道之本义而言,即行仁所制之宜也。今曰'义道',自人取义于道而言,谓其异乎身至于道者。惟取义于道,假义名而令天下也。义道,则非行道之本义,故经不曰'道有义',而惟曰'道有至',明'至道'非'义道'比也。而以'义道',故遂有慕义而稽考于道者,故经乃曰'义有考',则经非脱文矣。郑注于经未悉叶焉。今据经以'至道'与'考道'相承,皆当为致力之辞,'至道'者,造其极而身至于道也。古字'仪'作'义',盖取义而义之,则仪法之矣,亦致力之辞,《书·大诰》'以乂尔邦君为文',其例也。"③案:简氏训

---

① 简朝亮:《礼记子思子言郑注补正》,《民国时期经学丛书》第六辑第 34 册,台湾文听阁图书有限公司,2013,第 82~83 页。
② 刘宝楠撰,高流水点校《论语正义》卷十八,中华书局,1990,第 631 页。
③ 简朝亮:《礼记子思子言郑注补正》,《民国时期经学丛书》第六辑第 34 册,台湾文听阁图书有限公司,2013,第 101~102 页。

"至道"为身至于道,"义道"为仪法于道,"考道"为稽考于道,因"义"而"考"(因仪法而稽考),故驳郑"道有至、有义、有考"之"至"下脱"有"字说。上经"仁者右也,道者左也;仁者人也,道者义也。厚于仁者薄于义,亲而不尊。厚于义者薄于仁,尊而不亲"①。其中"仁"与"道"相对为文;此经之"道"字,则不与"仁"相对。郑注训"至道"谓"兼仁义"、"义道"谓"无仁"、"考道"谓"能取仁义之一",即据"厚于仁者薄于义""厚于义者薄于仁"而立说。本经"至道以王,义道以霸,考道以为无失"之"至""义""考"三字平举,则可推知"道有至义有考"之"至"下当脱一"有"字,从校勘学角度来看,郑注属于本校。简氏之说迂曲难通,不如郑注上下连贯,不可从。

《表记》云:"子曰:迩臣守和,宰正百官,大臣虑四方。"郑注:"和谓调和君事者也,齐景公曰:唯据与我和。"简氏谓:"《左传》曰:'和如羹焉,水火醯醢盐梅,……济其不及,以泄其过。'盖晏子以明事君者献可替否之和也,此近臣所宜守也。《左传》云:'公曰:惟据与我和夫。晏子对曰:据亦同也,焉得为和。'此言梁丘据失迩臣之守也。今郑注所引者,淆矣。"②案:《左传·昭公十二年》晏子曰:"君所谓可而有否焉,臣献其否以成其可,君所谓否而有可焉,臣献其可以去其否,是以政平而不干,民无争心,故《诗》曰:亦有和羹,既戒既平。……今据不然,君所谓可,据亦曰可,君所谓否,据亦曰否。若以水济水,谁能食之?若琴瑟之专壹,谁能听之?同之不可也如是。"③是论"和""同"之异,《国语·齐语》亦有相类之文。郑注此引"齐景公曰:唯据与我和",乃举事以解经,并未否认

---

① 郑玄注,孔颖达疏《礼记正义》卷五十四,《十三经注疏》,中华书局,1980,第1639页。
② 简朝亮:《礼记子思子言郑注补正》,《民国时期经学丛书》第六辑第34册,台湾文听阁图书有限公司,2013,第151~152页。
③ 杜预注,孔颖达疏《春秋左传正义》卷四十九,《十三经注疏》,中华书局,1980,第2094页。

*171*

晏子所论"和""同"之本义，且郑注明有"和谓调和君事"之文，简氏谓郑注混淆，实未明郑义而相责太苛。

## 第二节 魏元旷《礼训纂》研究

魏元旷（1856—1936），字斯逸，号潜园，江西南昌人，光绪二十一年（1895）进士，任刑部主事等职。辛亥革命后隐归乡里，以著书授徒为业，有《魏氏全书》三十七种一百十四卷传世。前清时，曾继南昌知县江召棠纂修《南昌县志》，此志1913年成书，1918年刊行。1915年，受胡思敬之请，参与校刻《豫章丛书》，整理乡邦文献。1920年重编乾隆间欧阳桂所作《西山志》而成《西山志略》。又编有《南昌邑乘文集》《南昌邑乘诗集》，搜罗江西诗文散落之篇。近年来有关魏元旷生平、魏元旷与江西地方文化的关系、魏元旷诗歌诗话等方面的研究，都已不断展开，并取得较好成绩。魏元旷不以经学著名，但于经学亦有著述，如《易独断》《春秋通义》《礼训纂》等，然学界则鲜有关注。魏元旷《礼训纂序》谓"予晚岁以经授门人，群经既毕，乃使各专治一经，本之注疏及御纂诸说，以求经旨之归"[1]，可知魏元旷于经学亦颇用力。《礼训纂》为魏元旷晚年著作，书共两卷，札记体例，涉及《曲礼》《檀弓》《王制》《月令》四篇，疏通经旨、条别旧说、每有新解，本文据此讨论《礼训纂》的经解内容与学术价值。

### 一 《礼训纂》的内容

魏元旷《礼训纂》撰作的目的，如其自序所称，乃是"求经旨之

---

[1] 魏元旷：《礼训纂》，《民国时期经学丛书》第六辑第32册，台湾文听阁图书有限公司，2013，第1页。

## 第三章　民国时期《礼记》经解研究

归"。《礼训纂》撰作的方法，其实是以《礼记注疏》以及乾隆敕修之《钦定礼记义疏》为依据，考辨郑注以下诸家解经之说，条其是非辨其得失而辑纂成书，故魏氏名此书为"礼训纂"。结合《礼训纂》的撰作方法与撰作目的，我们可以将该书的内容分为驳郑注、驳孔疏、辨他说、述礼义等四个方面。为求清晰，本文将《礼训纂》涉及的主要经、注、疏、解条目，制成表格以便省览。其中经文、郑注、孔疏据1980年中华书局影印之《十三经注疏》移录，魏氏所辨正之宋元以后诸家经说，则据《钦定礼记义疏》转引。

### （一）驳郑注

**驳郑注条目（36条）**

| 经文 | 郑注 |
| --- | --- |
| 《曲礼》：主人就东阶，客就西阶。客若降等，则就主人之阶。主人固辞，然后客复就西阶 | 降，下也，谓大夫于君，士于大夫也，不敢辄由其阶，卑统于尊，不敢自专 |
| 离坐离立，毋往参焉。离立者，不出中间 | 为干人私也。离，两也 |
| 餕余不祭，父不祭子，夫不祭妻 | 食人之余曰餕，餕而不祭，唯此类也。食尊者之余则祭，盛之 |
| 夫人之讳，虽质君之前，臣不讳也。妇讳不出门 | 臣于夫人之家恩远，则不讳 |
| 君子行礼不求变俗，祭祀之礼、居丧之服、哭泣之位，皆如其国之故，谨修其法而审行之 | 不务变其故俗，重本也，谓去先祖之国居他国。其法，谓其先祖之制度，若夏殷 |
| 振书端书于君前，有诛；倒策侧龟于君前，有诛 | 臣不豫事，不敬也。振，去尘也。端，正也。倒，颠倒也。侧，反侧也。皆谓甫省视之 |
| 岁凶，年谷不登，君膳不祭肺，马不食谷，驰道不除，祭事不县，大夫不食粱，士饮酒不乐 | 不乐，去琴瑟 |
| 天子未除丧曰予小子，生名之，死亦名之 | 生名之曰小子王，死亦曰小子王也 |
| 天子之五官曰司徒、司马、司空、司士、司寇，典司五众 | 众谓群臣也 |
| 天子不言出，诸侯不生名，君子不亲恶。诸侯失地名，灭同姓名 | 天子之言出，诸侯之生名，皆有大恶，君子所远，出名以绝之 |
| 黍曰芗合，粱曰芗萁 | 萁，辞也 |
| 大飨不问卜，不饶富 | 祭五帝于明堂，莫适卜也 |

173

续表

| 经文 | 郑注 |
| --- | --- |
| 纳女于天子曰备百姓，于国君曰备酒浆，于大夫曰备扫洒 | 姓之言生也，天子皇后以下百二十人，广子姓也 |
| 《檀弓》：孔子曰：是故竹不成用，瓦不成味 | "味"当作"沫"，沫，靧也 |
| 《王制》：大国三卿皆命于天子 | 命于天子者，天子选用之，如今诏书除吏矣 |
| 祭用数之仂。丧用三年之仂 | 用其什一 |
| 诸侯五庙二昭二穆，与大祖之庙而五 | 大祖始封之君，王者之后不为始封之君庙 |
| 诸侯礿则不禘，禘则不尝，尝则不烝，烝则不礿 | 虞夏之制，诸侯岁朝，废一时祭 |
| 凡执技以事上者，不贰事，不移官，出乡不与士齿。仕于家者，出乡不与士齿 | 贱也，于其乡中则齿，亲亲也 |
| 有旨无简不听 | 简，诚也，有其意无其诚者，不论以为罪 |
| 邮罚丽于事 | 邮，过也。丽，附也。过人罚人，当各附于其事，不可假他以喜怒 |
| 析言破律，乱名改作，执左道以乱政，杀。作淫声、异服、奇技、奇器以疑众，杀。行伪而坚，言伪而辩，学非而博，顺非而泽以疑众，杀。假于鬼神、时日、卜筮以疑众，杀。此四诛者不以听 | 析言破律，巧卖法令者也。乱名改作，谓变易官与物之名，更造法度。左道，若巫蛊及俗禁也。淫声，郑卫之属也。异服，若聚鹬冠琼弁也。奇技奇器，若公轮般请以机窆，皆谓虚华捷给无诚者也。今时持丧葬筑盖、嫁取卜数文书，使民倍礼违制。为其为害大，而辞不可习 |
| 《月令》：司天日月星辰之行，宿离不贷，毋失经纪 | 离，读如俪偶之俪，宿俪，谓其属冯相氏、保章氏掌天文者，相与宿偶，当审候伺，不得有差也。经纪谓天文进退度数 |
| 乃择元辰，天子亲载耒耜，措之于参保介之御间，三公九卿诸侯大夫躬耕帝藉，天子三推，三公五推，卿诸侯九推 | 保、介，车右也，置耒于车右与御者之间，明己劝农，非农者也。人君之车，必使勇士衣甲居右，而参乘备非常也。保犹衣也，介，甲也 |
| 后妃帅九嫔御 | 御谓从往侍祠。《周礼》天子有夫人、有嫔、有世妇、有女御，独云帅九嫔，举中言也 |
| 日夜分，则同度量，钧衡石，角斗甬，正权概 | 称上曰衡 |
| 是月也，耕者少舍，乃修阖扇寝庙毕备。毋作大事以妨农之事 | 舍犹止也，因蛰虫启户，耕事少间，而治门户也 |
| 聘名士礼贤者 | 名士不仕者 |
| 是月也，乃合累牛腾马，游牝于牧 | 累、腾皆乘匹之名，是月所合牛马，谓系在厩者，其牝欲游，则就牧之牡而合之 |
| 是月也继长增高，毋有坏堕，毋起土功，毋发大众，毋伐大树 | 谓草木盛蕃庑 |

174

续表

| 经文 | 郑注 |
| --- | --- |
| 天子乃难，以达秋气 | 《王居明堂礼》曰：仲秋九门磔禳以发陈气，御止疾疫 |
| 是月也，易关市，来商旅，纳货贿，以便民事。四方来集，远乡皆至，则财不匮，上无乏用，百事乃遂 | 易关市，谓轻其税，使民利之 |
| 藏帝藉之收于神仓，祇敬必饬 | 重粢盛之委也。帝藉，所耕千亩也。藏祭祀之谷为神仓。祇亦敬也 |
| 是月也大飨帝，尝牺牲，告备于天子 | 尝者，谓尝群神也，天子亲尝帝，使有司祭于群神，礼毕而告焉。言大飨者，遍祭五帝也。《曲礼》曰："大飨不问卜"，谓此也 |
| 以习五戎 | 五戎谓五兵，弓矢殳矛戈戟也 |
| 雉入大水为蜃 | 大水，淮也 |

## （二）驳孔疏

### 驳孔疏条目（18条）

| 经文 | 孔疏 |
| --- | --- |
| 《曲礼》：献田宅者操书致 | 书致谓图书于板，丈尺委曲书之，而致之于尊者也 |
| 大夫士相见，虽贵贱不敌，主人敬客则先拜客，客敬主人则先拜主人。郑注：尊贤 | 此谓使臣行礼，受劳已竟，次见彼国卿大夫也，唯贤是敬，不计宾主贵贱 |
| 其在凶服曰适子孤 | 诸侯不得称嗣侯但称曾孙，但是父祖重孙，故言曾孙也 |
| 问士之子，长曰能典谒矣，幼曰未能典谒也。问庶人之子，长曰能负薪矣，幼曰未能负薪也 | 《少仪》云：问士之子长幼，长则曰能耕矣，幼则曰能负薪、未能负薪。谓士禄薄，子犹以能农事为业也。与此不同者，亦当有田无田之异。此所言之士者，是有田者，故子免耕负薪而典谒 |
| 问大夫之富，曰有宰食力，祭器衣服不假 | 祭器衣服不假者，谓四命大夫也。若四命大夫得自造祭器衣服，故云不假，若三命以下，有田者造而不备，则假借也 |
| 支子不祭，祭必告于宗子 | 祭必告于宗子者，支子虽不得祭，若宗子有疾不堪当祭，则庶子代摄可也。犹宜告宗子然后祭，故郑云不敢自专 |
| 天子死曰崩，诸侯曰薨，大夫曰卒，士曰不禄，庶人曰死 | 崩者，坠坏之名，譬若天形坠压 |

续表

| 经文 | 孔疏 |
|---|---|
| 羽鸟曰降，四足曰渍。郑注：渍谓相瀸污而死也。《春秋传》曰：大灾者何？大渍也 | 四足曰渍者，牛马之属也，若一个死，则馀者更相染渍而死 |
| 凡挚天子鬯。郑注：挚之言至也，天子无客礼，以鬯为挚者，所以唯用告神为至也 | 天子吊临适诸侯，必舍其祖庙，既至诸侯祖庙，仍以鬯礼于庙神，以表天子之至 |
| 士雉 | 雉取性耿介，唯敌是赴。羔雁生执，雉则死挚，亦表见危致命 |
| 《王制》：次国之上卿，位当大国之中，中当其下，下当其上大夫。小国之上卿，位当大国之下卿，中当其上大夫，下当其下大夫 | 云"爵异固在上耳"者，谓大国是大夫，小国是卿，则经云小国之卿位当大国之上大夫，是小国之卿，爵异于大国之大夫。其爵既异，固当在大夫之上。必知爵异，小国在上者，以其卿执羔，大夫执雁，又卿绨冕，大夫玄冕，故知小国之卿，不得在大国大夫之下也 |
| 天子诸侯无事，则岁三田。郑注：三田者，夏不田，盖夏时也 | "夏不田盖夏时也"者，以夏是生养之时，夏禹以仁让得天下，又触其夏名，故夏不田。郑之此注，取《春秋纬·运斗枢》之文，故以为夏不田 |
| 天子杀则下大绥，诸侯杀则下小绥，大夫杀则止佐车，佐车止则百姓田猎 | 诸侯不掩群者，是畿内诸侯为天子大夫，故下《曲礼》云"大夫不掩群" |
| 六十宿肉 | 六十宿肉者，转老，故恒宿肉在帐下，不使求而不得也 |
| 五十而爵 | 若其有德，不必五十，则《丧服》小功章云大夫为昆弟之长殇，是幼为大夫，为兄之长殇 |
| 《月令》：是月也，天子乃以元日，祈谷于上帝。乃择元辰，天子亲载耒耜 | 甲乙丙丁等谓之日，郊之用辛，上云元日。子丑寅卯之等，谓之为辰，耕用亥日，故云元辰 |
| 毋覆巢，毋杀孩虫胎夭飞鸟，毋麛毋卵 | 胎谓在腹中未出，夭谓生而已出者，此飞鸟谓初飞之鸟 |
| 是月也，生气方盛，阳气发泄，句者毕出，萌者尽达，不可以内 | 以物遂散之时，当顺天散物，不可积聚纳之在内也 |

## （三）辨他说

### 辨他说条目（24条）

| 经文 | 他说 |
|---|---|
| 《曲礼》：大夫士去国，祭器不逾竟。郑注：此用君禄所作，取以出竟，恐辱亲也 | 马晞孟曰：昔微子去殷，抱祭器而之周者，抱君之祭器也，抱己之祭器则不可 |

第三章 民国时期《礼记》经解研究

续表

| 经文 | 他说 |
| --- | --- |
| 《王制》：制农田百亩，百亩之分，上农夫食九人，其次食八人，其次食七人，其次食六人，下农夫食五人，庶人在官者，其禄以是为差也 | 季本曰：一夫百亩，非谓一夫一妇佃百亩田也。夫，盖九夫为井之夫，谓百亩之田，为一夫之田也。百亩之田，一人之力止可以耕二十五亩，则百亩者四人之力所耕也<br>方悫曰：府史胥徒之类，其家亦授之田，《周礼》所谓官田也 |
| 天子五年一巡守 | 朱子曰：若一岁间行不遍，则去一方近处，会一方之诸侯，使来朝也 |
| 岁二月，东巡守至于岱宗，柴而望祀山川 | 陆佃曰：东巡守至于岱，句。宗，读如"宗祀文王于明堂"之"宗"，天一而尊，故曰宗柴。山川卑而众，故曰望秩。宗在柴上，尊也；秩在望下，卑也。于柴言宗，故于望亦言秩，若但言类言禋，则亦但望而已 |
| 天子将出，类乎上帝，宜乎社，造乎祢。诸侯将出，宜乎社，造乎祢 | 彭廉夫曰：宜于社，载社主以行。造于祢，或亦载父主 |
| 天子赐诸侯乐，则以柷将之，赐伯子男乐，则以鼗将之 | 义疏：《书》云"搏拊琴瑟以咏"，堂上之乐也。"下管鼗鼓"，堂下之乐也。"合止柷敔"，堂上堂下合乐也。合乐盛，故以赐诸侯。堂下卑，故以赐伯子男。搏拊不赐，升歌堂上最尊也 |
| 百官受质 | 胡铨曰：先儒云"天子平断毕，报于下，故百官受天子所质之要"，非也。此谓百官自受在下所质正之要也 |
| 六十岁制，七十时制，八十月制，九十日修 | 朱子曰：岁制者，岁以展而修之，下时、月、日放此 |
| 六十不亲学，七十致政，唯衰麻为丧 | 义疏：案五十而爵，示人不当躁于进。七十致仕，示人不当恋宠荣。六十不亲学，示人至此学已晚也 |
| 八政：饮食衣服事为异别度量数制 | 项安世曰：饮食、衣服、度、量、数、制六者易明，独"事为异别"，注不能通。事为者，《冢宰》之九职，《司徒》之十二事，《考工》之六职，皆司徒所颁以任民者也。异别者，《司徒》五地之常，《职方》九土之宜，《王制》中国四夷之俗，皆司空所辨以居民者也 |
| 《月令》：其祀户，祭先脾 | 义疏：案郑注谓祭五祀用特牲，孔疏此特牲是特牛，考《仪礼》，士用特牲，下大夫少牢礼一等，安得谓特牲是特牛乎？《记》言"郊特牲而社稷大牢"，郊之特牲是骍犊，又安得谓五祀于郊同特牲邪 |

*177*

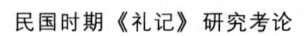

续表

| 经文 | 他说 |
|---|---|
| 立春之日，天子亲帅三公、九卿、诸侯、大夫以迎春于东郊，还反赏公卿、诸侯、大夫于朝 | 义疏：张谓迎气非有神，则更谬矣。夫鬼神，二气之灵也。有其气，则有其神。而祭是神，则有是配神，无主不止也。安得谓有其气反无其神，有人帝反无天帝乎 |
| 日夜分，则同度、量、钧、衡、石、角斗甬，正权概 | 吴澄曰：钧谓均平之，与同、角、正一义，非三十斤之钧也 |
| 上丁命乐正习舞释菜，天子乃帅三公、九卿、诸侯、大夫亲往视之 | 高诱曰：初入学官，必礼先师置采帛于前以贽神也。《周礼》"春入学舍采合舞，秋颁学合声"，此之谓也 |
| 天子乃荐鞠衣于先帝 | 义疏：本文言先帝，不言上帝、五帝，安见非指宗庙乎 |
| 温风始至，蟋蟀居壁，鹰乃学习，腐草为萤 | 马睎孟曰：温风至，天地之仁气极矣<br>方悫曰：天地温厚之气始于东北，而盛于东南，故季夏温风始至也 |
| 可以粪田畴，可以美土强 | 吴澄曰：田畴谓熟耕而其田有界域者，土疆谓耕难而其土硗确者 |
| 中央土 | 张载曰：土固多于四者，然其运行则均同耳，寄王之说未安也 |
| 群鸟养羞 | 高诱曰：寒气将至，群鸟养进其毛羽以御寒也<br>方悫曰：羞谓所美之食，养之所以备冬藏也 |
| 乃命有司，趣民收敛，务畜菜，多积聚 | 方悫曰：《诗》言"我有旨蓄"，亦以御冬，不特菜而已 |
| 豺乃祭兽戮禽 | 义疏：豺、獭、鹰，不仁之物也，其皆言祭，贵仁也。獭言祭不言戮，春生仁也，仁不忍言杀也，秋杀义也，戮于是始可用也。于鹰言戮犹不言禽，豺乃明言戮禽，于杀不忍遽尽其辞也。其曰"乃"，如不得已之辞也 |
| 命仆及七驺咸驾，载旌旐，授车以级，整设于屏外。司徒搢扑北面誓之 | 徐师曾曰：《周礼》"有司表貉誓民"，郑据此以有司为大司徒。案大司徒不可谓之有司，而搢扑示众，亦非大司徒之职，司徒二字恐有误 |
| 其祀行 | 高诱曰：行，门内地也，冬守在内，故祀之。一作"井"，水给人，冬水王，故祀之也 |
| 赏死事，恤孤寡 | 义疏：案赏与恤分二义，盖死事之子孙不孤寡者则赏之，其孤寡者则恤之，恤视赏，其惠又有加也。高说甚明，张氏混而一之，误 |

*178*

## （四）述礼义

### 述礼义条目（40条）

| |
|---|
| 《曲礼》：礼从宜，使从俗 |
| 凡与客入者，每门让于客 |
| 敛发毋髢，冠毋免，劳毋袒，暑毋褰裳。侍坐于长者屦不上于堂。解屦不敢当阶，就屦，跪而举之屏于侧，乡长者而屦。跪而迁屦，俯而纳屦 |
| 为天子削瓜者副之，巾以绤。为国君者华之，巾以绤。为大夫累之。士疐之。庶人龁之 |
| 国君春田不围泽，大夫不掩群，士不取麛卵 |
| 天子建天官先六大，曰：大宰、大宗、大史、大祝、大士、大卜，典司六典 |
| 君有疾饮药，臣先尝之。亲有疾饮药，子先尝之。郑注：尝度其所堪 |
| 非其所祭而祭之，名曰淫祀，淫祀无福。郑注：妄祭神不飨 |
| 《檀弓》：季武子成寝，杜氏之葬在西阶之下 |
| 将军文子之丧，既除丧而后越人来吊，主人深衣练冠待于庙，垂涕洟。子游观之，曰："将军文氏之子，其庶几乎？亡于礼者之礼也，其动也中。" |
| 丧服，兄弟之子犹子也，盖引而进之也。嫂叔之无服也，盖推而远之也。姑姊妹之薄也，盖有受我而厚之者也 |
| 子思之母死于卫，柳若谓子思曰："子，圣人之后也，四方于子乎观礼，子盖慎诸？"子思曰："吾何慎哉，吾闻之，有其礼无其财，君子弗行也；有其礼有其财无其时，君子弗行也；吾何慎哉！" |
| 子张死，曾子有母之丧，齐衰而往哭之。或曰："齐衰不以吊。"曾子曰："我吊也与哉！" |
| 君临臣丧，以巫祝桃茢执戈，恶之也。丧有死之道焉，先王之所难言也 |
| 《王制》：天子百里之内以共官，千里之内以为御 |
| 赐圭瓒，然后为鬯。未赐圭瓒，则资鬯于天子 |
| 天子命之教，然后为学，小学在公宫南之左，大学在郊。天子曰辟廱，诸侯曰頖宫 |
| 反释奠于学 |
| 大夫士庶人三日而殡，三月而葬 |
| 葬不为雨止 |
| 凡居民材，必因天地寒暖燥湿，广谷大川异制，民生其间者异俗，刚柔轻重迟速异齐，五味异和，器械异制，衣服异宜，修其教不易其俗，齐其政不易其宜 |
| 凡居民，量地以制邑 |
| 凡养老，有虞氏以燕礼，夏后氏以飨礼，殷人以食礼，周人修而兼用之 |
| 瘖、聋、跛、躃、断者、侏儒百工，各以其器食之 |

*179*

续表

| |
|---|
| 道路，男子由右，妇人由左，车从中央。父之齿随行，兄之齿雁行，朋友不相逾，轻任并，重任分，班白不提挈，君子耆老不徒行，庶人耆老不徒食 |
| 诸侯世子世国。大夫不世爵，使以德，爵以功，未赐爵视天子之元士以君其国。诸侯之大夫不世爵禄 |
| 《月令》：禁止伐木 |
| 毋变天之道，毋绝地之理，毋乱人之纪 |
| 孟春行夏令，则雨水不时，草木蚤落，国时有恐 |
| 择元日命民社 |
| 是月之末，择吉日大合乐 |
| 是月也，命乐师修鼗鞞鼓，均琴瑟管箫，执干戚戈羽，调竽笙笾簧，饬钟磬柷敔 |
| 命泽人纳材苇 |
| 是月也，命四监大合百县之秩刍，以养牺牲，令民无不咸出其力，以共皇天、上帝、名山、大川、四方之神，以祠宗庙社稷之灵，以为民祈福 |
| 是月也，土润溽暑，大雨时行，烧薙行水，利以杀草，如以热汤，可以粪田畴，可以美土强 |
| 其祀中溜 |
| 命百官始收敛，完堤防，谨壅塞，以备水潦，修宫室，坏墙垣，补城郭 |
| 是月也，养衰老，授几杖，行糜粥饮食 |
| 是月也，可以筑城郭，建都邑，穿窦窖，修囷仓 |
| 合诸侯，制百县，为来岁，受朔日，与诸侯所税于民轻重之法，贡职之数，以远近土地所宜为度，以给郊庙之事，无有所私 |

## 二 《礼训纂》的学术价值

### （一）从驳郑的角度看

"三礼"之名，因郑而立，郑注为礼学津梁，历来治礼学者，莫不以郑注为圭臬。然郑注作为经解，偶有不妥势在难免。后世学者由于时代不同与理解差异，对礼学的研治愈加细密，对郑注的怀疑亦愈加勇敢。研治礼学，以郑注为津梁，旋踵而又回核郑注，成为礼学研究中的常见现象。魏元旷撰《礼训纂》亦是如此。兹举数例如下。

（1）《曲礼》：离坐离立，毋往参焉。离立者，不出中间。郑注：为干人私也。离，两也。

第三章　民国时期《礼记》经解研究

魏氏谓："然玩经文，当做平声，人之坐立，惟中稍离隔，故可往参。然人既同坐同立，我无端参焉，于人不能无间隔，即有妨人之处。礼嫌妨人，不定干人之私。即偶行步，亦不当出其中间以暂隔之，故复出此句。"①

案：郑注以"离"训"两"，谓不干人之私，后儒鲜有异议，宋方悫谓："两相丽之谓离，三相成之谓参，彼坐立者两人，而我一人往焉，则成为三矣。"② 仍因郑义为说。魏氏则谓"离"训"离隔"，是为"离"之常用字义。魏氏谓人之离坐离立，己往参之，有妨人之嫌，理亦可通。文字训诂与礼之含义，虽与郑注不同，然可别为一说。

（2）夫人之讳，虽质君之前，臣不讳也。妇讳不出门。郑注：臣于夫人之家恩远，则不讳。

魏氏谓："古者男女皆有名，即皆有讳，但女之名不称于外，故讳亦止于宫中，故云'妇讳不出门'。虽以夫人之尊，质于君之前，亦不为讳。如郑注谓为夫人之私讳，夫人家之讳，臣子奚容讳之。经文本明，注义曲而失礼，孔疏妇讳谓妇家之讳，亦缘注而误。"③

案：郑孔之说向无异议。魏氏据"妇讳不出门"，证"夫人之讳"，并非夫人之私讳，而为夫人己身之名讳。古人内外分别，《曲礼》谓"外言不入于梱，内言不出于梱"④，妇人无外事，故"妇讳不出门"，郑注稍嫌迂曲，魏氏之说可通。

（3）君子行礼不求变俗，祭祀之礼、居丧之服、哭泣之位，皆如其国之故，谨修其法而审行之。郑注：不务变其故俗，重本也，谓去

---

① 魏元旷：《礼训纂》，《民国时期经学丛书》第六辑第32册，台湾文听阁图书有限公司，2013，第4页。
② 乾隆三礼馆：《钦定礼记义疏》卷三，《文渊阁四库全书》第124册，上海古籍出版社，1987，第108页。魏元旷《礼训纂》的撰述本于《礼记注疏》及《钦定礼记义疏》，故本节征引清代以前《礼记》经说，均以《义疏》为本。
③ 魏元旷：《礼训纂》，《民国时期经学丛书》第六辑第32册，台湾文听阁图书有限公司，2013，第7页。
④ 郑玄注，孔颖达疏《礼记正义》卷二，《十三经注疏》，中华书局，1980，第1240页。

先祖之国居他国。其法，谓其先祖之制度，若夏殷。

魏氏谓："此条郑注认为去国行礼，是因下文立说。但行故俗，则法无改变，安得有所修审，实乃泛言。盖一国之中，政教可以大同，而俗尚不能无异，若与礼文不合，不必求务变其俗以从礼，又不当一徇其俗，故必谨修其法而审行之，使安其俗而又不失礼，行之乃无弗得。盖俗者，小民之众以故而成也，礼以顺为本，逆人之情，即非礼矣。"①

案：本经下文为"去国三世，爵禄有列于朝，出入有诏于国，若兄弟宗族犹存，则反告于宗后。去国三世，爵禄无列于朝，出入无诏于国，唯兴之日，从新国之法"②。郑此注"谓去先祖之国居他国"正据下文而言，魏氏说是。本经论礼俗之宜，似无关于下文去国变俗，魏氏之说可从。然前后系联、贯通立说，乃郑注《礼记》的一大特点。如《檀弓》"吾离群而索居亦已久矣"，郑注："群谓同门朋友也。"③《檀弓》"孔子之丧，二三子皆绖而出。群居则绖，出则否"，郑注"群谓七十二弟子相为朋友服，子夏曰：吾离群而索居。"④两处经文释"群"字，皆前后贯通，其他类似者甚多，不能枚举。此为郑注训释《礼记》的独到之处，然正反相依，郑注缺点往往亦在于此。

（4）振书端书于君前，有诛；倒筴侧龟于君前，有诛。郑注：臣不豫事，不敬也。振，去尘也。端，正也。倒，颠倒也。侧，反侧也。皆谓甫省视之。

魏氏谓："此所以诛者，谓在君前也，文作'于君之前'，则非君御书之所，乃临时取以进阅，不于取书之处振去其尘，至君前而后振之，为情理必无之事，且君方阅书，始与端正，亦无此情理。似二语皆以卜筮时言，书当为占卜之书，卜时当献龟筴之象，既献象，当进

---

① 魏元旷：《礼训纂》，《民国时期经学丛书》第六辑第 32 册，台湾文听阁图书有限公司，2013，第 8 页。
② 郑玄注，孔颖达疏《礼记正义》卷四，《十三经注疏》，中华书局，1980，第 1257 页。
③ 郑玄注，孔颖达疏《礼记正义》卷七，《十三经注疏》，中华书局，1980，第 1282 页。
④ 郑玄注，孔颖达疏《礼记正义》卷七，《十三经注疏》，中华书局，1980，第 1285 页。

占筴之辞。不敬而无失,至于君前而龟筴或至于倒侧。振非去尘之谓,乃翻动占辞,不先为检定,及呈时有失,再行端正,皆涉不敬,故加之诛责。"①

案:"振书端书",郑注以为去尘、端正,孔疏亦就郑说敷衍,后来学者皆从郑注。魏氏谓郑注所说不合情理,以为"振书端书",与下文"倒筴侧龟"语境相同,均为卜筮之时的事状,释"振"为翻动,释"书"为占辞,理似可通,然无实证,聊备一说可也。

(5) 天子未除丧曰予小子,生名之,死亦名之。郑注:生名之曰小子王,死亦曰小子王也。

魏氏谓:"予小子者,予为自称,小为自谦。居丧称子,死亦称子,史家纪载从之。死亦名之者,名以子也,不独无'予'字,并不应有'小'字,吴氏澄所引'子猛'是也。郑注所谓小子王者,非是,晋之小子侯为别称,奚齐、卓子皆不称小子侯,非居丧而死者之称例可知。"②

案:魏氏之说是,"予小子者,予为自称,小为自谦",得经文本意。郑注牵于《左传》晋国"小子侯"之文,遂谓"生名之曰小子王,死亦曰小子王"。所谓"生名之,死亦名之",当如吴澄所说"春秋景王崩,悼王未逾年入于王城,不称天王而称'王猛',所谓生名之也。死不称天王,崩而称'王子猛卒',所谓死亦名之也"③。吕大临曰:"天子未除丧而没,则其袝也,不曰帝,而曰小子,如晋有小子侯之类,盖其丧当称子故也。予,衍文也。"④ 是吕氏亦不从郑注,

---

① 魏元旷:《礼训纂》,《民国时期经学丛书》第六辑第32册,台湾文听阁图书有限公司,2013,第8页。
② 魏元旷:《礼训纂》,《民国时期经学丛书》第六辑第32册,台湾文听阁图书有限公司,2013,第13页。
③ 乾隆三礼馆:《钦定礼记义疏》卷六,《文渊阁四库全书》第124册,上海古籍出版社,1987,第206页。
④ 乾隆三礼馆:《钦定礼记义疏》卷六,《文渊阁四库全书》第124册,上海古籍出版社,1987,第206页。

然吕氏又疑经"予"字为衍文,实不如吴氏、魏氏之说稳妥。

(6)黍曰芗合,粱曰芗萁。郑注:萁,辞也。

魏氏谓:"种茎本为萁,故训为荄。黍就其本称之,故曰芗萁;粱就其实称之,故曰芗合。"①

案:"粱曰芗萁",郑注孔疏同,后儒多不以为然。《钦定礼记义疏》引陈祥道说谓:"粱曰芗萁者,白粱黄粱,非独米之香烈可以充君荐神,至于萁梗,亦有芳芗也。"②引项安世说谓:"芗合以其实之升于量者言,芗萁以其秆之登于场者言。"③《义疏》案语谓:"黍粒圆而大,色黄,性最黏,故曰芗合。粱干高于黍,味最美,气最香,故曰芗萁。"④ 魏氏之说特变项安世、《义疏》之文而言之。

(7)《王制》:祭用数之仂。丧用三年之仂。郑注:用其什一。

魏氏谓:"《易》'归奇于仂以象闰',是仂为馀数。所归国用,先已制定,忽遇有丧用,将安取?所以制用,必使有馀,正以备意外之用。三年得有一年之蓄,丧用即可取诸此,故曰丧用三年之仂。"⑤

案:"仂"训十分之一,郑孔所同,唐后学者或不以为然,宋方慤谓:"《易》'归奇于扐以象闰',扐者,指间也,揲蓍而四分之,奇归之指间,此所谓扐,方四分之一耳。数之仂,一年所用四分之一也,三年之仂,三年所用四分之一也。"⑥ 魏氏则据《易》"归奇于扐以象

---

① 魏元旷:《礼训纂》,《民国时期经学丛书》第六辑第 32 册,台湾文听阁图书有限公司,2013,第 22 页。
② 乾隆三礼馆:《钦定礼记义疏》卷八,《文渊阁四库全书》第 124 册,上海古籍出版社,1987,第 245 页。
③ 乾隆三礼馆:《钦定礼记义疏》卷八,《文渊阁四库全书》第 124 册,上海古籍出版社,1987,第 245 页。
④ 乾隆三礼馆:《钦定礼记义疏》卷八,《文渊阁四库全书》第 124 册,上海古籍出版社,1987,第 246 页。
⑤ 魏元旷:《礼训纂》,《民国时期经学丛书》第六辑第 32 册,台湾文听阁图书有限公司,2013,第 58 页。
⑥ 乾隆三礼馆:《钦定礼记义疏》卷十六,《文渊阁四库全书》第 124 册,上海古籍出版社,1987,第 482 页。

## 第三章 民国时期《礼记》经解研究

闰"，谓仍为余数。案《玉篇》有"凡数之馀谓之扐"①，魏氏之说有据。魏氏所谓"所以制用，必使有馀，正以备意外之用"，亦在情理之中。

（8）有旨无简不听。郑注：简，诚也，有其意无其诚者，不论以为罪。

魏氏谓："无简之说，各说皆失。陆氏、胡氏本注'实'字之训，以简为书状，安有词讼而不书状者。有旨无简者，乃有争讼之词旨，而简册无其罪例，则非士师所治，故不听其辨，当付之调人。"②

案：陆佃曰："若听讼无简书可据、与无可书之实状，皆不听也。"③胡铨曰"古者刑辟书于简，所谓简书是也。书于简，则有实迹，《吕刑》云'无简不听'。"④魏氏虽不用陆氏、胡氏之说，然其谓"简册无其罪例"，当仍受陆氏"若听讼无简书可据"启发而来。"简册无其罪例"，为狱讼所常见，魏氏之训自可备为一说。

（9）《月令》：司天日月星辰之行，宿离不贷，毋失经纪。郑注：离，读如俪偶之俪，宿俪，谓其属冯相氏、保章氏掌天文者，相与宿偶，当审候伺，不得过差也。

魏氏谓："经文以'司天日月星辰之行宿离不贷'为句，行、宿、离自分三事，行则所常经，宿则所止定，离则所暂入。注读如'俪'不误，作如字，则于行当绝句。"⑤

案：郑注以"日月星辰之行"绝句，魏氏训"离"与郑注同，以

---

① 顾野王：《宋本玉篇》卷六，中国书店，1983，第119页。
② 魏元旷：《礼训纂》，《民国时期经学丛书》第六辑第32册，台湾文听阁图书有限公司，2013，第67页。
③ 乾隆三礼馆：《钦定礼记义疏》卷十八，《文渊阁四库全书》第124册，上海古籍出版社，1987，第525页。
④ 乾隆三礼馆：《钦定礼记义疏》卷十八，《文渊阁四库全书》第124册，上海古籍出版社，1987，第525页。
⑤ 魏元旷：《礼训纂》，《民国时期经学丛书》第六辑第32册，台湾文听阁图书有限公司，2013，第86页。

"行、宿、离"并文，其义可通，实发前儒之所未及，义较郑注更为通顺。

（10）是月也，耕者少舍，乃修阖扇寝庙毕备，毋作大事以妨农之事。郑注：舍犹止也，因蛰虫启户，耕事少间，而治门户也。

魏氏谓："此注及各家说皆不合。少舍者，乃言此月农事始亟，耕者少有舍止于内之时，又时已暖，所有家人妇子全出在田，其邑居空无人，即当谨其封闭，是以修其阖扇。"①

案：高诱《吕氏春秋》注谓："耕者少舍，言耕皆出在野，少有在都邑者也。《尚书》曰：'厥民析散布在野'，《传》曰：'震雷出滞，土不备垦，辟在司寇'。"②《钦定礼记义疏》案语谓："案《诗》言'四之日举趾'，仲春耕作方殷，安得谓耕者至此稍休乎，恐不若高说之确也？"③是魏氏之说渊源有自，较郑注更为妥当。

## （二）从驳孔的角度来看

郑注简略，其注《礼记》往往字数少于经文。魏晋以降，义疏之学兴起，学者对郑注的推衍无不极求详尽，孔颖达《礼记正义》集晋宋义疏之大成，或申郑所不尽，或补郑所不及，亦偶驳郑所不确，洋洋百三十万余言，成为礼学史上的经典著作。宋元以后，学者研治《礼记》，发现孔疏亦有瑕疵，或申郑不确，或补郑不妥，讨论孔疏也成为《礼记》研究中的重要课题。魏元旷《礼训纂》对孔疏亦有匡正，兹举其例如下。

（1）《曲礼》：大夫士相见，虽贵贱不敌，主人敬客则先拜客，客

---

① 魏元旷：《礼训纂》，《民国时期经学丛书》第六辑第 32 册，台湾文听阁图书有限公司，2013，第 94 页。
② 乾隆三礼馆：《钦定礼记义疏》卷二十一，《文渊阁四库全书》第 124 册，上海古籍出版社，1987，第 599 页。
③ 乾隆三礼馆：《钦定礼记义疏》卷二十一，《文渊阁四库全书》第 124 册，上海古籍出版社，1987，第 600 页。

敬主人则先拜主人。郑注：尊贤。孔疏：此谓使臣行礼，受劳已竟，次见彼国卿大夫也，唯贤是敬，不计宾主贵贱。

魏氏谓："此是言主客相见之通礼，既见而拜，必有先者，主人重其客而先敬之，则先施礼于客；若主人为客所敬，则先施礼于主人。敬出于中，不容拜之不先，礼所以顺其情，虽有大夫士之别，皆不得以位论，以斯时但以客主论也。同国亦当然。"①

案：孔疏以此经大夫士相见为聘礼之使者出使别国，与别国士大夫相见时之礼节，失之太拘。《钦定礼记义疏》案语谓："案先儒以聘燕之礼言，究则凡相见之礼当无不然者，朱子采入士相见礼。"魏氏此说，《义疏》已言之。

（2）其在凶服曰適子孤，临祭祀，内事曰孝子某侯某，外事曰曾孙某侯某。孔疏：诸侯不得称嗣侯但称曾孙，但是父祖重孙，故言曾孙也。

魏氏谓："新君不称嗣侯者，新君即位，必请于天子，因锡之命乃得为侯，故不敢遽称嗣侯。天子则不必待命，故即称嗣王。"②

案：《曲礼》记天子之礼有"践阼，临祭祀，内事曰孝王某，外事曰嗣王某"，孔疏谓"外事曰嗣王某者，外事郊社也，天地尊远，不敢同亲云孝，故云嗣王某，言此王继嗣前王而立也"③，故此经孔疏推类而谓"但是父祖重孙，故言曾孙也"。魏氏以为不然，其谓诸侯即位，必待天子册命，册命之前君位未正，故不称嗣侯而言曾孙，当得本经实情。

（3）羽鸟曰降，四足曰渍。郑注：渍谓相瀸污而死也，《春秋传》曰：大灾者何？大渍也。孔疏：四足曰渍者，牛马之属也，若一个死，

---

① 魏元旷：《礼训纂》，《民国时期经学丛书》第六辑第32册，台湾文听阁图书有限公司，2013，第10页。
② 魏元旷：《礼训纂》，《民国时期经学丛书》第六辑第32册，台湾文听阁图书有限公司，2013，第15页。
③ 郑玄注，孔颖达疏《礼记正义》卷四，《十三经注疏》，中华书局，1980，第1260页。

则馀者更相染渍而死。

魏氏谓：“鸟死则降落，兽死则溃渍，就所见而名之，孔疏拘于注'大渍'之说，谓相染渍而死，兽死岂必相染，实失之。"①

案：段玉裁《说文解字》注："渍，沤也，谓浸渍也。古多假为'骴'字。《公羊传》'大瘠'，《礼记》注引作'大渍'。《公羊传》：'瀸者何？渍也。众杀戍者也。'《周礼·蜡氏》'掌除骴'，故书'骴'作'脊'，郑司农云'脊读为渍，谓死人骨也'。《汉志》'国亡捐瘠'，孟康曰：'肉腐为瘠'。按骴、渍、脊、瘠四字，古同音通用，当是骴为正字也。"②据段注，本经"渍"义同"骴"，为鸟兽死后腐烂未完之残骨，故谓"四足曰渍"。孔疏不明"渍"字假借意义，以"渍"字本义曲说，不得要领，魏氏所驳甚当。

(4)《王制》：天子诸侯无事，则岁三田。郑注：三田者，夏不田，盖夏时也。孔疏："夏不田，盖夏时也"者，以夏是生养之时，夏禹以仁让得天下，又触其夏名，故夏不田。郑之此注，取《春秋纬·运斗枢》之文，故以为夏不田。

魏氏谓："郑以'夏不田'注'三田'不误。疏引《春秋纬》谓避夏名，则误。搜、田、狝、狩为四田，惟夏为农事正盛之时，虽田而不备三田之礼，止于去苗之害，故曰苗，据其实如不田，故曰三田，事不必指定何事，但有妨于田者即是。"③

案：据孔疏下文"若何休稍异于此，故《穀梁传》渊圣御名四年'公狩于郎'，《传》曰：'春曰田，夏曰苗，秋曰搜，冬曰狩'。何休云：'《运斗枢》曰："夏不田。"《穀梁》有夏田，于义为短。'"④

---

① 魏元旷：《礼训纂》，《民国时期经学丛书》第六辑第32册，台湾文听阁图书有限公司，2013，第24页。
② 段玉裁：《说文解字注》，中华书局，1981年，第558页。
③ 魏元旷：《礼训纂》，《民国时期经学丛书》第六辑第32册，台湾文听阁图书有限公司，2013，第56页。
④ 郑玄注，孔颖达疏《礼记正义》卷十二，《十三经注疏》，中华书局，1980，第1333页。

《春秋纬·运斗枢》止言"夏不田",而孔疏解释郑注"触夏名"云云,似未必出自《运斗枢》。夏不田,孔疏谓避夏名,魏氏谓妨农事,相较之下,魏氏说长。

(5)六十宿肉。孔疏:六十宿肉者,转老,故恒宿肉在帐下,不使求而不得也。

魏氏谓:"宿者,豫为储备之意,以其不可缺肉故耳,非必在帐下住宿之所,疏说泥。"①

案:孔疏"恒宿肉在帐下","宿"字仍为预备之义,惟"帐下住宿之所",于"宿"字字义横添枝蔓。魏氏谓"非必在帐下住宿之所",以疏说拘泥,所驳甚洽,得经文本义。

(6)《月令》:毋覆巢,毋杀孩虫胎夭飞鸟,毋麛毋卵。郑注:为伤萌幼之类。孔疏:胎谓在腹中未出,夭谓生而已出者,此飞鸟谓初飞之鸟。

魏氏谓:"飞鸟不必如疏所云初飞之鸟,乃言毋损其胎、毋夭其雏,'胎夭飞鸟'宜为句,鸟之卵伏即可云胎。"②

案:孔疏以孩虫、胎、夭、飞鸟各是一事,又郑注谓"为伤萌幼之类",故孔疏以飞鸟为初飞之鸟。寻魏氏之意,其释"胎"为"毋损其胎",以"胎"为已孵(伏)之卵;释"夭"为"毋夭其雏",以"夭"为初长之雏,与孔疏"夭谓生而已出者"义同;"毋夭其雏"之"夭"字,非经文"胎夭"之"夭",而与"损"字对文,以贯上"杀"字,惟魏氏遣词用"夭"稍嫌不恰。魏氏以"胎夭飞鸟"为句,则"胎夭"为"飞鸟"之定语,即飞鸟之已孵之卵、初长之雏。"孩虫"则以"孩"为"虫"之定语,即幼弱之虫。"胎夭飞鸟"与"孩虫"并列,"毋杀孩虫、胎夭飞鸟","杀"字贯"虫"与"飞

---

① 魏元旷:《礼训纂》,《民国时期经学丛书》第六辑第32册,台湾文听阁图书有限公司,2013,第74页。
② 魏元旷:《礼训纂》,《民国时期经学丛书》第六辑第32册,台湾文听阁图书有限公司,2013,第89页。

鸟"两事，句法整饬，与注文"为伤萌幼之类"之义亦不违背。孔疏释飞鸟为初飞之鸟，稍有增字为训之嫌。

### （三）从辨正他说的角度来看

宋元以后，学者治礼，往往能突破郑注孔疏，提出新的意见，为《礼记》研究提供更多思路。然创发新说的同时，误会经典的现象也不能避免，诚可谓得失参半。魏氏《礼训纂》对此多有匡正。

（1）《王制》：岁二月，东巡守至于岱宗，柴而望祀山川。陆佃曰："东巡守至于岱，句。宗，读如'宗祀文王于明堂'之'宗'，天一而尊，故曰宗柴；山川卑而众，故曰望秩。宗在柴上，尊也；秩在望下，卑也。"①

魏氏谓："岱属六宗之禋祀，故曰岱宗。陆氏断'岱'为句，殊失，所训宗柴望秩，尤牵强无理。"②

案：陆佃以宗柴、望秩对文，谓"宗"为祭祀之名，与旧说迥异。《尚书·舜典》谓"二月东巡守至于岱宗，柴"，《伪孔传》谓"岱宗，泰山为四岳所宗"③。本经郑注"岱宗，东岳"，孔疏"宗者，尊也，岱为五岳之首，故为尊也"④，与孔传义同。《风俗通义·正失》"封泰山禅梁父"条云："岱者始也，宗者长也，万物之始，阴阳之交。"⑤ 此当为诸家训"岱宗"所本。是汉唐人无以"岱"字绝句者。魏氏谓"岱属六宗之禋祀，故曰岱宗"，又与应劭、郑注、孔传、孔疏等不同。然"六宗"之说，汉代已歧说多端，《礼记·祭法》"埋少

---

① 乾隆三礼馆：《钦定礼记义疏》卷十六，《文渊阁四库全书》第124册，上海古籍出版社，1987，第468页。
② 魏元旷：《礼训纂》，《民国时期经学丛书》第六辑第32册，台湾文听阁图书有限公司，2013，第48页。
③ 孔安国传，孔颖达疏《尚书正义》卷三，《十三经注疏》，1980，第127页。
④ 郑玄注，孔颖达疏《礼记正义》卷十一，《十三经注疏》，中华书局，1980，第1328页。
⑤ 此段文字各本歧异甚大，如王利器《风俗通义校注》作"宗者长也，万物之宗，阴阳交代"，本文引用据卢文弨《群书拾补》说迻录。

牢于泰昭"节孔疏引汉魏诸家说"六宗"谓："案《圣证论》王肃六宗之说，用《家语》之文，以此四时也、寒暑也、日也、月也、星也、水旱也为六宗，孔注《尚书》亦同之。伏生与马融以天地四时为六宗。刘歆、孔晁以为乾坤之子六为六宗。贾逵云'天宗三，日、月、星也；地宗三，河、海、岱也。'《异义》：'今《尚书》欧阳、夏侯说：六宗，上及天、下及地、旁及四方、中央恍惚，助阴阳变化有益于人者也。古《尚书》说：天宗，日月北辰；地宗，岱河海也；日、月为阴阳宗，北辰为星宗，河为水宗，海为泽宗，岱为山宗。'许君谨案与古《尚书》同。"① 又引郑玄说六宗为"星也、辰也、司中也、司命也、风师也、雨师也，此之谓六宗"②。据此孔疏可知魏氏以"岱属六宗之禋祀"，本于贾逵与古《尚书》说。其说有本，驳陆甚当。

（2）天子赐诸侯乐，则以柷将之，赐伯子男乐，则以鼗将之。《义疏》："《书》云'搏拊琴瑟以咏'，堂上之乐也。'下管鼗鼓'，堂下之乐也。'合止柷敔'，堂上堂下合乐也。合乐盛，故以赐诸侯。堂下卑，故以赐伯子男。搏拊不赐，升歌堂上最尊也。"③

魏氏谓："乐无论如何，皆必备八音之器，然后能奏。有乐即不能无歌，若不令合乐，则无柷敔，即无木音，何以称奏八音？乃所以为人声之饰。若无升歌，则何以为乐？然礼莫不有别，赐乐则以所执别之，取柷与鼗者，音之节奏所有发也。柷先而鼗次，故以为别。"④

案：《周礼·春官·小乐正》"王宫县，诸侯轩县，卿大夫判县，士特县"⑤，是天子诸侯大夫用乐之殊，止有乐器多少之差，无有堂上

---

① 郑玄注，孔颖达疏《礼记正义》卷四十六，《十三经注疏》，中华书局，1980，第1588页。
② 郑玄注，孔颖达疏《礼记正义》卷四十六，《十三经注疏》，中华书局，1980，第1588页。
③ 乾隆三礼馆：《钦定礼记义疏》卷十六，《文渊阁四库全书》第124册，上海古籍出版社，1987，第474页。
④ 魏元旷：《礼训纂》，《民国时期经学丛书》第六辑第32册，台湾文听阁图书有限公司，2013，第50页。
⑤ 郑玄注，贾公彦疏《周礼注疏》卷二十三，《十三经注疏》，中华书局，1980，第795页。

堂下之别。《仪礼·乡饮酒礼》奏乐有升歌、间歌、合乐之节,乡饮酒为乡大夫之礼,堂上、堂下无一不备,《义疏》所谓堂上尊、堂下卑,似无据。魏氏驳《义疏》甚当。本经郑注"柷敔皆所以节乐",《仪礼·大射》"敔倚于颂磬西纮",郑注:"敔如鼓而小,有柄。宾至,摇之以奏乐也。"①《说文》谓:"柷,乐,木空也,所以止音为节。"是柷、敔为节乐之器,定无疑问。本经孔疏谓"凡与人之物,置其所与大者于地,执其小者以致命于人"②,与《曲礼》"献粟者执右契,献米者操量鼓,献孰食者操酱齐,献田宅者操书致"③合。故魏氏驳《义疏》盖有缘由。

(3)《月令》:天子乃荐鞠衣于先帝。郑注:先帝,大皞之属。《义疏》:"本文言先帝,不言上帝、五帝,安见非指宗庙乎?"④

魏氏谓:"礼于宗庙称庙,称先王而不称帝,三代之制如此。先帝者,先代之帝,始教蚕绩者,注谓'太皞之属'为近。又言'荐',则非服,'荐鞠衣'者,以其成效求福于帝,使桑叶足备蚕,缫蚕以供衣,故以此祈之。"⑤

案:本经下文有"天子始乘舟,荐鲔于寝庙,乃为麦祈实",先帝、寝庙别言,当分为两事。《义疏》之说稍嫌强解。孔疏申郑谓:"云'先帝,大皞之属'者,以其言'先'不言'上',故知非天,唯大皞之属,春时惟祭大皞。云'之属'者,以蚕功既大,非独祭大皞,故何胤云'总祭五方之帝'。"⑥得之。魏氏所驳甚当。

(4)温风始至,蟋蟀居壁,鹰乃学习,腐草为萤。马睎孟曰:

---

① 郑玄注,贾公彦疏《仪礼注疏》卷十六,《十三经注疏》,中华书局,1980,第1029页。
② 郑玄注,孔颖达疏《礼记正义》卷十二,《十三经注疏》,中华书局,1980,第1332页。
③ 郑玄注,孔颖达疏《礼记正义》卷二,《十三经注疏》,中华书局,1980,第1244页。
④ 乾隆三礼馆:《钦定礼记义疏》卷二十一,《文渊阁四库全书》第124册,上海古籍出版社,1987,第607页。
⑤ 魏元旷:《礼训纂》,《民国时期经学丛书》第六辑第32册,台湾文听阁图书有限公司,2013,第97页。
⑥ 郑玄注,孔颖达疏《礼记正义》卷十五,《十三经注疏》,中华书局,1980,第1363页。

"温风至，天地之仁气极矣。"① 方悫曰："天地温厚之气始于东北，而盛于东南，故季夏温风始至也。"②

魏氏谓："经言始至，则温风将继续而应令，若以极以盛言之，则温和温厚之风自此而退，安得以始至言。盖季夏之令，暑热将退而未消，凉气未达而已透，故其风挟寒暑交感之气，而时或动于温和，故曰始至，则孟秋不言温风可知，再进则夏气尽而为凉风矣。"③

案："温风始至"郑谓"记时候"，孔疏无说。马氏、方氏之义与"始至"相违。魏氏之解合乎《月令》经文体例，《月令》经文此月言物候初始，后月必有继续，始于此月而必延于彼月。如孟春"蛰虫始振"，仲春月则有"蛰虫咸动"；孟冬"水始冰"，仲冬则有"冰益壮"，此谓物候相继可见于经文者。又如仲春"雷乃发声，始电"，仲秋"日夜分，雷始收声"，仲春后数月，虽不言电，有电可知；季春"虹始见"，孟冬有"虹藏不见"，季春后数月，虽不言虹，有虹可知；季春"蘋始生"，其后数月虽不言萍，有萍可知；季秋"霜始降"，其后数月虽不言霜，有霜亦可知；此谓经文不载而可推知者。其他物候有言"始"者皆如此例。本经季夏"温风始至"，乃暑热渐消之象，本为积渐之候，故可持续至孟秋"凉风至"之前，魏氏谓"孟秋不言温风可知，再进则夏气尽而为凉风矣"，得《月令》经文本义，亦与自然物候相合。

（5）乃命有司，趣民收敛，务畜菜，多积聚。方悫曰："《诗》言'我有旨蓄'，亦以御冬，不特菜而已。"④

---

① 乾隆三礼馆：《钦定礼记义疏》卷二十三，《文渊阁四库全书》第124册，上海古籍出版社，1987，第641页。
② 乾隆三礼馆：《钦定礼记义疏》卷二十三，《文渊阁四库全书》第124册，上海古籍出版社，1987，第641页。
③ 魏元旷：《礼训纂》，《民国时期经学丛书》第六辑第32册，台湾文听阁图书有限公司，2013，第105页。
④ 乾隆三礼馆：《钦定礼记义疏》卷二十四，《文渊阁四库全书》第124册，上海古籍出版社，1987，第668页。

魏氏谓："务畜菜者，凡菜之旨而可蓄者，毋令不备，百物独言菜者，盖谷不熟曰饥，菜不熟曰馑，收敛自是指谷，旨蓄自是指菜。古之言荒，并称饥馑，故御冬之备首以谷菜，然百物亦皆宜备蓄，乃总之以'多积聚'，既承上文，又以推广。方氏言蓄不独菜，盖有取于《吕氏》《淮南》'畜'与'蓄'、'采'与'菜'通。果如其说，则'务畜菜'句可删，有上下句已足，盖不明古饥馑并称之义也。"①

案："畜菜"，《吕氏春秋·仲秋纪》作"蓄菜"，高诱注："蓄菜，干苴之属也，《诗》云'亦有旨蓄，以御冬也'。"②《淮南子·时则训》作"畜采"，高无注，当与注《吕氏》同。郑孔无说，或亦与高注同。后儒所释多从高注，以"畜菜"之"菜"为本义。方氏言所蓄不独菜，亦蓄他物，以广经义。魏氏则以"收敛"指谷物，"畜菜"指菜物，以通饥馑并称之义，而以"多积聚"推广经文，与方氏说不同。古时饥馑并称，《月令》出"畜菜"之文，与上"收敛"相对，或即以备饥馑并称之义，魏氏之说可通。

### （四）从阐述礼义的角度来看

魏元旷《礼训纂》辨正经说之时，对《礼记》经文的礼义亦有阐述，有关《礼记》所载礼仪的曲折，魏氏常能疏通原委，进而探求古人制礼立言的深意，这是魏元旷"求其故，无不得矣"③治礼思想在其治学实践中的贯彻。此外，魏元旷对《礼记》经文礼义的阐述，较能留意古代礼仪的现实意义，在其阐述礼义的文字之中，也常能看到他的文化立场与价值判断。

（1）《曲礼》：礼从宜，使从俗。

---

① 魏元旷：《礼训纂》，《民国时期经学丛书》第六辑第32册，台湾文听阁图书有限公司，2013，第117页。
② 陈奇猷：《吕氏春秋校释》，学林出版社，1984，第427页。
③ 魏元旷：《礼训纂》，《民国时期经学丛书》第六辑第32册，台湾文听阁图书有限公司，2013，第1页。

魏氏谓："记者出此二语，所以通执礼者权。盖礼所以善俗，然俗之所尚，有不能强者，不能不从，然先顺审其所宜，宜则合乎义，而不失为礼之原，所以从宜，故可使之从俗。"①

案：此为魏氏对礼俗之用的基本认识。

（2）敛发毋髢，冠毋免，劳毋袒，暑毋褰裳。侍坐于长者屦不上于堂，解屦不敢当阶，就屦，跪而举之屏于侧，乡长者而屦。跪而迁屦，俯而纳屦。

魏氏谓："容貌之外，则为服饰，容貌举振动者言，服物举动用时言，各有当谨之礼。敛发则毋髢，自首言之。毋免、毋袒、毋褰裳，则自首至身以及下体，遂及足之屦，则全一身之服物矣。"②

案：此段经文看似平淡而又繁琐，且古今礼殊，难以施用。魏氏则以为此经的意义，在于表达礼对个人容止的要求遍及全身，不能苟且忽略。

（3）非其所祭而祭之，名曰淫祀，淫祀无福。

魏氏谓："祀所以报礼，非以求福。然《诗》每曰'介尔景福'，神之所答，则惟以福。福者，天之所以飨有德，不慢神，所以祭天，故福归之，孔子故曰祭则受福。人见祀以致福，因有淫祀。祀不以礼，神所不飨，安得致福？若淫邪之鬼，在所当黜，又安能福人？"③

案：魏氏此论祭祀与求福的关系，道理明切，至今仍有现实意义。

（4）《檀弓》：将军文子之丧，既除丧而后越人来吊。主人深衣练冠待于庙，垂涕洟。子游观之，曰："将军文氏之子，其庶几乎？亡于礼者之礼也，其动也中。"

---

① 魏元旷：《礼训纂》，《民国时期经学丛书》第六辑第 32 册，台湾文听阁图书有限公司，2013，第 118 页。
② 魏元旷：《礼训纂》，《民国时期经学丛书》第六辑第 32 册，台湾文听阁图书有限公司，2013，第 3 页。
③ 魏元旷：《礼训纂》，《民国时期经学丛书》第六辑第 32 册，台湾文听阁图书有限公司，2013，第 20 页。

魏氏谓："吉服不可以受吊，除丧不得反丧服。礼，期而小祥，练冠縓缘。服既祥后之深衣，以明服之已除。冠小祥之练冠，以明不纯吉，若丧之犹存。丧以哀为本，不得哭泣，仍涕洟。文质皆不失，故曰动也中。"①

案：魏氏此论将军文氏之子举动得礼之中的缘由。

（5）《王制》：赐圭瓒，然后为鬯。未赐圭瓒，则资鬯于天子。

魏氏谓："鬯酒所以降神，为物细而用微，何必重视之加于弓矢鈇钺之上？不知古者天子之于诸侯，每于细物，寓至尊之义。人君之尊，惟天惟祖。颁朔所以使诸侯惕于敬天，资鬯所以使诸侯惕于严祖，一岁之中四时十二月无不有以惕然，于天子之命则不敢自放而或僭，乃能永保其土地人民，故其义至大也。鬯以郁金香者，香固可以降神，又以示诸侯必有馨香之德，乃足以对越神明。又若天子以此孝思为重，特以此助祭而惠其神。加于鈇钺之上者，礼重于刑也。"②

案：魏氏此论鬯酒作为礼物所蕴含的礼义。

（6）凡养老，有虞氏以燕礼，夏后氏以飨礼，殷人以食礼，周人修而兼用之。

魏氏谓："王者之政，老有所养，至设学复用之立教。有虞氏始兴之，夏以教敬，故用飨礼，世愈久礼愈文，视有虞氏惟取老者安之之义有加也。殷以食礼，则实至其惠，乃益加亲也。至周则弥文，所谓修而兼用之者，修举其礼，尊亲慈惠，莫不致之也。"③

案：魏氏此论三代养老所用燕、飨、食礼的层次变化及其伦理意义，对当代社会的养老仍有借鉴意义。

---

① 魏元旷：《礼训纂》，《民国时期经学丛书》第六辑第32册，台湾文听阁图书有限公司，2013，第32页。
② 魏元旷：《礼训纂》，《民国时期经学丛书》第六辑第32册，台湾文听阁图书有限公司，2013，第88页。
③ 魏元旷：《礼训纂》，《民国时期经学丛书》第六辑第32册，台湾文听阁图书有限公司，2013，第72页。

(7)《月令》：禁止伐木。

魏氏谓："四时孟月之禁，乃通行一时，特于孟月举之。若仲季之月，则又以是月之政，著以为令，其有一时所同为禁令者，即以孟月赅之。如此条则春令所同，非止禁之孟月。"①

案：魏氏此论《月令》孟月禁令通行一时之义，得《月令》体例之要，诸如此类，魏氏于书中揭橥甚多，兹不枚举。

(8)是月之末，择吉日大合乐。

魏氏谓："乐为阳教，大合乐于季春者，阳气发生于孟春，至季春则毕达，阳气浑全，无过不及，适得其中正，故先王于此时大合乐，以和阳气、以施阳教。阳气浑全，乐声大备，所以畅天地之生机。入夏则阳已过，仲春犹未毕达，皆未能悉适合阳和中正之美也。"②

案：魏氏此论季春大合乐的缘由。

(9)合诸侯，制百县，为来岁，受朔日，与诸侯所税于民轻重之法，贡职之数，以远近土地所宜为度，以给郊庙之事，无有所私。

魏氏谓："此时所以合诸侯制百县者，以天子大祭，诸侯来助，故即于是时颁受来岁之朔日。至于税法贡数，原有定则，何必颁制？惟此所以见古圣王修明法令之勤，百官所以不息。故每岁于受朔之时，辄一申明其制，则政令常新，而诸侯顾畏。"③

案：此季秋之月"为来岁，受朔日"，郑玄据之以沟通秦以建亥为岁首，遂谓《月令》为秦制，后儒于此聚讼不息。魏氏则以此季秋之月有"大飨帝"之文，而谓此月天子大祭，诸侯来助，遂因其便而授来岁之朔，并论受朔诸事的缘由与意义，颇得经文本义，而省

---

① 魏元旷：《礼训纂》，《民国时期经学丛书》第六辑第32册，台湾文听阁图书有限公司，2013，第72页。
② 魏元旷：《礼训纂》，《民国时期经学丛书》第六辑第32册，台湾文听阁图书有限公司，2013，第101页。
③ 魏元旷：《礼训纂》，《民国时期经学丛书》第六辑第32册，台湾文听阁图书有限公司，2013，第123页。

其聚讼。

## 三 《礼训纂》的不足

魏元旷撰《礼训纂》的目的是"求经旨之归",其自序亦谓"非欲以辨胜前贤",可见其立言之旨。魏氏对郑注、孔疏、宋元以来诸家之说的辨正,虽每多是正之处,然经学浩瀚,智者千虑不免一失,《礼训纂》对前说的辨正,或疑郑过勇,或立说不密,亦有不当之处。

### (一)驳郑不当

(1)《曲礼》:主人就东阶,客就西阶。客若降等,则就主人之阶。主人固辞,然后客复就西阶。郑注:降,下也,谓大夫于君,士于大夫也,不敢辄由其阶,卑统于尊,不敢自专。

魏氏谓:"古人尚右,故以西阶为宾位,入门而右则在左,以便就东阶,然不以尊卑为言。客降等,趋就主人之阶,若子弟然,谦以为礼也。辞则复就西阶,仍正宾主之体。降等不必指士大夫言。"[1]

案:郑注"卑统于尊,不敢自专",于《礼经》有据。《礼记·曲礼》"大夫士出入君门由闑右",郑注"臣统于君"[2],与此经同。《仪礼·聘礼》宾聘主国君之时,以宾礼而入门左就西阶;至宾私觌主国君之时,则入门右就东阶,主国摈者推辞之后,宾方始入门左,以成宾主之礼。其先入门右,亦郑注"卑统于尊,不敢自专"之义。魏氏谓"降等不必指士大夫言",似与《礼经》相左。

(2)馂馀不祭,父不祭子,夫不祭妻。郑注:食人之馀曰馂,馂而不祭,唯此类也。食尊者之馀则祭,盛之。

魏氏谓:"古人于饮食,皆必祭而后食,惟馂馀则不祭,盖已有

---

[1] 魏元旷:《礼训纂》,《民国时期经学丛书》第六辑第32册,台湾文听阁图书有限公司,2013,第3页。
[2] 郑玄注,孔颖达疏《礼记正义》卷二,《十三经注疏》,中华书局,1980,第1238页。

祭之者。因是类推，言有所不祭者，则父之于子、夫之于妻。盖父与夫之于子、妻，礼有反服，疑亦得祭，故于此明之。"①

案：此经孔疏申郑谓："今此明凡食馂悉祭，若不祭者，唯此下二条也。父不祭子、夫不祭妻者，若父得子馂，夫得妻馂，不须祭者，言其卑故也，非此二条悉祭也。"孔疏之后释此经者有异说数端，一则朱子谓："馂馀之物不可祭先祖，虽父不以祭子，夫不以祭妻，不敢以鬼神之馀复以祭也。"②一则徐师曾曰："此承上章赐馂而言，盖受君之赐，当熟以祭，惟是馂馀则不祭，戒亵也。盖君虽当尊，而祭亦当重，忠孝两尽之道也。"③朱、徐皆谓馂馀之物不可用以祭祀，虽父不可以之祭子，虽夫不可以之祭妻，与郑注饮食之祭不同。一则戴溪谓："馂馀不祭，与父不祭子、夫不祭妻，义不相属。父不祭子、夫不祭妻，各使其子主之，示有尊也。"④戴氏之说乃谓"馂馀不祭"为饮食之祭，"父不祭子、夫不祭妻"为祭祀之祭，经文连类相及，而义不相属。魏氏此用戴溪之说。然馂馀之祭，《礼经》有征，《特牲》《少牢》祭毕有馂，馂者皆祭，此馂乃馂神之馀。郑孔之说，谓馂馀皆祭，惟父食子馀、夫食妻馀，以其位尊可以不祭，于经不悖。朱子、徐师曾之说虽异于郑，然理亦可通，惟《礼经》无征而已。魏氏用戴溪之说，且谓"古人于饮食，皆必祭而后食，惟馂馀则不祭，盖已有祭之者"，显然违背《礼经》，于《特牲》《少牢》馂者之祭经文不合。

（3）岁凶，年谷不登，君膳不祭肺，马不食谷，驰道不除，祭事

---

① 魏元旷：《礼训纂》，《民国时期经学丛书》第六辑第32册，台湾文听阁图书有限公司，2013，第5页。
② 乾隆三礼馆：《钦定礼记义疏》卷三，《文渊阁四库全书》第124册，上海古籍出版社，1987，第126页。
③ 乾隆三礼馆：《钦定礼记义疏》卷三，《文渊阁四库全书》第124册，上海古籍出版社，1987，第126页。
④ 乾隆三礼馆：《钦定礼记义疏》卷三，《文渊阁四库全书》第124册，上海古籍出版社，1987，第127页。

不县,大夫不食粱,士饮酒不乐。郑注:不乐,去琴瑟。

魏氏谓:"士饮酒不乐者,不乐歌也。注以为不乐为去琴瑟,士习琴瑟,所以为学,虽有凶岁之忧,必无废学之事,安得去琴瑟,释去琴瑟惟居丧为然。"①

案:本经下文"君无故玉不去身,大夫无故不彻县,士无故不彻琴瑟",郑注:"忧乐不相干也,故谓灾患丧病"。② 凶岁之年,是为有故,国君下至于士,行礼各有减损,士不乐,正谓去琴瑟,经文有征,郑注不误。且本经"不县""不乐"相对,当皆指乐器,魏氏谓"乐"为乐歌,不合文例。

(4)天子不言出,诸侯不生名。君子不亲恶,诸侯失地名,灭同姓名。郑注:天子之言出,诸侯之生名,皆有大恶,君子所远,出名以绝之。《春秋传》曰:"天王出居于郑""卫侯朔入于卫"是也。

魏氏谓:"此条因上称谓之别,而著书策之例。王者无外,故天子不言出。诸侯朝聘,天子称之曰父曰舅,册书自不称名,故不生名。为贤者讳,故于君子不亲著其恶。若诸侯有生名者,惟失地与灭同姓为然,重其事也。君子之恶有大故,亦亲著之。注以此句释上文,非是。"③

案:郑注以"君子不亲恶",释"天子不言出,诸侯不生名",以为君子不亲近恶行,故天子、诸侯有大恶,即言其出或称其名。寻郑注之意,君子指纪事之君子。魏氏以为"天子""诸侯""君子"三者文同一例,天子不明言其出,诸侯不生称其名,君子不亲著其恶。然"亲"训"亲著",又有增字之嫌。吕大临则以君子当指天子、诸侯,其谓"居君子之位,无君子之德,而唯恶是亲,则与小人无辨

---

① 魏元旷:《礼训纂》,《民国时期经学丛书》第六辑第32册,台湾文听阁图书有限公司,2013,第12页。
② 郑玄注,孔颖达疏《礼记正义》卷四,《十三经注疏》,中华书局,1980,第1259页。
③ 魏元旷:《礼训纂》,《民国时期经学丛书》第六辑第32册,台湾文听阁图书有限公司,2013,第16页。

矣。故天子不言出，诸侯不生名，皆谓君子不亲恶故也。"① 郑注与吕氏义得两通，魏氏之说不可取。

（5）《檀弓》：孔子曰：是故竹不成用，瓦不成味，木不成斫。郑注："味"当作"沫"，沫，靧也。

魏氏谓："味不误，瓦器所以盛醯酱，不成味，异于生时所食也。"②

案：陆佃《埤雅》谓："竹言用，瓦言味，木言斫，相备也。竹曰不成用，主其质言之。木曰不成斫，主其文言之。其曰瓦不成味，则言以受饮食又不足以成味也。《荀子》曰：'木器不成斫，陶器不成物，薄器不成内'，变味言物，变用言内，其义一也。"③ 黄震《黄氏日抄》谓："愚按：瓦，陶器也，不成味，不可盛饮食也。恐不必改字。"《仪礼·既夕》陈明器有"瓮三，醯、醢、屑，甒二，醴、酒"④。瓮、甒是为瓦器，其实醯、醢、屑、醴、酒，故陆氏、黄氏、魏氏以本经"瓦不成味"指醯、醢等饮食不成味。是魏氏之说，早有渊源。

《荀子·礼论》谓："瓮庑虚而不实，有簟席而无床笫，木器不成斫，陶器不成物，薄器不成内。"⑤《礼记·檀弓》谓："宋襄公葬其夫人，醯醢百瓮。曾子曰：'既曰明器矣，而又实之'。"郑注："言名之为明器，而与祭器皆实之，是乱鬼器与人器。"⑥ 据《荀子·礼论》"瓮庑虚而不实"及《礼记·檀弓》"宋襄公葬其夫人"事，《仪礼》

---

① 卫湜：《礼记集说》卷十三，《文渊阁四库全书》第117册，上海古籍出版社，1987，第269页。
② 魏元旷：《礼训纂》，《民国时期经学丛书》第六辑第32册，台湾文听阁图书有限公司，2013，第34页。
③ 陆佃：《埤雅》卷十五，《文渊阁四库全书》第222册，上海古籍出版社，1987，第185页。
④ 黄震：《黄氏日抄》卷十五，《文渊阁四库全书》第707册，上海古籍出版社，1987，第403页。
⑤ 王天海：《荀子校释》，上海古籍出版社，2005，第786页。
⑥ 郑玄注，孔颖达疏《礼记正义》卷八，《十三经注疏》，中华书局，1980，第1291页。

虽云"瓮三，酰、醢、屑，甒二，醴、酒"①，然酰、醢等或仅有其名而无其实，瓮甒止虚陈而已。《仪礼》陈明器瓮甒虚设，郭嵩焘《礼记质疑》亦曾言之。且《礼记》"竹不成用，瓦不成味，木不成斫"，《荀子》"木器不成斫，陶器不成物，薄器不成内"，皆就竹、瓦、木器之本身而言，陆、黄、魏等谓"味"为瓦器所盛饮食之味，恐不确。

又《说文》"沬，洒面也"，段注："《律历志》引《顾命》曰：'王乃洮沬水'，师古曰：'沬、洗面也'。《礼乐志》'沾赤汗，沬流赭'，晋灼曰：'沬，古靧字'。《檀弓》'瓦不成味'，郑云'味当作沬，沬，靧也'。按此沬谓瓦器之釉，如洗面之光泽也。从水，未声。"②本经孔疏释经文："瓦不成味者，味犹黑光也，今世亦呼黑为沬也，瓦不善沬，谓瓦器无光泽也。"③释郑注："云味当作沬，沬，面靧也，靧谓靧面，证沬为光泽也。"④然瓦器未必皆为黑色，孔疏之释不若段注"瓦器之釉"明切。

又《经典释文》"味，依注音沬，亡曷反"⑤，《广韵》"沫"，入声末部，"曷"入声曷部，末曷韵部相近，中古同归山摄，古音则同归月部，《释文》引此郑注"沬"字似又作"沫"，而后来刻本"沬""沫"亦字形难辨。《说文》中有"沬"字，义为水名，二者不容相混。郑注"味当作沬，沬，靧也"，"味""沬"古音物部，"靧"古音微部，微物旁转，则沬、靧音近，且"靧"从"贵"得声，"贵"古音亦为物部，故郑以"靧"训"沬"，合乎声训之例。是郑注字形当以"沬"为正，字义则以段注"沬谓瓦器之釉，如洗面之光泽也"为长。

（6）邮罚丽于事。郑注：邮，过也。丽，附也。过人罚人，当各

---

① 郑玄注，贾公彦疏《仪礼注疏》卷三十八，《十三经注疏》，中华书局，1980，第1149页。
② 段玉裁：《说文解字注》，中华书局，1981，第564页。
③ 郑玄注，孔颖达疏《礼记正义》卷八，《十三经注疏》，中华书局，1980，第1289页。
④ 郑玄注，孔颖达疏《礼记正义》卷八，《十三经注疏》，中华书局，1980，第1290页。
⑤ 郑玄注，孔颖达疏《礼记正义》卷八，《十三经注疏》，中华书局，1980，第1289页。

附于其事，不可假他以喜怒。

魏氏谓："邮当训行，行罚必附丽于所为之事，求无枉纵。"①

案：《说文》谓："邮，竟上行书舍。"段注："《孟子》'德之流行，速于置邮而传命'。《释言》'邮、过也。'按经过与过失，古不分平去。故经过曰邮，过失亦曰邮，为尤訧之假借字。"② 据段注，则此经"邮"为"尤""訧"之假借。《孔子家语·刑政》曰："仲弓曰：古之听讼，尤罚丽于事，不以其心，可得闻乎？"③ 正作"尤罚"。魏氏以"邮"训"行"，虽与"经过"意义差近，然"邮罚"训"行罚"，经典无据，不可从。

### （二）驳孔不当

（1）《曲礼》：问大夫之富，曰有宰食力，祭器衣服不假。孔疏：祭器衣服不假者，谓四命大夫也。若四命大夫得自造祭器衣服，故云不假。若三命以下，有田者造而不备，则假借也。

魏氏谓："有田禄者先为祭服，以祭器不能遽备，可以假用，非谓必不可造。此是问其富，故以能备礼为对，无涉于命数之别也。"④

案：《礼运》"大夫具官，祭器不假，声乐皆具，非礼也"，孔疏："祭器不假者，凡大夫无地，则不得造祭器，有地虽造而不得具足，并须假借。若不假者，唯公孤以上得备造，故《周礼》'四命受器'，郑云'此公之孤始得有祭器者也'。"⑤ 义与本经同。《周礼·大宗伯》"四命受器"，郑注："郑司农云受祭器为上大夫，玄谓此公之孤始得有祭器者也。"贾疏："云'公之孤四命始得有祭器'者，但未四命已前，有地大

---

① 魏元旷：《礼训纂》，《民国时期经学丛书》第六辑第32册，台湾文听阁图书有限公司，2013，第68页。
② 段玉裁：《说文解字注》，中华书局，1981，第284页。
③ 杨朝明、宋立林主编《孔子家语通解》卷七，齐鲁书社，2009，第356页。
④ 魏元旷：《礼训纂》，《民国时期经学丛书》第六辑第32册，台湾文听阁图书有限公司，2013，第18页。
⑤ 郑玄注，孔颖达疏《礼记正义》卷二十一，《十三经注疏》，中华书局，1980，第1418页。

夫虽得造祭，器祭器未具，犹假之使足，至四命即具有。"① 大夫四命以上可备祭器，为郑、贾、孔所共识，其所据皆为《周礼》"四命受器"。礼是郑学，经有明文，魏氏谓"无涉于命数之别也"，恐非。

（2）《王制》：凡挚天子鬯。郑注：挚之言至也，天子无客礼，以鬯为挚者，所以唯用告神为至也。孔疏：天子吊临适诸侯，必舍其祖庙，既至诸侯祖庙，仍以鬯礼于庙神，以表天子之至。

魏氏谓："天子舍诸侯之庙，礼无以鬯祭庙神之文，鬯以降神，祭所最重，天子惟祭神北面，故曰以鬯为挚。诸侯之庙神，皆天子之臣，安得有以鬯为挚之事？"②

案：《周礼》鬯人"凡王吊临共介鬯"，郑注："以尊适卑曰临，郑司农云'鬯，香草，王行吊丧被之，故曰介'。玄谓：'《曲礼》曰："挚，天子鬯。"王至尊，介为执致之，以礼于鬼神与？'《檀弓》曰：'临诸侯，畛于鬼神，曰：有天王某父。'此王适四方，舍诸侯祖庙，祝告其神之辞，介于是进鬯。"③ 本经郑注、孔疏本于《周礼》与《礼记·檀弓》，经有明文，不可轻驳，魏氏之说不可从。

### （三）辨旧说不当

（1）《月令》：日夜分，则同度、量、钧、衡、石，角斗甬，正权概。郑注：同、角、正，皆谓平之也。丈尺曰度，斗斛曰量，三十斤曰钧，称上曰衡，百二十斤曰石。甬，今斛也。称锤曰权。概，平斗斛者。吴澄曰："钧谓均平之，与同、角、正一义，非三十斤之钧也。"④

魏氏谓："衡石乃称量之重者，《书》曰'关石和钧'，其言'和

---

① 郑玄注，贾公彦疏《周礼注疏》卷十八，《十三经注疏》，中华书局，1980，第761页。
② 魏元旷：《礼训纂》，《民国时期经学丛书》第六辑第32册，台湾文听阁图书有限公司，2013，第27页。
③ 郑玄注，贾公彦疏《周礼注疏》卷十九，《十三经注疏》，中华书局，1980，第771页。
④ 乾隆三礼馆：《钦定礼记义疏》卷二十一，《文渊阁四库全书》第124册，上海古籍出版社，1987，第599页。

钩'，是以钧正石之重，与此'钧衡石'正同。大抵石必以三十斤之钧正之，但钧字仍与同角一义，以此衡石为一器，与权衡之衡有别，故下复有正权概之语。概与斗甬同为量物之器，权与衡石同为称物之器，特有大小轻重之不同，经故分别言之。若注之'称上曰衡'，实为误解，当以石为衡之重量，故曰衡石。"①

案：吴氏误会经文，魏说仍嫌迂曲。本经孔疏："云'同、角、正，皆谓平之'者，经中度、量、钧、衡、石五者，总蒙'同'文。"② 得郑注本义。仲秋"同度量，平权衡，正钧石，角斗甬"之"正钧石"，"钧"字郑无注，当与本经同，尤可证本经"同"字兼指度、量、钧、衡、石五者。《吕氏春秋·仲春纪》高诱训"钧"为"等"，《仲秋纪》又训"钧"为"三十斤"，同一"钧"字，文义已相参差。实则本经上言"同度量钧衡石"，下言"角斗甬""正权概"，仲秋经文又谓"平权衡""正钧石"，"同""角""正""平"互文同义，郑注所说甚明，度、量、钧、衡、石、斗、甬、权、概等皆在所同、所角、所正、所平之列。惟郑注"称上曰衡"，孔疏所释尚不透彻，古时称衡之上，必标刻度以示重量，同衡者，当谓校正衡上之刻度。

（2）命仆及七驺咸驾，载旌旐，授车以级，整设于屏外。司徒搢扑北面誓之。徐师曾曰："《周礼》'有司表貉誓民'，郑据此以有司为大司徒，案大司徒不可谓之有司，而搢扑示众，亦非大司徒之职，司徒二字恐有误。"③

魏氏谓："徐氏以司徒搢扑之文有误，不知田猎之事，虽掌于司马，秋田之义，实重于教民。凡民之事皆属司徒，表貉虽曰有司，而

---

① 魏元旷：《礼训纂》，《民国时期经学丛书》第六辑第 32 册，台湾文听阁图书有限公司，2013，第 93 页。
② 郑玄注，孔颖达疏《礼记正义》卷十五，《十三经注疏》，中华书局，1980，第 1362 页。
③ 乾隆三礼馆：《钦定礼记义疏》卷二十四，《文渊阁四库全书》第 124 册，上海古籍出版社，1987，第 680 页。

以礼教民、以扑刑民、揎扑示众，非大司徒而谁属？"①

案：徐师曾之说，《钦定礼记义疏》列为存疑条目，不作案断。魏氏以为秋田之义，重于教民，则司徒誓众名正言顺。然秋田之义，重于教民，似无据。徐氏之说，固可如《义疏》存疑以备考。

## 第三节 刘咸炘《礼记温知录》研究

刘咸炘（1896—1932），字鉴泉，别号宥斋，四川双流人。祖父刘沅，字止唐，为清代蜀中知名学者，著《槐轩全书》，身后形成"槐轩学派"。刘咸炘幼承家学，学术思想受章学诚影响较大，虽然英年早逝，但著述丰硕，有《推十书》传世。刘咸炘学问淹通，经史子集无不留意，尤精于史学与目录学，于经学亦颇有建树。刘咸炘治礼学，相对轻视名物礼制等曲节仪文的考订，非常注重礼义的推原与阐发，其著《治记绪论》，谓《礼记》的体例为"儒门丛书"，《礼记》的宗旨为"儒门大义"，《礼记》与诸子之书异体同实，俱为说理之文。基于对《礼记》性质与体例的认识，刘咸炘在《治记绪论》中提出一套完整的研治《礼记》的方法：首先条理篇目，去除类似《仪礼》的仪文篇目如《曲礼》《杂记》等，专取《礼运》《礼器》等通论篇目，刘咸炘称之为"理篇"；其次在所取篇目内划分章节，以便对《礼记》内容进行贯说抑或分释，刘咸炘称之为"理章"；最后在"理篇"与"理章"的基础上，对《礼记》经义进行疏通。

刘咸炘著《礼记温知录》《读大小戴记小笺》，依据其提出的"理篇""理章"研治《礼记》的方法，对《礼记》的内容进行梳理阐释。《礼记温知录》与《读大小戴记小笺》比较，前者条理分明，最

---

① 魏元旷：《礼训纂》，《民国时期经学丛书》第六辑第 32 册，台湾文听阁图书有限公司，2013，第 125 页。

第三章　民国时期《礼记》经解研究

能代表刘咸炘《礼记》学的特征，因此本文以《礼记温知录》为对象，讨论刘咸炘《礼记》学的成就与特征。刘咸炘《礼记温知录》所选篇目有以下七类：其一，《礼运》《礼器》《仲尼燕居》《孔子闲居》《经解》《问丧》《三年问》；其二，《郊特牲》《祭统》《祭义》《大传》《哀公问》；其三，《冠义》《昏义》《乡饮酒义》；其四，《文王世子》；其五，《学记》《儒行》；其六，《乐记》；其七，《坊记》《表记》《缁衣》。这是刘咸炘对《礼记》"理篇"而选取的篇目。然而在《礼记温知录》书中，刘咸炘的"理章"与经说，只完成了《郊特牲》以上诸篇。鉴于《礼记温知录》的特点，本文研究从"划分章句""厘定文字""疏通经义"等方面展开，并在此基础上总结《礼记温知录》的著述特点与学术价值。

## 一　划分章句

刘咸炘认为《礼记》体例为"儒门丛书"，其成书不同出一手，亦不同出一时，虽与诸子书异体同实，但是《礼记》书中又多零条杂记，而上下文义殊不相连，不似诸子之书条理分明。因此研究《礼记》需要对各篇中内容进行梳理，或上下贯说或零条分释，应该区别对待，刘咸炘对此提出"理章"的几项原则，如"数篇相连可贯说之""篇中当详分章节如《文王世子》之例""本零条者不可强贯、然其有意者又当贯说之""篇中不无陵越当整理之""篇中有后人附记语当标别之""记有重出宜互勘之"等。[1] 就《礼记温知录》来看，刘咸炘的《礼记》"理章"工作，已然较为成熟。

（1）《郊特牲》一篇，郑玄《礼记目录》谓"名郊特牲者，以其记郊天用骍犊之义，此于《别录》属祭祀"，但《郊特牲》全篇又不

---

[1] 刘咸炘：《治记绪论》，《民国时期经学丛书》第六辑第33册，台湾文听阁图书有限公司，2013，第37页。

207

止于郊天祭祀,有关其他方面的内容甚多,孔颖达、方悫、黄乾行、《钦定礼记义疏》等对此都有发覆。刘咸炘条别前说之失,认为《郊特牲》亦是零条杂集之作,"此篇大略凡四类,一为郊社蜡义,二为冠昏义,三为阴阳声臭之大义,四为器数贵少贵素之义,而此外又有杂说之文。第四类与《礼器》同,第三类则亦解器数而为《礼器》所无,第二犹《冠义》、《昏义》、《哀公问》所有,第一则他篇所无,而此篇独详。其精且重亦在一与三,实非《礼器》所能该,而其文短条长段皆有,且有自为复缠者,何可强贯说之耶?"① 此即刘咸炘所提出的"篇中当详分章节如《文王世子》之例"在《郊特牲》篇中的实践。而其所谓"与《礼器》同"云云,又是"数篇相连可贯说之"的意思。

(2)《郊特牲》谓:"乡人禓,孔子朝服立于阼,存室神也。孔子曰:射之乐也,何以听?何以射?孔子曰:士,使之射,不能则辞以疾,县弧之义也。孔子曰:三日齐,一日用之,犹恐不敬;二日伐鼓,何居?孔子曰:绎之于库门内,祊之于东方,朝市之于西方,失之矣。"刘咸炘谓:"此五条言禓、言射、言齐、言绎、祊,皆零条,与上下文无涉。"② 刘咸炘此论对《礼记》章节的把握是准确的。

(3)《礼记》中有连及或因及之文,与上下文的关系也需要厘清,刘咸炘对此显然也是非常留意。如《郊特牲》"宾入大门而奏肆夏示易以敬也……束帛加璧往德也"一段论朝聘燕飨,与《礼器》义同,而此下接"庭燎之百,由齐桓公始也……君有赐,不面拜,为君之答己也"一段文字,论君臣失礼之由以及君臣上下的礼节,刘咸炘以为"此总为一长段,承上言朝聘享燕而辩君臣上下之义,与《礼运》八条同"③。

---

① 刘咸炘:《礼记温知录》,《民国时期经学丛书》第六辑第 32 册,台湾文听阁图书有限公司,2013,第 58 页。
② 刘咸炘:《礼记温知录》,《民国时期经学丛书》第六辑第 32 册,台湾文听阁图书有限公司,2013,第 63 页。
③ 刘咸炘:《礼记温知录》,《民国时期经学丛书》第六辑第 32 册,台湾文听阁图书有限公司,2013,第 61 页。

这样的处理方式，应当就是刘咸炘所谓"本零条者不可强贯、然其有意者又当贯说之"的实践。"与《礼运》八条同"云云，亦是"数篇相连可贯说之"的意思。

（4）《郊特牲》云："季春出火，为焚也。然后简其车赋，而历其卒伍，而君亲誓社，以习军旅。左之右之，坐之起之，以观其习变也。而流示之禽而盐诸利，以观其不犯命也。求服其志，不贪其得，故以战则克，以祭则受福。天子适四方先柴。"此段文字在论社"唯为社田，国人毕作，唯社，丘乘共粢盛，所以报本反始也"下，在论郊"郊之祭也，迎长日之至也"之上，前后文义不甚相协。刘咸炘谓："春蒐则因社田而及之。"① 刘咸炘在此讨论的也是《礼记》中连类而及的文字。

（5）《礼器》谓："礼也者，反其所自生。乐也者，乐其所自成。是故先王之制礼也以节事，修乐以道志。故观其礼乐，而治乱可知也。蘧伯玉曰：'君子之人达。'故观其器而知其工之巧，观其发而知其人之知。故曰：君子慎其所以与人者。"刘咸炘谓："此节尤牵蔓，因礼乐节道志事，遂言可观治乱，因又泛及一切观外可见内，末转以戒被人观者。"② 刘咸炘认为《礼器》一篇的主旨在于论行礼器仪的制作原理，此段"故观其礼乐，而治乱可知也"云云，偏离全文论礼器的主旨，只是古书连带而言之。刘咸炘对《礼记》章节诸如此类的划分，对认识《礼记》文本的内部结构，有较好的参考价值。

（6）《礼器》谓："太庙之内敬矣，君亲牵牲，大夫赞币而从。君亲制祭，夫人荐盎。君亲割牲，夫人荐酒。卿大夫从君，命妇从夫人。洞洞乎其敬也，属属乎其忠也，勿勿乎其欲其飨之也。"刘咸炘谓"此又缘上文'和之至也'而入。"刘咸炘认为此段文字，与上文"君西酌牺象，夫人东酌罍尊，礼交动乎上，乐交应乎下，和之至也"相

---

① 刘咸炘：《礼记温知录》，《民国时期经学丛书》第六辑第32册，台湾文听阁图书有限公司，2013，第63页。
② 刘咸炘：《礼记温知录》，《民国时期经学丛书》第六辑第32册，台湾文听阁图书有限公司，2013，第58页。

类，均是论天子、诸侯夫妻和合以祭祀天地祖先的礼仪。这正是刘咸炘所谓零条散记"其有意者又当贯说之"的意思。

（7）《孔子闲居》谓："清明在躬，气志如神，嗜欲将至，有开必先，天降时雨，山川出云。其在诗曰：嵩高惟岳，峻极于天，惟岳降神，生甫及申。惟申及甫，惟周之翰，四国于蕃，四方于宣。"刘咸炘谓："'时雨''出云'，谓天之化；'气志如神'，谓圣与天同化；'维岳降神'，则天化生圣。'惟申及甫'以下，特连引之，古人引书多如此，不似后人裁剪之密。"[①] 刘咸炘在此又将记文所引之诗，科分为两小段，谓其中一段与记文本旨无关，这也是"本零条者不可强贯"的意思。由此可见刘咸炘对《礼记》经文章节分析得很仔细。

刘咸炘对《礼记》其他篇章的分析大都如此处理，兹举例如上。《礼记》各篇虽有大致之旨，然篇内常常庞杂不一，故刘咸炘划分章句的理章工作多留意于此。

## 二 厘定文字

古书流传辗转，文字错讹夺衍，自然在所难免，因此对《礼记》经文文字的校定，是历来学者说经的先务。刘咸炘研究《礼记》也不能例外，他生在晚清民国之交，因而前代学者尤其是清儒对《礼记》文字的校定，为刘咸炘的文字校定提供了许多参考和借鉴，刘咸炘有时甚至直接吸收了前代学者的观点。因此，刘咸炘在《礼记温知录》中，对《礼记》文字的校定情况，可分为如下两类。

（一）据前说

1.《礼运》

（1）故君者所明也，非明人者也。君者所养也，非养人者也。君

---

[①] 刘咸炘：《礼记温知录》，《民国时期经学丛书》第六辑第32册，台湾文听阁图书有限公司，2013，第48页。

者所事也，非事人者也。故君明人则有过，养人则不足，事人则失位。

刘氏谓："'明'字当从陈澔校为'则'，方与'所'字合。"①

（2）故事大积焉而不苑，并行而不缪。

刘氏谓："朱氏《训纂》读'苑'为'郁'，是也。缪谓相纠缪。"②

（3）故天不爱其道，地不爱其宝，人不爱其情。

刘氏谓："王氏读三'爱'字为'薆'，是也。"③

2.《礼器》

（1）夏立尸而卒祭，殷坐尸，周旅酬六尸，曾子曰：周礼其犹醵与？

刘氏谓："王肃说'醵'作'遽'，谓下三献遽而略。俞樾从之，谓此言正见三代日趋于文，继周者必有加而无已。此说是也。礼之初每简略，尤以祭为显多，是上文所谓'尽慎'、'致敬'、'慎其独'、'少之为贵'。其后乃每变愈烦，上文所谓'美而文'、'乐其发'、'外之为乐'、'多之为美'，初为事神，后乃益近人情，此亦礼器变迁之一大例也。"④

（2）是故君子之于礼也，非作而致其情也。

刘氏谓："'作'字，俞樾说为'迫'，亦可从。"⑤

（3）礼也者，反本修古也。

---

① 刘咸炘：《礼记温知录》，《民国时期经学丛书》第六辑第 32 册，台湾文听阁图书有限公司，2013，第 8 页。
② 刘咸炘：《礼记温知录》，《民国时期经学丛书》第六辑第 32 册，台湾文听阁图书有限公司，2013，第 20 页。
③ 刘咸炘：《礼记温知录》，《民国时期经学丛书》第六辑第 32 册，台湾文听阁图书有限公司，2013，第 21 页。
④ 刘咸炘：《礼记温知录》，《民国时期经学丛书》第六辑第 32 册，台湾文听阁图书有限公司，2013，第 34 页。
⑤ 刘咸炘：《礼记温知录》，《民国时期经学丛书》第六辑第 32 册，台湾文听阁图书有限公司，2013，第 35 页。

刘氏谓："'修'当从朱彬、王引之读为'循'。"①

3.《仲尼燕居》

(1) 子产犹众人之母也，能食之不能教也。

刘氏谓："张文虎谓此十五字横亘不相应，疑是《孔子闲居》篇论民之父母一节之错简。此说是也，《家语》一别见他篇而文更详。"②

(2) 如此则无以祖洽于众也。

刘氏谓："俞氏疑'祖'乃'相'误，似是。"③

《经解》：

(3) 故昏姻之礼废，则夫妇之道苦，而淫辟之罪多矣。丧祭之礼废，则臣子之恩薄，而倍死忘生者众矣。

刘氏谓："'苦'当从俞读作'盬'，'忘生'当从《汉书》作'忘先'。"④

4.《郊特牲》

朝觐，大夫之私觌，非礼也。大夫执圭而使，所以申信也。

刘氏谓："'朝觐'下有脱文。'大夫之私觌'云云，当指聘礼（王念孙说）。"⑤

(二) 立新说

1.《礼运》

今大道既隐，天下为家，各亲其亲，各子其子，货力为己，大人

---

① 刘咸炘：《礼记温知录》，《民国时期经学丛书》第六辑第32册，台湾文听阁图书有限公司，2013，第36页。
② 刘咸炘：《礼记温知录》，《民国时期经学丛书》第六辑第32册，台湾文听阁图书有限公司，2013，第42页。
③ 刘咸炘：《礼记温知录》，《民国时期经学丛书》第六辑第32册，台湾文听阁图书有限公司，2013，第43页。
④ 刘咸炘：《礼记温知录》，《民国时期经学丛书》第六辑第32册，台湾文听阁图书有限公司，2013，第49页。
⑤ 刘咸炘：《礼记温知录》，《民国时期经学丛书》第六辑第32册，台湾文听阁图书有限公司，2013，第62页。

世及以为礼，城郭沟池以为固，礼义以为纪，以正君臣，以笃父子，以睦兄弟，以和夫妇，以设制度，以立田里，以贤勇知，以功为己，故谋用是作而兵由此起。

刘氏谓："吾疑'故谋用'二句当在'城郭沟池以为固'之下，虽'固'字非韵，而上下文如此即分明。惟碍'以功为己'一句耳，然此句本诘鞠难通，必有讹误。"①

2.《礼器》

（1）礼器是故大备，大备，盛德也。

刘氏谓："吾疑此'礼器'二字乃是篇名之重，而'是故大备，大备盛德也'乃上篇末段之错入者，当在'故此顺之实也'下。《祭统》曰'备者，百顺之名也'，故顺之实即大备，故此'是故'皆顺申之词也。"②

（2）礼释回增美质，措则正，施则行。其在人也，如竹箭之有筠也，如松柏之有心也，二者居天下之大端矣，故贯四时而不改柯易叶。

刘氏谓："'二者居天下之大端'句不甚可通，吾疑当是《礼运》篇'礼义也，人之大端也'条中之脱文。"③

（3）周坐尸，诏侑武方，其礼亦然，其道一也。

刘氏谓："'周坐尸'上当有言夏言殷语，今脱之。孙希旦移下文'夏立尸'二句于此，然下文亦不可无。或此与下文同，后人误以为复而删之欤？"④

（4）是故昔先王之制礼也，因其财物而致其义焉尔，故作大事必

---

① 刘咸炘：《礼记温知录》，《民国时期经学丛书》第六辑第 32 册，台湾文听阁图书有限公司，2013，第 5 页。
② 刘咸炘：《礼记温知录》，《民国时期经学丛书》第六辑第 32 册，台湾文听阁图书有限公司，2013，第 23 页。
③ 刘咸炘：《礼记温知录》，《民国时期经学丛书》第六辑第 32 册，台湾文听阁图书有限公司，2013，第 24 页。
④ 刘咸炘：《礼记温知录》，《民国时期经学丛书》第六辑第 32 册，台湾文听阁图书有限公司，2013，第 34 页。

顺天时，为朝夕必放于日月，为高必因丘陵，为下必因川泽。是故天时雨泽，君子达亹亹焉。

刘氏谓："'天时雨泽'四字必有误，上文已言天地，不应独举天时，更不应独举雨也。旧说皆曲为附会耳。"①

3.《仲尼燕居》

（1）子曰：礼者何也，即事之治也，君子有其事必有其治。

刘氏谓："此即《礼运》篇'礼也者反其所自生，修礼以节事'之义。此'即事'亦疑作'节事'，有事即有所以治之，而事亦各有自然之规则，是即礼也。治之者，亦因其规则耳。"②

《孔子闲居》：

（2）四方有败，必先知之，此之谓民之父母矣。

刘氏谓："疑当在后文'有开必先'下，但下文有韵而此非韵。"③

## 三　疏通经解

### （一）不唯郑注择善而从

《礼记》为七十子后学传经所记，西汉之时由学者戴圣汇编成书，遂成为儒家经典之一。汉末郑玄遍注群经，结束汉代今古文相争局面，实现经学的一统。郑注三《礼》融会贯通、兼收并蓄，又撰《三礼目录》提纲挈领、钩玄提要，郑氏之学由此而立，"三礼"之名由此而定，郑注因此成为礼学津梁，后世治礼无不以郑注为宗。汉唐义疏，根本郑注，坚守"疏不破注"的原则，对郑注阐发引申，使郑注的影响更加巨大。宋代以后，学者治礼，虽宗郑注，而对郑注或补或申，

---

① 刘咸炘：《礼记温知录》，《民国时期经学丛书》第六辑第32册，台湾文听阁图书有限公司，2013，第37页。
② 刘咸炘：《礼记温知录》，《民国时期经学丛书》第六辑第32册，台湾文听阁图书有限公司，2013，第43页。
③ 刘咸炘：《礼记温知录》，《民国时期经学丛书》第六辑第32册，台湾文听阁图书有限公司，2013，第46页。

## 第三章　民国时期《礼记》经解研究

然亦颇多质疑之言；及至清代，有关三《礼》与郑注的讨论，已经相当丰富，这均为礼学的深入探讨，提供了更多的思路与参考。刘咸炘生当民国，治学勤苦，前代学者有关《礼记》的讨论，多在其博览范围，其撰《礼记温知录》，对于郑注以及各家之说，常能择善而从，并不专宗一家而回护曲说。

（1）《礼运》谓："故国有患，君死社稷谓之义。大夫死宗庙，谓之变。"郑注："变当为辩，声之误也。辩犹正也，君守社稷、臣卫君宗庙者。"刘氏谓："大夫之宗庙亦如君之社稷，'谓之变'当从俞樾、郭嵩焘说，大夫以死国为义，而不以死宗庙为义。"① 此刘氏引俞樾、郭嵩焘说，其义恰与郑注相反。

"故礼也者，义之实也，协诸义而协。"郑注："协，合也，合礼于义，则与义合不乖剌。"刘氏谓："实者，实现也。旧说不得其训，又误解《礼器》篇'义理礼之文'，遂谓义以礼为实，礼以义为文，孔疏直云义是礼之华，皆谬。惟《义疏》谓义处于虚，品节既定，其义乃现，为得其解。"② 此刘氏用《义疏》之说。

（2）《礼器》云："祀帝于郊，敬之至也。宗庙之祭，仁之至也。丧礼，忠之至也。备服器，仁之至也。宾客之用币，义之至也。故君子欲观仁义之道，礼其本也。"郑注："言礼有节于内，可以观也。"刘氏谓："末二句郑说礼节于内，故可以观仁义，然上文明言仁义显于礼，非谓节于内也。孔疏谓欲观其人行仁义之道，必须用礼为其本，若行合于礼，则有仁义，此说是也。仁义乃礼之本，此非谓礼为仁义本也，乃谓观人仁义以礼为本，能行礼则能行一切仁义矣。"③ 此刘氏

---

① 刘咸炘：《礼记温知录》，《民国时期经学丛书》第六辑第32册，台湾文听阁图书有限公司，2013，第9页。
② 刘咸炘：《礼记温知录》，《民国时期经学丛书》第六辑第32册，台湾文听阁图书有限公司，2013，第19页。
③ 刘咸炘：《礼记温知录》，《民国时期经学丛书》第六辑第32册，台湾文听阁图书有限公司，2013，第39页。

215

用孔疏之说，驳郑注"礼有节于内，可以观"之说。

（3）《仲尼燕居》云："子曰：郊社之义所以仁鬼神也，尝禘之礼所以仁昭穆也，馈奠之礼所以仁死丧也，射乡之礼所以仁乡党也，食飨之礼所以仁宾客也。"郑注："仁犹存也，凡存此者，所以全善之道也。郊社、尝禘、馈奠，存死之善者也。射乡、食飨，存生之善者也。"刘氏谓："此'仁'即推本心以施之，正明礼之本在仁也。程张诸儒说是，郑训为'存'，太浅。"① 此刘氏用宋儒之说以难郑。

"子曰：慎听之女三人者，吾语女，礼犹有九焉，大飨有四焉。"郑注："犹有九焉，吾所欲语女余有九也，但大飨有四。大飨，谓飨诸侯来朝者也。四者，谓金再作、升歌清庙、下管象也。"刘氏谓："九、四二字，当从俞说为虚数。"② 九、四二字，郑注训为实数，刘氏此则从俞樾之说，谓九、四为虚数。

（4）《三年问》谓："三年之丧，二十五月而毕。"刘氏谓："再期止二十四月，馀一月何为耶？此则先大父《恒解》说之甚明。盖不忍作已毕之形，而以此志未毕无穷之哀也。三年丧期，郑说二十七月，王说二十五月，不过解'中月而禫''中'字之异，于再期加余之意无异也。第记文止云二十五月，禫之月本是加余，即于其月中禫，正是未毕之义。若如郑说，更间一月乃禫，则何所取义耶？且二十五月而云三年者，以其前后在三年界中也，无论卒于春初或冬末，二十五月必跨三年。若二十七月，则卒冬末者，乃跨四年，何云三年耶？以此知王说终胜于郑也。"③ 《荀子·礼论》有"三年之丧二十五月而毕"之说，郑玄云二十五月后隔一月行禫祭而除丧，则丧期共二十七

---

① 刘咸炘：《礼记温知录》，《民国时期经学丛书》第六辑第32册，台湾文听阁图书有限公司，2013，第42页。
② 刘咸炘：《礼记温知录》，《民国时期经学丛书》第六辑第32册，台湾文听阁图书有限公司，2013，第44页。
③ 刘咸炘：《礼记温知录》，《民国时期经学丛书》第六辑第32册，台湾文听阁图书有限公司，2013，第54页。

月；王肃云二十五月之当月即行禫祭而除丧，则丧期共二十五月。此为礼学公案，历来争讼不息。刘氏则推三年之丧的礼义为"再期加余"，二十五月已是再期加余一月，不需再加二月而至二十七月，故从王肃之说而驳郑注。

（5）"故三年以为隆，缌小功以为杀，期九月以为间，上取象于天，下取法于地，中取则于人。"郑注："取象于天地，谓法其变易也。自三年以至缌，皆岁时之数也。"刘氏谓："孔疏云三年一闰，是三年取象于一闰；天地一期，物终是一期，取象于一周；九月象阳数，又象三时而物成也；五月以象于五行；三月象天地一时而气变。按此说亦多支，三年再期，记文明言加倍，何关闰不闰。九月自是由四时减为三时。三月自是一时。五月不过加两，犹降杀以两，其不用六月者，古人言数固以九为多三为少而五为间。俞荫甫论之详矣。五行之说亦附会。"① 刘氏此用俞樾之说，驳孔疏以三年、一年、九月、五月、三月等丧期取象闰月、阴阳、五行的说法。

（6）《郊特牲》谓："取财于地，取法于天，是以尊天而亲地也。故教民美报焉，家主中溜而国主社，示本也。唯为社事，单出里。唯为社，田国人毕作。唯社，丘乘共粢盛。"刘氏谓："徐师曾曰凡祭皆有分限，唯社无所不通。此说是也。《祭法》明言大夫以下成群立社，此即亲地之义也。盖天施气，地成形，气合而一，形分而万。一气之运宇宙共由，是谓取法。万物之分各有所宜，是谓取财。故祭天统于一，而祭地则散而多。统于一者，惟全群之首领为之，散而多则一家之众亦毕与焉。"② 刘氏此据徐师曾"唯社无所不通"没有分限的说法，发挥"天施气，地成形"之气与形的特征，以说明惟天子可以祭天，而万民皆可以祭社的原因。

---

① 刘咸炘：《礼记温知录》，《民国时期经学丛书》第六辑第 32 册，台湾文听阁图书有限公司，2013，第 55 页。
② 刘咸炘：《礼记温知录》，《民国时期经学丛书》第六辑第 32 册，台湾文听阁图书有限公司，2013，第 55 页。

(7)"天子之元子,士也,天下无生而贵者也。继世以立诸侯,象贤也。以官爵人,德之杀也。"郑注:"明人有贤行著德乃得贵也。贤者子孙恒能法其先父德行。言德益厚,官益尊也。"刘氏谓:"郑注'明有贤行著德乃得贵也',语甚明。孔疏谓'继世'二句乃释夏末有诸侯冠礼之故,失郑意。"① 此则刘氏论孔疏申郑之失。

上举诸例,为刘氏取舍旧说的概况,其中多据他说以驳郑注,亦偶有据郑义而辨正他说的情况,均言简意赅,论说中肯。

(二)匡正旧说别著新解

《礼记》一经郑注、孔疏之外,历代注解层出不穷,或申郑注不明,或补郑未及,或驳郑失当,一义之说常常聚讼不息,有时结论甚至完全相反。众家注解丰富《礼记》研究思路的同时,也为《礼记》的研究带来一定的难度,这是学者研究《礼记》不可回避的问题。刘咸炘对于诸家之说,在折中求是、择善而从的同时,亦常持以怀疑态度,往往能够提出新的见解而匡正旧有说法。

(1)《礼运》云:"降于五祀之谓制度。"郑注:"谓教令由五祀下者。五祀有中溜、门、户、灶、行之神,此始为宫室制度。"刘氏谓:"五祀乃主日常生活,此制度谓日用之法,后文'五祀所以本事也'、'礼行于五祀而正法则焉',皆谓日常之事,郑说为宫室制度,非也。"② 刘咸炘在此以经解经,驳郑注"制度"为宫室制度的说法。

"故欲恶者,心之大端也,人藏其心,不可测度也。美恶皆在其心,不见其色也。欲一以穷之,舍礼何以哉?"郑注:"言人情之难知,明礼之重。"刘氏谓:"郑说'穷'为'知',固未合。郭嵩焘言穷极之,使恶不敢逞,美者不过,领恶全好,固是治情之全义,然此

---

① 刘咸炘:《礼记温知录》,《民国时期经学丛书》第六辑第 32 册,台湾文听阁图书有限公司,2013,第 75 页。
② 刘咸炘:《礼记温知录》,《民国时期经学丛书》第六辑第 32 册,台湾文听阁图书有限公司,2013,第 8 页。

文似未有此意，此篇之义在发明自然，其于治情偏重达而不重节，前后文皆可证。穷即尽也，犹言尽兴也。"① 刘氏此从《礼运》全篇的意旨，反驳郑注以及郭嵩焘对"一以穷之"之"穷"字的理解，认为"穷"即"尽"，于训诂有据。

（2）"月以为量，故功有艺也。"郑注："艺犹才也。十二月各有分，犹人之才各有所长也。"刘氏谓："宋陆佃、胡铨则释'艺'为'极'，王氏《经义述闻》曰：'陆胡说是，艺读为臬，极也、法也、准也，郑说与"有"字不合。此谓兴作之蚤暮有准也，下文"协于分艺""义者艺之分"，皆谓法则也。'按准与法已是二义，此句之'艺'训'准'固可，后文之'艺'则不可，'艺'字在此篇中颇重要，与礼义仁三字分为层级，绝非可止训为标准。吾谓此字固可训法而不止于法，此字之义乃指事物完成之分限，如一物必经长育而完成，其所以为此物如人之长成人；一事必经工作而完成，其所以为此事如食饭之至饱。此有所期至，固可谓之为标准；此若有一定之规，固亦可谓之为法则。然初非别有一标准、法则，即在事物本身之性质，因而有自然之分限。康成训为才，指性质而言也。读为臬，则止是空空一标准，亦止一端，而不足尽全义。宋以后人皆从郑氏训艺为才以说后文，遂皆支离迂曲而不可通，兹不俱驳。"② "功有艺"之"艺"字，郑注训为才，宋儒陆佃、胡铨以及清儒王引之又训"艺"为标准。刘氏则折中各家之说，以为"艺"字乃指事物完成之分限，分限有王氏等所谓标准之意，又能与"月以为量"相协，故可备为一说。

（3）"是故夫礼必本于大一，分而为天地，转而为阴阳，变而为四时，列而为鬼神，其降曰命，其官于天也。"郑注："圣人象此下之，以为教令。官犹法也，此圣人所以法于天也。"刘氏谓："天地鬼

---

① 刘咸炘：《礼记温知录》，《民国时期经学丛书》第六辑第32册，台湾文听阁图书有限公司，2013，第10页。
② 刘咸炘：《礼记温知录》，《民国时期经学丛书》第六辑第32册，台湾文听阁图书有限公司，2013，第13页。

神横言，故曰分列；阴阳四时纵言，故曰转变。俞氏《群经平议》谓'曰犹于也，上下互文'，是也。实则'于'犹'曰'也，由此天地阴阳所显现之法则，即谓之命，其主宰者则天耳。此天即自然，道家之所谓天即自然，此句之义犹《老子》道法自然，《庄子》'是有真宰'之意也。"① 寻郑注"以为教令""法于天"之义，"曰""于"二字文义不同。俞樾乃谓"曰犹于"，则以"其降曰命，其官于天"两句平列，义谓礼降自命、法于天。刘咸炘以为"于犹曰"，又与俞樾不同，所谓"由此天地阴阳所显现之法则，即谓之命，其主宰者则天耳"，理亦通顺。

（4）"故人情者，圣王之田也。修礼以耕之，陈义以种之，讲学以耨之，本仁以聚之，播乐以安之。"郑注："和其刚柔，树以善道，存是去非，合其所盛，感动使之坚固。"刘氏谓："礼原于义，义由情出，故曰情田义种。然又曰以礼耕之者，情不尽正也。此如以金作锄，又以锄治金，似回复而不足怪也。义止本质，其条目尚须讲究，故又必讲学。然犹止知之耳，必行之，故仁譬收获，孔子曰'力行近乎仁'。讲学而本仁，犹自明诚也，然能行或止一时，不无强勉，必播乐乃真浃洽，所谓成于乐也。旧说多影响支离不确切。"② 刘咸炘此论根据人情、仁义、礼乐的性质，说明修礼而耕、陈义而种、讲学以耨、本仁以聚、播乐以安的内在逻辑。

（5）《礼器》云："先王之立礼也，有本有文。忠信，礼之本也。义理，礼之文也。无本不立，无文不行。"郑注："言必外内具也。"刘氏谓："此篇自此条始，以下皆专论制器之原理。旧说每以礼之本质说之，遂多迂泛，今亦不能尽驳也。此'义理'二字，专指器数上之法则，此义谓制器之意义，与《礼运》篇所指礼之本质不同，此理

---

① 刘咸炘：《礼记温知录》，《民国时期经学丛书》第六辑第32册，台湾文听阁图书有限公司，2013，第15页。
② 刘咸炘：《礼记温知录》，《民国时期经学丛书》第六辑第32册，台湾文听阁图书有限公司，2013，第18页。

则一切物理也。"① 本经"义理，礼之文也"，"文"乃外在之体现，"义理"则为抽象之理念，二者相连，甚难理解，若以此"义理"为礼之本质，则又与此"礼之文也"抵牾。刘咸炘据《礼器》篇意旨，谓此"义理"为礼器制作之原理。礼器制作正礼文之表现，刘氏之说得之。

（6）"礼时为大，顺次之，体次之，宜次之，称次之。尧授舜，舜授禹，汤放桀，武王伐纣，时也，诗云：匪革其犹，聿追来孝。天地之祭，宗庙之事，父子之道，君臣之义，伦也。社稷山川之事，鬼神之祭，体也。丧祭之用，宾客之交，义也。羔豚而祭，百官皆足，大牢而祭，不必有余，此之谓称也。诸侯以龟为宝、以圭为瑞，家不宝龟、不藏圭、不台门，言有称也。"刘咸炘谓："此五义乃制器仪之原理，原文虽有解说，而言太浑，旧说遂泛以礼之原理解之，不见分别，如体为体统、顺为次序，及宜之与称，皆成同义异名不见分别。盖所谓时者，合天时也，如因天地变易而定期与三年之丧，因春露秋霜而制禘尝之礼是也；顺者，顺人情也，如始死哭踊无节、徐阎之葬是也；体者，体物德也，如郊器用陶匏、明水象主人之洁是也，《荀子》所谓'贵本之谓文'亦在此中；宜者，依事宜也，如杖以扶病、铭旌以识死者是也，《荀子》所谓'亲用之谓理也'。天时统一切事物，故为首；人情为礼之本，故次之；物德事宜又次之；皆自然也。若称者，则非依自然，不过为之等差以别贵贱耳。……祭天特牲，体也，此固无关天时、非依人情、非为事便、亦非以示别，乃因天德大而精，观天下之物，无可以称其德者，故以此独特混全者象之。天子七月而葬，诸侯五月，大夫三月，宜也，此固非天时应如此，亦非有所象，若论人情，则孰不愿迟葬，岂诸侯以下之于父母每下愈薄乎？然事必如是乃便，天子须待同轨之至，诸侯止待同盟之至，而大夫更

---

① 刘咸炘：《礼记温知录》，《民国时期经学丛书》第六辑第32册，台湾文听阁图书有限公司，2013，第25页。

*221*

无须也……五义中顺、宜二义,最易见而尤不待言,最难解者惟体,故礼中所解如《郊特牲》等篇宜最少而体为最多,《荀子》所谓'贵本尚质特有取义'者大多此类。又礼中器数之繁属于顺、宜、体不多,而最多者惟称,礼家既习于此,故特详于等差,自荀卿以降,皆注意于此,偏辨尊卑遂流于法家矣。"①案历来解"礼时为大,顺次之,体次之,宜次之,称次之",皆不若刘咸炘之说深刻透析、条理井然,而又得经文本意,故录之如上以备省览。

(7)《仲尼燕居》云:"子曰:给夺慈仁。"郑注:"夺犹乱也,巧言足恭之人,似慈仁,实鲜仁。特言是者,感子贡也,子贡辨,近于给。"刘氏谓:"给,捷也,兼言动。郑说以为感子贡,殆非。郑训'夺'为'乱',谓巧言令色足恭似慈仁。按此'仁'即下文'仁'字,乃指心体捷给者少诚,夺谓本心为捷给所夺也。此即'巧言令色鲜矣仁'之义,不当就爱人为说。"②案"给夺慈仁",郑注以"乱"训"夺",又谓"感子贡",是郑注之意乃谓捷给惑乱慈仁,非就一人之本体而言。刘咸炘谓"夺谓本心为捷给所夺也",意为捷给夺却本心之慈仁,乃就一人之本体言之,故其驳郑"感子贡"理亦可通。

(8)"不能诗于礼缪,不能乐于礼素,薄于德于礼虚。"郑注:"缪,误也。素犹质也。"刘氏谓:"《论语》曰'兴于诗,立于礼,成于乐',诗者志也,礼之动机,如有敬心而后致拜。乐者乐也,礼之成效,如致拜而敬心充达。无敬心而致拜,是行与心反,故曰缪,缪,悖也。致拜而敬心不充,是诚不副形,故曰素,素,空也。"③案刘氏引《论语》"兴于诗、立于礼、成于乐"之语,论诗、礼、乐三者关

---

① 刘咸炘:《礼记温知录》,《民国时期经学丛书》第六辑第 32 册,台湾文听阁图书有限公司,2013,第 26 页。
② 刘咸炘:《礼记温知录》,《民国时期经学丛书》第六辑第 32 册,台湾文听阁图书有限公司,2013,第 41 页。
③ 刘咸炘:《礼记温知录》,《民国时期经学丛书》第六辑第 32 册,台湾文听阁图书有限公司,2013,第 45 页。

系谓"诗者志也,礼之动机……乐者乐也,礼之成效",见解深刻,故训"缪"为"悖",与郑训为"误"相近,训"素"为空,与郑训为"质"有异,皆可通。

(9)《问丧》云:"故其往送也如慕,其反也如疑。"郑注:"慕者,以其亲之在前。疑者,不知神之来否。"刘氏谓:"'如慕'如有追而弗及,'如疑'即如有求而弗得,皆形容词。郑训以亲之在前、不知神之来否,然则直言'慕''疑'可也,何云'如'也?"①案刘氏于此深析经文"如"字的含义而驳郑注,较郑注更为周密。

(10)《三年问》云:"然则何以至期也。"郑注:"言三年之义如此,则何以有降至于期也。"刘氏谓:"上文止言折中,乃制朝死夕忘与无穷之中耳。二者之中时甚长也,何不以一年、二年、四年、五年为中,而必以三年尚未解也,此下乃解之。制丧期,本先定期丧以为主,而因之隆为三年。而此文则先言三年而后言期。此问本谓既为三年,何又有至期而除之丧。旧说说为三年降期,则将使人误会本以三年为主,而因之以杀为期矣。"②案刘氏在此强调丧期的基本单位是一年,不同亲属的丧期根据亲疏轻重在一年为基础上隆杀加减,郑注"何以有降至于期也",有丧期的基本单位是三年的嫌疑,故刘氏有所甄辨。

(11)"然则何以三年也,焉使倍之故再期也。由九月以下何也?曰焉使弗及也。"郑注:"言于父母加隆其恩,使倍期也。言使其恩不若父母。"刘氏谓:"'使'者谓制丧期也。郑注乃云加隆其恩使倍期、使其恩不若父母。恩本自然,何可云使,此前儒之浅。"③案刘氏此则

---

① 刘咸炘:《礼记温知录》,《民国时期经学丛书》第六辑第32册,台湾文听阁图书有限公司,2013,第50页。
② 刘咸炘:《礼记温知录》,《民国时期经学丛书》第六辑第32册,台湾文听阁图书有限公司,2013,第52页。
③ 刘咸炘:《礼记温知录》,《民国时期经学丛书》第六辑第32册,台湾文听阁图书有限公司,2013,第53页。

辨郑注"使其恩不若父母"立言之不密。

（12）《郊特牲》云："鼎俎奇而笾豆偶，阴阳之义也。"刘氏谓："奇偶止是错综成文，孔疏所谓鼎俎盛牲动物属阳，笾豆兼植物属阴，乃凿说也。无论鼎俎笾豆之实，皆兼动植，即动阳植阴亦是肊论。"①案刘氏此辨孔疏凿说"鼎俎奇而笾豆偶，阴阳之义也"，以为"鼎俎奇而笾豆偶"所谓"阴阳"之义的原因只是"错综成文"而已，并无关于动物、植物。鼎俎所容多，笾豆所容少，《仪礼》所见鼎俎所陈数少，笾豆所陈数多，少故以奇，多故以偶，奇偶错综而成文，刘氏之说是也。

### （三）发覆经文推原礼义

刘咸炘《礼记温知录》疏通《礼记》经义，对历代经解，或折中求是以择善而从，或匡正旧说而别著新解，为《礼记》经文的解释，提供了较多富有学术价值的看法。刘咸炘著《礼记温知录》更为难得的是他常能于经文字句之中，探讨礼的发生、礼的本源、礼的构成等问题，并以此为立论的起点，阐释《礼记》的经文，并形成其礼学的基本观点。

（1）《礼运》云："故人者，其天地之德，阴阳之交，鬼神之会，五行之秀气也。"刘氏谓："此下因人及全宇宙，证明礼之本于宇宙自然法则，则周流无不遍也。宇宙以人为中心，以其得理气之全，天全备二气五行，而人得其交会而肖其备，故人为天地之德，如人心之为人之德。德者，个体之本性也。若万物则止得一偏，其于天地，犹人之有四肢百体也。"②刘氏在此认为礼的本源在于宇宙中固有的自然法则。

---

① 刘咸炘：《礼记温知录》，《民国时期经学丛书》第六辑第32册，台湾文听阁图书有限公司，2013，第60页。
② 刘咸炘：《礼记温知录》，《民国时期经学丛书》第六辑第32册，台湾文听阁图书有限公司，2013，第10页。

（2）"其行之以货力、辞让、饮食、冠昏、丧祭、射御、朝聘。"郑注："货，挚币庭实也。力，筋骸强者也，不则偃罢。"刘氏谓："既有此义，则必有以表之。则爱敬止在于心，何由见其爱敬？所以表之者，货力、辞让、饮食也。货力、饮食者，礼之物也。辞让者，礼之仪也，譬之于剧物者，切末脚色也。仪者，脚色之动作也。物亦可曰器。而器仪又为二者之通称，二者皆有曲折形式，故谓之文；皆有数目度量，故谓之度数。冠昏八礼则以二物为原素而组成者也。"①刘咸炘据此经文认为货力饮食辞让为礼的基本原素，其中货力饮食构成礼的物质层面的内容，辞让构成礼的仪节层面内容，质而言之则为器仪。又谓器仪的曲折形式称之为文，数目度量称之为度数，则所谓"文""度数"又有礼义的含义。刘氏对礼的内容的分析，与后来吴承仕先生、钱玄先生等所分礼的内容大同小异，均为鞭辟之言。

（3）"故明于顺，然后能守危也。故礼之不同也，不丰也，不杀也，所以持情而合危也。"刘氏谓："上文极言礼之自然，然自然之末流，亦非皆合于艺、义，若但言顺自然，将必致淫过，所谓危也。此岂大顺耶？大顺者，乃分艺之恰好处，不丰不杀，即所谓中也。故必明于顺之真，乃可以操持其情，使危者能止而合于分艺，如御马之馨控纵送然。"②刘氏此据礼本源于自然法则的基本观点，解释"明于顺"之"顺"的含义，以及"礼之不同也，不丰也，不杀也"之所以能够持情合危的内在逻辑。

（4）《礼器》云："是故天时有生也，地理有宜也，人官有能也，物曲有利也。"刘氏谓："天时、地理兼二义，一指行礼之时，一指行礼之地。'生'止是运行变易之意。'宜'指天地之生物。官能者，人耳目口舌手足也。《礼运》云'行之以货力'，人官，力也；物曲，货也。

---

① 刘咸炘：《礼记温知录》，《民国时期经学丛书》第六辑第32册，台湾文听阁图书有限公司，2013，第17页。
② 刘咸炘：《礼记温知录》，《民国时期经学丛书》第六辑第32册，台湾文听阁图书有限公司，2013，第20页。

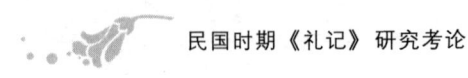

时、地、货、力，为礼之四原质。① 刘氏此引《礼运》'行之以货力'，证明货即本经所谓物曲，力即本经所谓人官，认为礼之所以存在并得以施行的前提有时、地、货、力四事，此四事可以称为礼的四原质。

（5）"礼也者，反本修古不忘其初者也。故凶事不诏，朝事以乐。醴酒之用，玄酒之尚；割刀之用，鸾刀之贵；莞簟之安，而藁鞂之设。"刘氏谓："反本亦兼两义。一为尚质，如'凶事不诏，朝事以乐'，此近人情者也。一为尚文，玄酒、鸾刀、藁鞂，则皆贵本之文，不近人情者也。"② 刘氏此别"反本"为两义，一为近人情之尚质，一为不近人情之尚文；前者为人情之本，后者为事物之本。两者相对，可见刘氏析理之精。

（6）"礼也者，反其所自生。乐也者，乐其所自成。"刘氏谓："礼所由生者，事务也。乐所由成者，情志也。因有此实际之需要，乃有礼乐以节之达之，岂可骛为烦迂之文而忘其本哉。"③ 刘氏此论礼、乐产生的原因为事务、情志之实际需要。

（7）《仲尼燕居》篇旨。刘氏谓："孔子以礼为教，而更言'仁'见于《论语》，是孔子之特旨。子思述之，更详言'中'，作《中庸》以明全系统。至今日而无不知'仁'与'中'为孔门宗旨者。使无此二义，则孔子止知五教六艺，何以为至圣，更何有宋明诸贤之推衍耶？此篇由礼而及仁、中，与《论语》《中庸》相证，至为重要。又此篇与《闲居》篇皆精论本原，原编次于《坊记》《中庸》《表记》《缁衣》之下，殆亦出子思子也。"④《仲尼燕居》有"子曰：礼乎礼，夫

---

① 刘咸炘：《礼记温知录》，《民国时期经学丛书》第六辑第32册，台湾文听阁图书有限公司，2013，第26页。
② 刘咸炘：《礼记温知录》，《民国时期经学丛书》第六辑第32册，台湾文听阁图书有限公司，2013，第36页。
③ 刘咸炘：《礼记温知录》，《民国时期经学丛书》第六辑第32册，台湾文听阁图书有限公司，2013，第38页。
④ 刘咸炘：《礼记温知录》，《民国时期经学丛书》第六辑第32册，台湾文听阁图书有限公司，2013，第40页。

礼所以制中也"之言，刘咸炘据此联系《论语》《中庸》，以说明《仲尼燕居》篇礼论在孔学思想礼、仁、中系统中的独特地位。

（8）"是故以之居处有礼，故长幼辨也。以之闺门之内有礼，故三族和也。以之朝廷有礼，故官爵序也。以之田猎有礼，故戎事闲也。以之军旅有礼，故武功成也。"刘氏谓："此皆广言于五礼六礼之外，此居处、闺门、朝廷皆言其常，非言行礼时。礼之原乃天地之序，凡万物之有度节皆礼也，观宫室之度、乐之节、车之式可见矣。此乃广言一切物则。"[1] 刘氏据此经而申说礼的含义，认为礼不止五礼六礼，其本原乃是天地之序，乃是万物的规则。

（9）"子曰：礼也者，理也。乐也者，节也。君子无理不动，无节不作。"刘氏谓："礼者，天地万物之条理也。乐者，天地万物之节奏也。人之动作无不有条理、节奏，此自然也。特有不能率者，惟圣人能全之。"[2] 刘氏此论礼、乐的本质为条理、节奏，是人类动作行为的自然呈现。

（10）《问丧》。刘氏谓："《问丧》，本人情而形容之，如是论，《礼记》中所罕见也。始死送葬存亡之交，故特言之。"[3] 刘氏此论《问丧》篇的内容之特殊与重要。

（11）"悲哀、志懑、气盛，故袒而踊之，所以动体、安心、下气也。"刘氏谓："凡懑郁自必踊跃，乃生理之自然，勿认为圣人所制。"[4] 刘氏此借丧礼袒踊而哭之礼，证明其礼本自然的推断。

（12）《郊特牲》云："庭燎之百，由齐桓公始也。……大夫有献，

---

[1] 刘咸炘：《礼记温知录》，《民国时期经学丛书》第六辑第32册，台湾文听阁图书有限公司，2013，第42页。
[2] 刘咸炘：《礼记温知录》，《民国时期经学丛书》第六辑第32册，台湾文听阁图书有限公司，2013，第45页。
[3] 刘咸炘：《礼记温知录》，《民国时期经学丛书》第六辑第32册，台湾文听阁图书有限公司，2013，第49页。
[4] 刘咸炘：《礼记温知录》，《民国时期经学丛书》第六辑第32册，台湾文听阁图书有限公司，2013，第49页。

弗亲；君有赐，不面拜，为君之荅己也。"刘氏谓："诸礼中惟此类乃专用贵贵之义，而礼之关于政，亦以此类为最显，政俗之盛衰治乱，即于是征之，故《春秋》之意即在于是。然贵贵本礼之第二义，而此类之礼，乃礼之近于法者，荀卿、叔孙通以还专讲此类，儒法遂合，而启今之诟病矣。朱子曰：'夏商而上，大概只是亲亲长长之意，到周又添得许多贵贵礼数，如始封之君不臣诸父昆弟、封君之子不臣诸父而臣昆弟，期之丧天子诸侯绝、大夫降，然诸侯大夫尊同则亦不绝不降，此皆贵贵之义。'此论是也。中国至周而疆域愈大，统御愈广，则组织愈密，等差不得不愈烦，此固势之所必然，然其势亦浸峻，其情亦浸隔，其礼法之意浸浅而有病矣。"①刘氏以为制礼的原则有"亲亲""贵贵"两义，且"贵贵"为制礼之第二义，贵贵之义，又接近于法家，后世国家疆域扩大、统御愈广、组织愈密，荀卿、叔孙通等专论贵贵之义，致有儒法合流之弊端，然其弊端之根本则不在制礼之本身。

（13）"万物本乎天，人本乎祖，此所以配上帝也。郊之祭也，大报本反始也。"刘氏谓："天地、父母为本、始，事天地、父母为报、反。由天地而人，大自然混一也。自父母而子孙，生生不已也。事天地、父母，其术用逆，以人合天慎终追远皆逆也，故曰报曰反。此为中华重始之宇宙观、人生观。"②刘氏此解报本反始之含义，认为此乃中华独有之宇宙观以及人生观，析理精辟。

上举诸例为《礼记温知录》刘咸炘论礼的部分观点。质而言之，刘咸炘以为礼的本质为自然法则，礼的产生是人类生存的实际需要，礼构成包括物质层面的器、表现层面的仪、抽象层面的义，礼得以施行的条件为时、地、货、力四种原质，礼的制作或本人情，或本事物，而又有尚文、尚质之不同，礼的制作原则有"亲亲"与"贵贵"两

---

① 刘咸炘：《礼记温知录》，《民国时期经学丛书》第六辑第32册，台湾文听阁图书有限公司，2013，第61页。
② 刘咸炘：《礼记温知录》，《民国时期经学丛书》第六辑第32册，台湾文听阁图书有限公司，2013，第65页。

义，其中"贵贵"之义又接近于法家，遂有后世儒法合流之弊端等。这是刘咸炘对礼的基本认识，也可以看作刘咸炘对民国时期废除礼教思潮的学术回应，在当代仍有现实意义。

## 四 《礼记温知录》的特点与学术价值

### （一）《礼记温知录》的特点

刘咸炘《礼记温知录》将《礼记》部分篇目划分章节、厘定字句、疏通经解，对《礼记》的研究具有较高参照价值，其著作特点在民国之际也非常明显。

首先，从《礼记温知录》全书来看，刘咸炘所疏通解释的篇目均为通论性质的文字，如《礼运》《礼器》等，刘咸炘治《礼记》重通论而轻仪节，与其对《礼记》的认识及其学术思想息息相关。刘咸炘的《礼记》学思想，集中见于《治记绪论》，本文开头已有论及，后面讨论民国时期《礼记》通论一章，对此问题有详细讨论，此暂从略。

其次，刘咸炘疏通《礼记》经义，长于析理，往往能从思辨的角度，对《礼记》的经文提出新的解释。上文举例中刘咸炘据《礼运》"其行之以货力、辞让、饮食、冠昏、丧祭、射御、朝聘"，讨论礼的构成包括器与仪两个层面的内容，探讨《礼器》"礼时为大，顺次之，体次之，宜次之，称次之"的具体含义，以及据《礼器》"礼也者，反其所自生。乐也者，乐其所自成"，说礼乐的产生乃是事务与情志的需要等，都是刘咸炘长于析理的表现。此外如《礼运》"食味、别声、被色而生者也"，刘氏谓："此节又由人说到全宇宙，不独其本身性质已备五行，其与宇宙交通，亦能感五行。人能食诸味、别诸声、被诸色，禽兽之感觉则于诸声诸色诸味，有偏受有偏不受矣。"[1] 此说

---

[1] 刘咸炘：《礼记温知录》，《民国时期经学丛书》第六辑第32册，台湾文听阁图书有限公司，2013，第11页。

人与禽兽之别，亦颇具理致。

刘咸炘《礼记温知录》疏通《礼记》经义，驳郑注及郑注以后各家之说甚多，但也有其谨慎阙疑的一面。比如《礼器》"君子之于礼也有直而行也，有曲而杀也，有经而等也，有顺而讨也，有撕而播也，有推而进也，有放而文也，有放而不致也，有顺而摭也"一段，刘氏谓经文"顺而讨""撕而播""放而文""放而不致"意皆不明，郑注训"顺而讨"之"讨"为"去"、"顺而摭"义为"若君沐粱，大夫沐稷，士沐粱"等皆有不妥，刘氏认为"古书简略不详密，此九条必有义，今已不可详或即原意本随举不整齐耳"①。又如《郊特牲》"大罗氏，天子之掌鸟兽者也，诸侯贡属焉。草笠而至尊野服也，罗氏致鹿与女而诏客告也，以戒诸侯曰：好田、好女者亡其国。天子树瓜华，不敛藏之种也"，刘氏谓："'女'字何？疑上古掠女为婢，周不应尚仍其俗，礼家不应更著之。既戒其好田、好女，何又以鹿、女赐之？'树瓜华'如郑说亦不可解，瓜华之种固须藏也。凡此等皆由蜡礼亡失，已不可考，礼之关于田野风俗者，惟蜡为著，而向来讲礼者多注意庙朝及士大夫之家，而忽于田野，故使茫昧不传，惜哉！郭说瓜华宜荐新不能藏，故自树之，此说较通，然又无关蜡祭。"②刘氏谓蜡礼已亡，其细节已不可知晓，故各家之说均不可通。诸如此类的疑问，刘氏并不强作解人，都是刘氏谨慎阙疑的表现。

### （二）《礼记温知录》的学术价值

刘咸炘《礼记温知录》的学术价值可以从三个方面来分析。

首先，从《礼记》研究方法上来看，《礼记温知录》是刘咸炘分理篇目、划分章句、厘定文字、疏通经解之研究思路的尝试与实践。

---

① 刘咸炘：《礼记温知录》，《民国时期经学丛书》第六辑第32册，台湾文听阁图书有限公司，2013，第33页。
② 刘咸炘：《礼记温知录》，《民国时期经学丛书》第六辑第32册，台湾文听阁图书有限公司，2013，第72页。

尽管《礼记温知录》篇幅不长,只对《礼记》部分篇目进行疏通阐释,但诸如《礼运》《礼器》《仲尼燕居》《郊特牲》等篇,却是《礼记》中典型的通论类著作,就上文对《礼记温知录》的内容分析来看,刘咸炘对《礼记》诸篇目的疏通阐释,取得了较好的成绩,对《礼记》的研究具有较高的参考价值。因此,刘咸炘《礼记温知录》对《礼记》的研究,在《礼记》研究思路与研究实践方面具有示范意义。

其次,从《礼记》经文的疏通与阐释来看,《礼记温知录》也取得了较好的成绩。刘咸炘对《礼记》章节的划分,能够加深读者对《礼记》文本体例与文本结构的认识,从而对《礼记》的具体内容作出准确的把握。刘咸炘对《礼记》文字的厘定,或采前说,或立新义,对《礼记》文本的研读,也有一定的参考价值。刘咸炘对《礼记》经文的疏通,或对旧说择善而从,或驳旧说别著新解,均能为《礼记》经文的理解提供新的思路,其对《礼记》经文礼义的剖析,也能加深读者对礼以及礼学的认识。

最后,刘咸炘《礼记温知录》对礼的产生、礼的本原、礼的构成等的探讨,在民国时期新旧交替的时代环境中,具有独特的学术史意义。刘咸炘提出礼的本质是自然法则、礼的产生是由于事务与情志的需要、礼的构成包括器与仪两个层面的内容等观点,对礼的本质进行了较为深刻的探讨,并对礼作出了正面的价值判断。在五四运动、新文化运动打倒礼教的社会思潮与文化语境中,刘咸炘《礼记温知录》对礼的研究,一方面具有维护礼学经典地位的意义,另一方面也为礼学如何在现代学术中继续发展,作出了有益的探讨。时至今日,刘咸炘的礼学观点,仍然具有现实意义。

## 小　结

以上三节我们将简朝亮《礼记子思子言郑注补正》、魏元旷《礼训纂》、刘咸炘《礼记温知录》三种《礼记》经解著作的撰作体例、经解内容、学术特征、学术价值等进行了较为细致的讨论。

从撰作体例来看，简朝亮《礼记子思子言郑注补正》是典型的义疏体例，魏元旷《礼训纂》是典型的札记体例，而刘咸炘《礼记温知录》更多带有章句体例的特征。无论义疏体、札记体或章句体，都是传统经学训释经典的主要著述体式，这可以看出民国时期《礼记》经解著作的撰述，承继了传统经学的基本路径。

从研究内容来看，三种经解著作训释的对象，都是《礼记》中的部分篇目。《礼记温知录》侧重于通论篇目的研究，是刘咸炘基于其特定的学术立场有意取舍的结果。《礼记子思子言郑注补正》虽是未完之作，但简朝亮的研究侧重于通论篇目的态度也很明显。魏元旷《礼训纂》亦可视为未完之作，但他对训释的篇目似乎并未进行有意的取舍，该书所释篇目《曲礼》《檀弓》《王制》《月令》等次序，完全依照《礼记》的本原。

从材料使用来看，郑注、孔疏当然是任何经解研究都不能回避的内容，在阅读过程中，我们看到清代《钦定礼记义疏》也得到了简氏、魏氏、刘氏的高度关注，而魏氏甚至将《钦定礼记义疏》作为撰述的基本资料，这都体现了民国学者对《钦定礼记义疏》学术价值的认知。《钦定礼记义疏》对宋、元、明三朝《礼记》经解资料搜罗丰富，而且《钦定礼记义疏》本身对《礼记》经解也有较为明确的案断，这应当是民国学者重视《义疏》的主要原因。但同时我们也看到《补正》《温知录》二书，对清代经解资料尤其是乾嘉及乾嘉以后学者如王念孙、王引之、郭嵩焘、俞樾等的意见也有较多的吸收、使用和辨别，而《训纂》对乾嘉及其后学者的说法几乎没有任何征引。这些都能反映简氏、魏氏、刘氏在经解资料使用上的一个侧面。

从解经方法来看，简朝亮《补正》以郑注为对象，或驳，或补，或申，是传统经学学术方法的延续。魏元旷《训纂》以注疏及《义疏》为基础而撰作的札记，或驳郑，或驳孔，或辨他说，或阐释礼义，亦是传统经学的固有内容。刘咸炘《温知录》首重篇目的选取，对《礼记》的训释分别从划分章句、厘定文字、疏通经解等层面依次展开，基本贯彻了他在《治记绪论》中提出的研究《礼记》的方法，显示了刘咸炘自觉而明确的革新意识。

　　从经解质量来看，简朝亮《补正》与魏元旷《训纂》各有得失。他们对《礼记》经文的训释均提出了不少新的意见，对郑注及以后的经说也进行了甄别辩正，这些都为《礼记》经解的研究提供了较好的参照。但他们或疑郑过勇，或刻意求新，也使《补正》与《训纂》有着立说不密、案断失当的一面。刘咸炘《温知录》对《礼记》文字的厘定容可商榷，因为《礼记》文字在传播过程中虽然难免讹脱倒衍，但具体的讨论毕竟需要充分可靠的证据。但《温知录》对《礼记》章节的划分，对《礼记》经文的疏通，尤其是他对礼的本原、意义的探讨，大都可成一家之言，有着较高的学术价值。

# 第四章

## 民国时期《礼记》通论研究

民国时期的《礼记》通论著作是在民国时期学术转型的历史背景下产生的，其探讨的内容主要是，在新的历史条件下《礼记》作为经典，应该有着怎样的文化地位，以及研究《礼记》的目的与方法是什么？本文选取刘咸炘《治记绪论》与蔡介民《礼记通论》这两种能够反映民国时期学术新变的著作为研究对象，注重从学术史发展的角度，考察这一时期学者对《礼记》文化定位与研究目的、研究方法等思考的基本风貌。

## 第一节　刘咸炘《礼记》学探微

《礼记》为七十子后学传经所记，汇集成书于汉代，本来属于《仪礼》的辅助性资料。汉末郑玄遍注群经，撰《三礼目录》，《礼记》得与《周礼》《仪礼》合称"三礼"；唐修《五经正义》，礼经去《仪礼》而取《礼记》，遂为后世《十三经注疏》之一，因而《礼记》是中华文明的基本文献。《礼记》的内容或阐发《仪礼》礼文的意义，或补充《仪礼》礼文的不备，有的篇目与《仪礼》紧密配合，有的篇目与《仪礼》配合不甚紧密，或综述各种礼制，或综论各种礼义，在三礼文献中，《礼记》内容最为庞杂，向来学者以为浩瀚难治。《礼记》一书的阐释与研究，郑注、孔疏系统之外，亦有学者对《礼记》进行分类研治，宋代朱熹《仪礼经传通解》以及元代吴澄《礼记纂言》就是最为典型的代表，这种思路的主旨在于解决《礼记》内容庞杂的客观难题。馀风所至，下及民国。我们在研究民国礼学文献的过程中看到，此时川中学者刘咸炘研治《礼记》，对注疏与类礼的思路均有承继，并且多有独得之见，其著《治记绪论》《礼记温知录》《读大小戴记小笺》，综论、疏解并重，对研究《礼记》极具参考意义。近年来对刘咸炘的研究，关于其史学、经学、子学等已为学者所论及[1]，但对其《礼记》学的具体成就，却鲜少关注。本章以《绪论》《温知录》《小笺》为基本资料，试将刘咸炘《礼记》学申而论之，以为《礼记》研究提供参考。

---

[1] 如严寿澄《察变观风，史有子意——读刘咸炘〈治史绪论〉》，《传统中国研究集刊》（第四辑），上海人民出版社，2008，第277页；严寿澄《刘咸炘经学观述略》，《史林》2011年8月，第82~95、189页；欧阳祯人、陈中《刘咸炘的诸子学研究》，《深圳大学学报》2014年7月，第43~49页。

## 一 刘咸炘认为《礼记》体例为儒家丛书

《礼记》原本依经而设，就其性质来说，它是古书注解的一种体裁，《仪礼》正文后附录之记文，大体与《礼记》相同。今本《礼记》所收庞杂，或有不关《仪礼》之篇章，但这并不影响《礼记》为解经之书。刘咸炘读书治学，极重体例，其论《礼记》之体例，承认《礼记》具有经解的性质，但又谓《礼记》与诸子之书，有着共同的起源，其本质则异体而同实。

> 经为纲而传记为目，内传、外传、章句、故、微之分，起自西汉，西汉以前通名传记而已。有记事者如《春秋左氏》，有述义者如冠、婚诸义，礼家之记又有附记仪节，如《仪礼》所附，正与《礼记》无殊。
>
> 经为作而传为述，古人著书，弟子门人口耳相传，后乃著于竹帛。《论语》出于七十子徒裔，《易传》亦是门人所记，正与《礼记》同。又古人之言公，师徒之说往往不别。诸子争鸣始自著书，如《庄周》内七篇、荀卿《天论》皆似自作，而馀篇则不尽然。
>
> 明此二例，则知传记诸子异体同实，要是记述师说，尊其所闻。故泛及他语，遂有不关经义之条；同述故言，遂有两书同文之事。[①]

刘咸炘以为诸子传记异体同实，从发生学上来看，具有较强的合理性。儒家传记与诸子书的作者，俱为孔子以后七十子后学徒裔，其立言的宗旨皆在发扬光大儒家的理论，本质并无不同。积世相传成一家之说，

---

[①] 刘咸炘：《治记绪论》，《民国时期经学丛书》第六辑第33册，台湾文听阁图书有限公司，2013，第2~3页。

则为诸子之书（刘氏此指诸子，当谓儒家诸子）；文献阙佚或零条散记，则汇为一遍如《礼记》，先秦诸子莫不如此。这从学理上解决了《礼记》内容庞杂，以及它与《荀子》《国语》《吕氏春秋》等古书内容互有相同的问题。

因此，刘咸炘认为《礼记》是孔门弟子积世相传、述录师说之书，其中先师后师各有损益，不出一手不出一时，因而体例不纯内容复杂，可以称之为"儒家丛书"。基于这样的认识，刘咸炘在《治记绪论》中对《礼记》的来源问题进行了具体的分析。《礼记》篇章有来源于诸子之书者，如《大学》出于曾子，《乐记》出于公孙尼子，《中庸》《表记》《缁衣》出于子思子，《三年问》《哀公问》出自《荀子》，《王制》为汉文帝博士所作，《祭法》与《国语》相同，《月令》本为古书，亦见于《吕氏春秋》。又有据孔门弟子传述而推之可见者，如《曾子问》《礼运》《仲尼燕居》《孔子闲居》等，篇内多记孔子与弟子的对答。又有采自古经杂论各种礼制者，如《曲礼》《檀弓》《内则》《玉藻》《投壶》《奔丧》等，此等篇目虽然汇集时间不同，或为今文家所传，或为古文逸礼之流，要之，其为仪度曲文则没有问题。先秦两汉古书，至今百不存一，《礼记》他篇的来源，亦可据此而推。因此刘咸炘以为诸子、传记为同等之书，"九流以儒为大宗，故诸子、传记以《记》为大宗"①，《礼记》为"儒家丛书"。

## 二　刘咸炘认为《礼记》的宗旨为儒门大义

《礼记》体例既为"儒家丛书"，或解礼经，或记礼制，内容庞杂，纯驳不一，因而，研治《礼记》的宗旨应该是什么，这是历代学者不能回避的问题。唐修《五经正义》，礼经之所以取《礼记》而去

---

① 刘咸炘：《治记绪论》，《民国时期经学丛书》第六辑第33册，台湾文听阁图书有限公司，2013，第6页。

《仪礼》，乃是因为当时学者认为《周官》《仪礼》并为当代之书，其所记载的官制与礼节，后世并不能完全遵行，而《礼记》所载之礼论，却为万世不易之道，可以作为后世损益的依据。是唐代已不视《礼记》仅为解经之书，然而《礼记正义》却博洽赅赡，无论通论之篇，还是曲节之目，无不细为疏通鲜有遗漏。后世治《礼记》者，俱以《礼记正义》为典范，然而刘咸炘的礼学思想却与《礼记正义》有着根本的不同，他认为《礼记》宗旨仅为"儒门大义"，其谓：

> 儒门古籍，首推六艺，六艺虽经孔子删定，然乃因记载之书而存义，非直说全体大义也，直说全体大义，惟《论》、《孟》、《荀》、《吕》诸子及此《记》耳。①

刘咸炘以为，六经本身是记载之书，并不直接说明儒家大义，儒家发明大义则在孔子及其后的七十子后学。刘咸炘认为儒家大义的产生与发明，有三个阶段，一则汉前七十子及其徒裔，一则汉初儒者，一则宋明诸儒，而前两阶段的菁华，由于古书沦亡，如今可见者俱在《礼记》一书。因而，治《礼记》不能专以其为《礼经》之附文，而应将其作为先秦儒家总集对待。刘咸炘在此已经将《礼记》从礼学中独立出来，使之成为儒家学说的纲领。

这里有一个问题，六经虽然如刘咸炘所说并不直载大义，但六经传记，有《诗》之《毛传》、《书》之《大传》、《易》之《十翼》，《春秋》则左氏、公羊、穀梁三家，何独《礼记》专为"儒门大义"，刘咸炘谓：

> 《易》道深远，孔门徒裔不尽通之；《诗》《书》《春秋》又不能赅诸大义，其为通习而赅大义者，莫如《礼》矣。《易》，天

---

① 刘咸炘：《治记绪论》，《民国时期经学丛书》第六辑第 33 册，台湾文听阁图书有限公司，2013，第 6 页。

道也，《诗》《书》《春秋》陈迹耳，惟《礼》《乐》为治身治心之道最切要也。故《礼》足以尽孔子之学可也。①

刘咸炘从六经本身特点以及通习的难易程度，肯定了《礼记》修身治心的直切明白。《礼记》既然是"儒门大义"之所在，因而《礼记》中仪文细目，如《曲礼》《内则》等，就不再是《礼记》学的重心所在，刘咸炘论此颇为坚决：

> 所谓礼者，非止升降周旋而已，夫《礼》原于《易》而本于仁，故《闲居》推论于志气，《乐记》精析于性情，《记》之所载此为最大，所以纵贯《大学》《孝经》，横贯《中庸》，合符《论语》《孟子》者也。②

又谓：

> 故大义者《记》之主也，仪度散见者乃其宾也。向来治《记》者，皆止以孽续补苴为能事，非买椟而还珠与？是故今之治《记》，不专以搜求缺遗仪制之书，而以为推明微言大义之书。③

刘咸炘以为《礼记》本与《礼经》殊别，仪文节度已详于《礼经》，《礼记》既为儒家微言大义的本原，治《礼记》的要务则在于推明大义，而不在于考据典章名物，因此他批评考据学者好言禘祫明堂礼文仪节之等为买椟还珠，其实是舍本而求末。

---

① 刘咸炘：《治记绪论》，《民国时期经学丛书》第六辑第33册，台湾文听阁图书有限公司，2013，第7页。
② 刘咸炘：《治记绪论》，《民国时期经学丛书》第六辑第33册，台湾文听阁图书有限公司，2013，第8页。
③ 刘咸炘：《治记绪论》，《民国时期经学丛书》第六辑第33册，台湾文听阁图书有限公司，2013，第9页。

## 三 刘咸炘《礼记》分理篇章的实践

《礼记》的体例与诸子异体同实,刘咸炘称之为"儒家丛书",其宗旨又在于"儒门大义","丛书"乃谓其博杂,"大义"则取其精约,因此,刘咸炘提出研治《礼记》的方法,首先在于"理篇章",以便取其精而弃其驳。"理篇章"所指有两层意思,一则"理篇",将《礼记》篇目分门别类;一则"理章",将《礼记》章句裁割贯通。这样势必会打破《礼记》原有的面貌,有得亦必有失,刘咸炘谓:

> 理篇者始于刘向,理章始于孙炎。专理篇无割裂之失而不免疏略,篇中之混杂,不能皆清。兼理章有明晰之效而不免繁碎,一篇之大体反有所害。①

虽然如此,但刘咸炘认为篇章分类仍然可以进行,他说:

> 今之理篇章,止以便于贯穿,理篇不过标举其目,理章亦止别作一文,不必如前人之别写一书,更不望取原本而代之以行,则二者皆可用,特当知其得失耳。②

这也是刘咸炘治学求实、不务虚名的表现。

次第篇目分门别类,刘向《别录》、刘歆《七略》已开其先河,类比章句别成一书,曹魏孙炎则为其滥觞。此后,理篇理章,代不乏人。刘咸炘历考唐代以后《礼记》分理篇章各种著作的得失,包括朱熹《仪礼经传通解》、吴澄《礼记纂言》、刘宗周《礼经考次》、沈元沧《礼记类编》、任启运《礼记章句》、廖平《分撰两戴记章句凡例》

---

① 刘咸炘:《治记绪论》,《民国时期经学丛书》第六辑第33册,台湾文听阁图书有限公司,2013,第10页。
② 刘咸炘:《治记绪论》,《民国时期经学丛书》第六辑第33册,台湾文听阁图书有限公司,2013,第11页。

等，以为诸家皆有不备。刘咸炘从古书体例、来源以及内容等角度，将大小戴《礼记》与《孝经》，篇目次第如下：

**刘氏二戴《礼记》《孝经》篇目分类**

| 类别 | 篇目 |
| --- | --- |
| 古书 | 夏小正、月令、内则 |
| 古史 | 文王官人、武王践阼、帝系 |
| 逸礼 | 诸侯迁庙、诸侯衅庙、公冠、投壶、奔丧 |
| 汉人作 | 王制 |
| 论礼本礼纲 | 礼运、礼器、仲尼燕居、孔子闲居、经解、礼三本 |
| 论丧礼 | 三年问、问丧、丧大记、丧服小记、服问、间传、丧服四制、曾子问 |
| 论祭礼 | 郊特牲、祭义、祭统、祭法、大传 |
| 论冠昏 | 冠义、昏义、哀公问 |
| 论朝聘射乡 | 朝事、聘义、燕义、乡饮酒义、射义 |
| 论学 | 保傅、文王世子、学记、劝学、儒行 |
| 杂论 | 曲礼上下、檀弓上下、杂记上下、少仪、深衣、明堂位、盛德、礼察、本命 |
| 孔门记言 | 孝经、王言、哀公问五义、卫将军文子、子张问人官、五帝德、易本命、孔子三朝记 |
| 曾子 | 曾子十篇、大学 |
| 子思子 | 中庸、坊记、表记、缁衣 |
| 一 | 乐记 |

根据《治记绪论》中关于其条理篇目的说明，我们可以因之而探讨刘咸炘的礼学思想。刘咸炘治礼学，以大义为重，而轻略仪节，上文已经提及，但刘咸炘所谓的《礼记》大义究竟是什么？他在次第篇目的说明中已经有所表述。刘咸炘谓读《记》当从《礼运》以下三节起，"礼本礼纲"为一节，"丧祭"为一节，"冠昏"为一节。他认为"礼本礼纲"节中，《礼运》"标举养生送死事鬼神，分配仁义孝弟"，统括礼之大义；《礼器》"先明本与文之分，次以时、顺、体、宜、称五义，发扬诩致、精微二义"，赅括器数之意。《燕居》"提言履行乐"，《闲居》"提五至三无"，《三本》"明天地亲师"，《经解》"明夫妇君臣朋友"，皆是探本之论。"丧祭"一节，刘咸炘据《论语》

243

"所重民食丧祭",谓食为养生、丧为送死、祭为事鬼神,养生、送死为事父母,事鬼神则为事天地、父母,刘咸炘认为天地父母为人道大纲、人伦之本,进而又提出诸礼之中祭礼最重的论点。"冠昏"一节中,刘咸炘认为,冠为成人之始,婚为人伦之始,皆为修齐之根本,冠昏正而后方能事丧祭。基于这样的认识,刘咸炘解释了六礼先冠昏而后丧祭、《郊特牲》说祭而及冠昏、《哀公问》说婚而及祭的内在逻辑。总而言之,刘咸炘认为《礼记》大义,分别属于"礼本礼纲""冠昏""丧祭"三节之中。

刘咸炘又依小戴《礼记》内容,次其篇目为五编:

**刘昏《礼记》篇目分类**

| 类别 | 篇目 |
| --- | --- |
| 纲要 | 礼运、乐记、经解、仲尼燕居、孔子闲居、礼器 |
| 六礼 | 郊特牲、祭统、祭义、大传、哀公问、冠义、昏义、问丧、三年问、燕义、聘义、乡饮酒义、射义 |
| 制度 | 文王世子、内则、王制、月令 |
| 论学 | 学记、儒行、坊记、表记、缁衣 |
| 杂碎之文 | 祭法、明堂位、丧大记、丧服小记、服问、间传、丧服四制、杂记、奔丧、曾子问、深衣、投壶、玉藻、少仪、曲礼、檀弓 |

第一编为纲要,与上所述"礼本礼纲"相通,第二编为冠昏丧祭,第三编为制度,第四编论学、论儒及子思子,第五编则是刘氏以为不甚重要之末节细文。

结合刘咸炘《礼记温知录》《读大小戴记小笺》所取篇目,刘咸炘治《礼记》偏重通论义理的趋向更为明显。《礼记温知录》于第一编全取,因为第一编是礼之大义;第四编亦全取,因为第四编关切身心。第二编不取《燕义》《聘义》《射义》,以其不关冠昏丧祭;第三编取《文王世子》,以其言孝悌之义特别详细。第五编则概无所取,因为刘咸炘以为此等篇目为末节之文。至其著《读大小戴记小笺》,如《大传》《冠义》《昏义》《问丧》《三年问》《乡饮酒义》《文王世子》概不笺释，取义又更为精约。刘咸炘董理篇目的用心，由上可见。

又刘咸炘于《礼记》章句的分理，亦颇有心得，他提出了以下的几条原则："数篇相连可贯说之"、"篇中当详分章节如《文王世子》之例"、"本零条者不可强贯、然其有意者又当贯说之"、"篇中不无陵越当整理之"、"篇中有后人附记语当标别之"、"记有重出宜互勘之"。① 这些原则在《礼记温知录》与《读大小戴记小笺》中都得到了贯彻，对《礼记》的研读皆大有裨益，如其笺释疏说《礼运》《礼器》《郊特牲》三篇，均能标明起止，便是其例。

## 四 刘咸炘《礼记》学的思想渊源

刘咸炘对《礼记》作为"儒家丛书""儒门大义"的认识，与其"六经皆史"的经学思想是不可分开的。刘咸炘的经学思想，在《推十书·中书》之《认经论》中有较为详细的表述。刘咸炘认为六经的起源与文字的起源有着共同的内在逻辑。人类的交流离不开语言媒介，最初的言语交流随着人类活动范围的不断变化，逐渐在空间距离与时间隔断两个方面表现出较大的局限性，言语已经不能满足人类交流的需要，因此便产生了文字，这是不同文化所共有的现象。刘咸炘谓"文字本以代语言而补其不及"，合乎历史的实际。刘咸炘认为文字弥补言语交流的局限，表现在空间方面则为书信与办事规则等的产生，表现在时间方面则为账簿记事册的使用，"此即六经所由起"。六经产生的原理，刘咸炘描述为：

> 圣人既出，合诸侯而一治，告语所不及，乃假文字以达之，于是有条教号令；事多而分职不易记，人多而率行不易一，于是乃为法式之书，《官》、《礼》所由起也。既行于一时，而又虑后

---

① 刘咸炘：《治记绪论》，《民国时期经学丛书》第六辑第33册，台湾文听阁图书有限公司，2013，第37页。

世久而忘之，或不能变通，必记已过之事以告来者，使有所据以损益焉，所谓藏往知来也，于是为记事之书，《尚书》、《春秋》所由起也。人事尽矣，而不可恃也，必本于天毂以降命；且人事之变，非已行者所能尽，必有虚拟之象以该其理；于是为卜筮之书，《易》是也。此三者皆不得已而有书，又皆有所用之，非凭心而立说，亦初无须凭心而立说。然而人不能无情志，情志不能不发而为言，则谓之《诗》。①

六经的起源，为补语言之不足，语言文字的根本在于记事，因此刘咸炘赞同"六经皆史"的观点。刘咸炘"六经皆史"的经学思想，导源于章学诚《文史通义》，但他对《文史通义》亦有所发展，他以为章学诚论《易》属史科，"徒以治历授时为说，举义太狭，不与《易》称。……夫《易》彰往而察来，神以知来，知以藏往，史之大义也"②。刘咸炘将"六经皆史"的具体含义概括如下：

> 凡文不外事、理、情三字，《礼》记现在事，《书》、《春秋》说已往事，《易》说未来事，古人不外事而言理，理已在事中。《诗》则情也，然情亦由事生，白居易所谓"诗合为事而作"也，凡文皆当为事而作，故曰"六经皆史"。③

这里刘咸炘不仅论述了"六经皆史"的含义，而且按照"事、理、情"的标准，将五经分作四类。关于"史"字的含义，刘咸炘在《文史通义识语》谓："此史字，只是记实事之称，非仅指纪传、编年。《说文》曰：'史，记事者也'，文字起于象形指事。"④刘咸炘以为六经所记皆是史事，古人不离事言理，六经不直言道理。说理之文

---

① 刘咸炘：《中书·认经论》，《推十书》第一册，成都古籍书店，1996，第24页下。
② 刘咸炘：《中书·认经论》，《推十书》第一册，成都古籍书店，1996，第25页上。
③ 刘咸炘：《中书·认经论》，《推十书》第一册，成都古籍书店，1996，第27页上。
④ 刘咸炘：《文史通义识语·内篇》，《推十书》第一册，成都古籍书店，1996，第696页上。

乃为《易》《礼》之演变，其产生又在王官失守、诸子纷争以后，刘咸炘谓：

> 独说理之文，则六艺无之，盖古人不离事而言理，《易传》、《戴记》之解经，《论语》之记言，皆传也，而非经也。说理之文盖源于《易》与《礼》：以虚理为体，由《易》而衍也；变官守之行事为私家之空言，则自《礼》而散也。《易》微《礼》显各走一端，天人既裂而诸子由是纷纷矣。①

六经虽不直言理，但宗周王官失守，诸子之流，却为说理之祖；传记的目的是解经，为七十子后学所作，与诸子之书相类，俱为说理之文，刘咸炘据此得出"诸子传记异体同实"的观点。先秦典籍沦亡，儒家言论以《礼记》汇聚最多，故《礼记》可以称为"儒家丛书"。传记与诸子的本体既然为说理之文，《礼记》又为"儒家丛书"，刘咸炘自然可以得出《礼记》为"儒门大义"的结论。这样刘咸炘类分《礼记》为五编，罢黜仪文节度之文，专取"礼本礼纲""冠昏""丧祭"等与诸子说理相通之篇，进而发覆《礼记》大义，提出全新的治《记》方法，就有了完整的逻辑。

## 结　语

刘咸炘读书治学特重辨体知类，而其辨体知类的方法即是校雠，其《认经论》引言谓："无论治何书，必先知校雠法，不独为翻书也，校雠者乃一学法之名称，非但校对而已，不过以此二字表读书辨体知类之法。"② 刘咸炘辨体知类的校雠方法，其实有着一贯的纲领，他在《认经论》"凡文皆本六经"条谓："凡一切文字之体，无不本于六经，

---

① 刘咸炘：《中书·认经论》，《推十书》第一册，成都古籍书店，1996，第29页下。
② 刘咸炘：《中书·认经论》，《推十书》第一册，成都古籍书店，1996，第23页下。

故六艺统群书。辨六艺以辨群书，则得其体。因所载之殊而后体殊，故辨体即以辨义，是谓校雠。"① 是刘咸炘读书辨体知类，一切皆以六经为本。刘咸炘对六经本体的认识，导源于章学诚"六经皆史"的思想，又将章学诚关于《易》属史科的论述发展得更为完善，并以为"史"是记实事之称。在这样的学术思想指导下，他指出六经并不直陈大义，并非说理之文，因之而辨明《礼记》的本体是解经之书，宗旨即为说理，故能与诸子异体同实，这是刘咸炘《礼记》学的根本所在。基于这样的本体认识，刘咸炘分理《礼记》篇目，只取其中说理之文，而将仪文节度之类一概排除，继而划分章节、厘定文字、疏通经解，以发覆《礼记》大义，首尾相连自成体系。因此，刘咸炘对《礼记》的研究，可谓在民国时期新旧交替的时代环境中，在并不动摇《礼记》经典地位的前提下，开创了《礼记》研究的新思路与新方法，这对今天的《礼记》研究，仍然具有启发意义。

刘咸炘的《礼记》学观点与蔡介民《礼记通论》中所提出的《礼记》史学化的思路也不相同，蔡介民在《礼记通论》中亦对《礼记》的篇章进行分类，但他的目的却是将《礼记》对象化为史学研究等的基本资料。因此，刘咸炘的礼学与蔡介民相比，就显得更为保守，但我们不能以此而评价二者的优劣，因为对象为史料的《礼记》所承载的文化伦理内涵，显然已经打了折扣，因此作为民国时期的学风新变，二者是平等的。如刘咸炘所论述，《礼记》的本体是说理之文，但我们知道《礼记》的成书却有一个非常复杂的过程，在这个过程中，《礼记》的本体实质上也产生了一定的变化，因为随着无关说理内容的增多，《礼记》已经不能再以单纯的说理之文来概括。在乾嘉考据学风影响犹在的民国，又值新旧交替之际，刘咸炘回归原本只取大义的治《记》方法，具有学风变革的学术意义。但今天的《礼记》研

---

① 刘咸炘：《中书·认经论》，《推十书》第一册，成都古籍书店，1996，第29页下。

究，却不必仍旧摒弃仪文节度的考察，因为《礼记》本体并不能完全以说理之文来概括；而礼学本身又是实践的学问，无论多么高明的大义，最终仍旧需要身体力行方能落实；并且仪文节度之类的考察，也是历史研究的必要内容。这也是研究刘咸炘《礼记》学以及礼学研究需要注意的地方。

## 第二节　蔡介民《礼记》学研究

蔡介民，字汝坤，当代礼学研究论著偶有提及，然其生平事迹多付之阙如。蔡介民撰有《礼记成书之年代》（《新东方杂志》1940年第1期）、《礼记成书再考》（《新东方杂志》1940年第5期）、《中国婚礼沿革略》（《新东方杂志》1940年第6期）、《中国礼学史刍议（礼书部）》（《新东方杂志》1940年第9期、10期、11期，1941年第3期）、《礼记通论》（1941年中日文化协会出版）、《中国祭礼源流考》（《新东方杂志》1941年第5期）、《礼记续说》（《新东方杂志》1941年第6期）、《中国祭礼考源》（《国民杂志》1941年第6期）等。据《中国礼学史刍议（礼书部）》篇首段所载，蔡介民尚有《礼俗探源》一部，然无由考见。礼学之外，蔡介民尚著有《今文孝经成书年代考》（《古史辨》第六册，1938）、《慎子集说》（商务印书馆，1940）、《孔子真象叙言》（《教育学报》1941年第8期）、《孟子事迹思想考辨》（《新东方杂志》1941年第7期）、《周易源流考》（《国民杂志》1941年第8期）、《墨学述评》（《新东方杂志》1942年第1期）等。据此可知，蔡介民在1940年代初期的学术界颇为活跃。

今查汤世雄、王国华主编之《北京师范学校史料汇编》，其中有民国30年（1941）职员表"职别：国文教员；姓名：蔡介民；性别：男；年龄：30；籍贯：河北安次；别号：汝坤；学历：北京国立师范大学国文系"①。又有民国31年（1942）八月职员表"姓名：蔡介民；学历：北京国立师范大学国文系毕业，民国二十六年；中等学校在职年数：天津一中，北方中学，光华女中及本校教员，共五年；本校在职年数：一年"②。

蔡介民的礼学研究，有关《礼记》成书的讨论，往往为学者所称引，而其礼学史的研究则鲜被提及，又蔡介民的《礼记》研究与其礼学史的研究有着较大的关联，故本文先论其礼学史的研究。

## 一 蔡介民的礼学史研究

蔡介民《中国礼学史刍议（礼书部）》篇首序文谓：

> 四存学会会长张玉衡先生，捐资主办国学补习班，内设礼学一门，约予主讲。惟礼学变迁一部，题目广泛，学者难得要领，急需礼学史书，比类旁证，而一时苦于未有前著为之介绍。踟蹰再三，不揣梼昧，试纂斯文。兹大体粗成，共分二编，一为礼书部，二为礼俗部，前者明礼书之沿革，后者言礼俗之变迁，虽不必详，尚存大目；惟以仓卒成节，私意草创，挂一漏万，在所不免……③

此为蔡介民撰写《中国礼学史》的缘由。据此序文可知，蔡介民《中国礼学史刍议》分礼书、礼俗两部，礼书部连载于《新东方杂志》，礼俗部未知其详。其《礼俗探源》应与礼俗部相关，然亦不可得见。惟《中国婚礼沿革略》《中国祭礼源流考》二文，可以窥其礼俗研究之一斑。因此本文讨论蔡介民礼学史研究，即以《中国礼学史

---

① 汤世雄、王国华主编《北京师范学校史料汇编（1906—1948）》，北京教育出版社，1995，第594页。
② 汤世雄、王国华主编《北京师范学校史料汇编（1906—1948）》，北京教育出版社，1995，第693页。
③ 蔡介民：《中国礼学史刍议》，《新东方杂志》第1卷第9期，1940，第90页。

刍议》《中国婚礼沿革略》《中国祭礼源流考》三文为基本资料。

### （一）礼书部

1. 论礼的起源与发展

蔡介民于《中国礼学史刍议》论礼的起源谓：

> 夫人类原始，草昧未开，尊神敬鬼，丧祭以成。治众合群，聘婚以就。民风相习，礼俗遂起，非创制于一人，乃发轫乎自然。昔人谓伏羲制嫁娶，神农作蜡祭，皇帝作冕服，虞舜制巡狩，禹定正朔、行养老，殷命司徒、修六礼，周公制礼，以制天下，礼文因以大备，万事曲为之防，皆先儒所依托，后人所附会，不足信也。①

蔡氏谓"礼俗遂起，非创制于一人，乃发轫乎自然"，应是礼俗起源的实情。蔡氏又论孔子及其后学与礼的关系谓：

> 至孔子时隆礼，始以己意，条正礼俗，推本于殷周。其习俗之善者则留之，不善者则辟而去之。且创制礼文，修正礼义，使之由宗教迷信变而为诗与艺术。此则孔子及孔门后学者之贡献也。②

蔡氏此据冯友兰《中国哲学史》，以为孔子是使礼由宗教仪式转变为诗与艺术的关键人物，换言之，孔子论礼，始有礼学。蔡介民论荀子的礼学史地位谓：

> 孟子于礼事亦少发挥，其使礼具体化，成为专门治学，则自荀子始，而孔门后学者所光大者也。且于荀子以前之儒家，多以礼盖法，至荀子时，始谓礼源于人欲，礼为圣人之伪，基于天地

---

① 蔡介民：《中国礼学史刍议》，《新东方杂志》第1卷第9期，1940，第90页。
② 蔡介民：《中国礼学史刍议》，《新东方杂志》第1卷第9期，1940，第95页。

祖先君师而成，礼仪师法为矫正人性之工具。是故丧礼祭礼，皆主人自尽心意，自欺欺人，岂有鬼神之事哉。此礼所以伪也。其他论礼义处，皆甚精凿，为后世儒者所本。①

蔡氏以为荀子是礼学理论承上启下的人物，后世说礼，皆以荀子为本，这也是后世礼学实践的事实。蔡氏又谓礼学在先秦不独为儒家所有，诸子于礼亦有成说：

然周秦时代，礼学一事，并非儒家所独专，特不过以儒家主礼为最甚，推本于周公文王也。其他各家，亦多主礼治，唯与儒家之礼说不同。如晏子主张以礼治国，墨子主法仪天下，而反对儒家之厚葬。至于道家则主无为，崇自然，慕婴儿之纯真，反繁琐之桎梏。杨子则以为尊礼，不能尽人之欢，矫情性以招明，生弗若死也。②

是以礼学之于先秦，并无若何之地位。迨至秦有天下，厉行法治，儒家礼学，益为不振。③

以上是蔡介民对礼学在先秦发生、发展的基本认识。

2. 论礼经的撰作与经解

蔡氏论三《礼》之书谓：

平心而论，则三《礼》可以代表周秦西汉间之礼文，不尽为成周一代之礼。而且《周礼》所载，礼法不分，言官判而非为论礼；《仪礼》所记，有文无义；《礼记》所言，文义踳驳；皆不可信。盖礼于周初，尚无成法，其文亦必简。至秦汉儒者，托古改制，贵古贱今，遂谓"隆周礼仪三百，威仪三千，至东周而大

---

① 蔡介民：《中国礼学史刍议》，《新东方杂志》第1卷第9期，1940，第97页。
② 蔡介民：《中国礼学史刍议》，《新东方杂志》第1卷第9期，1940，第99页。
③ 蔡介民：《中国礼学史刍议》，《新东方杂志》第1卷第10期，1940，第126页。

衰"。思有以易夫当世。而后人不察，误其用意，昧文化演变之迹（一切文化皆由简入繁，礼学亦然），信置不疑，岂不慎乎？以余观之，礼至东周，仍无定制，亦无礼书。①

此为蔡氏对《周礼》《仪礼》《礼记》三部礼书撰作时间的基本判断，蔡氏以为礼至东周，仍无定制，亦无礼书，三《礼》撰作皆在秦汉之时。

蔡氏论郑王之争谓：

汉代三礼之注，桓灵之间，有郑康成者，杂糅古今，沟合为一，从者盈万。而王肃反之，伪制《家语》《孔丛子》二书，取郊庙大典礼，两汉今古文家所聚讼不决者，尽托孔子之言，以为定论，心劳技拙，不待智者而后知也。②

这是蔡介民对郑王之争的基本态度。

蔡氏论南北朝义疏之学谓：

总计南北朝时，历经变乱，诸儒抱残守阙，倡义疏之学，光圣门之礼，功不可没，为唐所本，而当时《小戴礼》之盛行，熊安生之博洽，尤为前世所不经见。③

蔡介民又论宋代疑经谓：

夫三礼之书于隋唐，本无甚变故。至宋时始因经学之变革而启疑窦。司马光曰："读礼未知篇数，已谓《周官》为战国之书"，其言信不过之。如欧阳修、苏轼之论《周礼》，乐史、郑樵之疑《仪礼》，刘敞、郑樵之讥《礼记》。且宋人治礼，务反汉人之说，重意而不重文，重今而不重古，谓礼出于天理，说亦可取。

---

① 蔡介民：《中国礼学史刍议》，《新东方杂志》第1卷第9期，1940，第94页。
② 蔡介民：《中国礼学史刍议》，《新东方杂志》第1卷第10期，1940，第134页。
③ 蔡介民：《中国礼学史刍议》，《新东方杂志》第1卷第11期，1940，第97页。

追朱子万年，更撰《仪礼经传通解》，沟通经传，未竟而卒，其弟子黄榦、杨复续成之，亦礼学上之创制也。①

论清代礼学谓：

> 如万斯大、方苞等，并能兼通三《礼》，有所著述，且多信宋疑汉，造成一时风气。独有毛奇龄，则与朱子立异，以《仪礼》为可疑。雍乾以后，古书渐出，礼义大明。当时江永所著《礼书纲目》，乃本朱子《仪礼经传通解》，而博洽过之。他如沈彤、王鸣盛、戴震、胡匡忠、胡培翚、孙希旦等，皆精通三《礼》，卓然成家。其时尤有一有功于后学者，即为辑拾佚书。礼书之辑就者，计《玉函山房丛书》七十九种、《汉学堂丛书》十种。虽不必全，亦存大目。②

上为蔡介民对历代礼经类礼书的粗略梳理。

3. 论礼典与历代礼学得失

蔡介民论礼学史，尤其重视各朝礼典的制作，并以此作为礼学史评价的基本依据。如其论汉代，特别重视汉代礼仪的制作，如汉初叔孙通制定礼仪，东汉曹褒议定汉礼，以及东汉白虎观议礼之故事，总结汉代礼学的得失谓：

> 总汉一代之礼学，汉初承秦余烬，理残补阙，重法轻礼；文景之世，笃信黄老，儒礼不行；宣成而后，礼学始兴，至王莽始更托古改制，凡百依法《周礼》，光武以降，谶纬学盛，礼入歧途，甚少精者。此后人所以讥汉礼为至陋也。然汉人之于礼文，固多失其仪度，而为礼义之发挥，则多有精义。当时如《韩诗外传》之论礼，《新书》之《礼容经》，《说苑》之《修文议》各

---

① 蔡介民：《中国礼学史刍议》，《新东方杂志》第2卷第3期，1941，第133页。
② 蔡介民：《中国礼学史刍议》，《新东方杂志》第2卷第3期，1941，第141页。

篇，《春秋繁露》之《玉英》《度制》《郊祀》，《史记》之《礼书》，《白虎通义》之《礼奏议》各篇，皆承《荀子·礼论》之文，而言礼之大义。而其时总集大成，能代表汉人对礼义之整个思想确为《礼记》一书。……其次汉代三《礼》之注，桓灵之间，有郑康成者，杂糅古今，沟合为一，从者盈万。

蔡介民论汉代礼学，于汉代经学今古文之争的公案，不置一辞，而三《礼》郑注，亦一笔带过，特别重视汉仪制作的过程，同时将《礼记》作为汉代礼学的最高成就，是其礼学史研究的特色，后文我们将有专门讨论。

魏晋礼学，蔡介民论其成就谓：

> 魏晋承汉末大乱，旧章殄灭，礼制崩颓。至孝文初年，始命王粲、卫凯等典定众仪，各以旧文，增损当世。咸熙中更有荀凯、羊祜、郑冲等，典定旧文，裁成晋礼。①

南北朝礼学，蔡介民历述宋、齐、梁、陈诸朝制礼、议礼故实，给予较高评价：

> 至其时仪注礼书之作，据《旧唐书·经籍志》仪注类所载，共七十七种，亦云盛矣。②

蔡介民论南北朝礼学，以义疏之学与仪注之书并举，又据《旧唐书·经籍志》列举魏晋南北朝仪注类书目，评价当时礼学成就。

隋代礼学，蔡介民论及两事：

> 及隋文受禅，先后命大臣，采梁及北齐仪注，以为五礼。隋

---

① 蔡介民：《中国礼学史刍议》，《新东方杂志》第1卷第10期，1940，第135页。
② 蔡介民：《中国礼学史刍议》，《新东方杂志》第1卷第11期，1940，第97页。

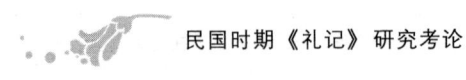

炀帝时，亦聚学徒，修《江都礼集》。①

唐代礼学，蔡介民历述《贞观礼》《显庆礼》《开元礼》《礼阁新义》《曲台新礼》等官方典则的制作过程，总结唐代礼学谓：

> 总唐一代礼学，可称盛极。学者盈万，巨著踵出，据《唐书·艺文志》"仪注类"所载，有五十九种之多，其经类之三《礼》著述，尚不计内。②

蔡氏亦详举《唐书·经籍志》所载仪注类书目，论当代礼学成就。

论五代礼学则谓：

> 至五代之际，丧乱甚矣，礼文仪注，往往多因杂纂，不能备一代之大典，若后唐刘岳之定郑余庆《书仪》，已属不经。③

蔡氏于宋代礼学，列举《开宝通礼》《阁门仪制》《新定阁门仪制》《礼阁新编》《太常因革礼》《五礼新仪》《中兴礼书》的撰述过程，谓：

> 总宋一代礼仪著述，较唐尤为盛多，据《宋史·艺文志》仪注类所载，共有一百三十七种。其经类三《礼》著作，尤不可胜计。④

蔡介民对宋代礼学成就评价亦较高。此外，蔡氏于辽、金两朝典章仪则亦有称述。

蔡氏论元代礼学谓：

---

① 蔡介民：《中国礼学史刍议》，《新东方杂志》第1卷第11期，1940，第98页。
② 蔡介民：《中国礼学史刍议》，《新东方杂志》第1卷第11期，1940，第102页。
③ 蔡介民：《中国礼学史刍议》，《新东方杂志》第1卷第11期，1940，第103页。
④ 蔡介民：《中国礼学史刍议》，《新东方杂志》第2卷第3期，1941，第132页。

第四章 民国时期《礼记》通论研究

迨元之有国,肇兴朔汉,朝会燕飨之礼,多从本俗。世祖至元八年,虽制朝仪,而胡汉杂俗。然以元代仪注书言,共有二十六种,数量上可称不少矣。①

蔡介民认为元代礼学仍有成就。

明代礼学,蔡氏列举《大明集礼》《礼制集要》等礼典的制作,谓:

经义三礼著述,自永乐《五经大全》颁行天下后,亦复寥落无几。总明代礼学著作,无论官修或私撰,其质量远不逮唐宋。据《明史·艺文志》仪注类所载,共有五十七部,而大部分为明中叶以前之官修礼书,其中叶以后,欲求一完善礼书,则绝无仅有也。②

历代礼学,除五代动乱之外,蔡介民于明朝评价最低。

清代礼学,蔡介民则谓:

礼学至于清代,衰而复兴。顺治更诏礼臣勒成礼书,圣祖并御《经筵日讲礼记》。至高宗即位,御定《三礼义疏》,并成《三通》、《大清会典》、《大清通礼》等书,并称博洽。惟祀典则多依清人旧俗。故清代礼学,于朝廷间甚少著述,而于学者之研究,则成绩卓著。③

以上为蔡介民《中国礼学史刍议(礼书部)》所论之中国礼学史的基本面貌,约略可以分为礼的起源与发展、礼经的撰作与经解、礼典的制作与得失等三个方面,其于礼典一类,论述尤详,而于礼经一

---

① 蔡介民:《中国礼学史刍议》,《新东方杂志》第2卷第3期,1941,第137页。
② 蔡介民:《中国礼学史刍议》,《新东方杂志》第2卷第3期,1941,第139页。
③ 蔡介民:《中国礼学史刍议》,《新东方杂志》第2卷第3期,1941,第140页。

类，稍嫌疏略。

## （二）礼俗部

又蔡介民论礼学史尚有礼俗一部，然其全本不得而知，今就其《中国祭礼源流考》略为论述，以见其梗概。

1. 祭礼的起源、意义与类型

"国之大事，在祀与戎"，祭礼在中国古代有着与军事活动同等重要的地位。《礼记·王制》谓"六礼，冠、昏、丧、祭、乡、相见"，《礼记·礼运》谓"达于丧、祭、射、御、冠、昏、朝、聘"，《礼记·昏义》谓"夫礼始于冠，本于昏，重于丧、祭，尊于朝、聘，和于射、乡，此礼之大体也"。《仪礼》十七篇有《士虞》《特牲》《少牢》《有司彻》四篇专记士大夫祭祀祖先的礼仪。国君阶层的祭礼则更为繁多。蔡介民论祭礼的起源谓"后人原祭礼之始，多谓伏羲氏制郊禅升荐群祀，神农氏谨时祀致敬于鬼神"云云皆为传闻，不足为据，其谓：

> 盖祭祀之礼实源于迷信，后由儒家始修正其意义。儒家对于祭祀之理论，全就主观情感方面立言，外则尽物，内则尽志，不求其为，不求实绘，利用心理之作用，以求情感之慰安，此种专重祭义而不重祭祀对象之态度，故国诗与艺术，而非宗教与独断也。①

蔡氏以为祭礼起于宗教迷信，经过儒家的改造，才得以成为超越宗教迷信的现实礼仪活动。蔡氏又据《礼记》之《郊特牲》《祭义》《杂记》《祭法》，《论语》，《荀子·礼论》等，概括祭礼的意义谓：

> 原祭之义，约有四端，一为报本反始，二曰祈福禳祸，三曰

---

① 蔡介民：《中国祭礼源流考》，《新东方杂志》第2卷第5期，1941，第61页。

息民致乐，四曰崇德励民。根于上述，则知祭祀完全由主观方面对待死者之意志思慕之情。而于天地日月星辰鸟兽草木等祀典，或谓其原始起于拜物教之迷信思想，所谓崇德等说，不过为儒家所附会之新的意义。此说颇有道理，盖在一般百姓，智识本低，难以理喻，只有盛以宫室，畏以鬼神，使之事神敬祖，民德归厚。荀子谓祭祀之礼，君子以为人道，小人以为鬼事，诚非虚语也。[①]

此为蔡介民对祭礼意义的概括，祭礼意义大体若此，蔡氏之说得其本旨。蔡介民又据先秦两汉传世典籍，条别祭礼类型有社稷、山川、宗庙、日月、星辰、寒暑、大傩、酺礼、先医、蜡祭、雩、风云雷电、城隍、杂祀等种种祭祀，并推其原始条其流变，以论祭礼之源流。下文以社稷祭礼为例，考察蔡氏礼俗史研究的概况。

2. 社稷礼沿革举例

蔡介民论社稷礼沿革，所据材料有《风俗通》《左传》《尚书·汤誓》《尚书·召诰》《周礼》《汉书·郊祀志》《后汉书·世祖本纪》《晋书·礼志》《隋书·礼仪志》《唐会要》《宋史·礼志》《春秋梦余录》《大清会典》等历代典要。其论社稷源流谓：

> 社与稷为二神，社为土主，或谓为颛顼，非地祇。稷为五谷之长，或谓为弃为人祀。是二者不应合祀，所以合祀者，盖勾龙为社配，柱为稷配，丘光庭之说得其中矣。社之祀自汤时已有之，至周而其礼大备，左宗庙有社稷，坛而不屋，国有大故，必祈于社。迄于汉代，县为公社，以时春羊豚祀之，至平帝时始立官稷，后此皆社稷并名而祭。然魏时但太社有稷而官社无稷，至晋始并二社而一之。梁承晋制，郡国各有祠，百姓二十五家为一社，春秋祠之，祠具随其丰约。唐因旧制，无所更替，唯一变升社稷为

---

[①] 蔡介民：《中国祭礼源流考》，《新东方杂志》第 2 卷第 5 期，1941，第 62 页。

大祀，并以四时致祭。宋制以每岁春秋二仲月及腊日祭之。元以春秋二仲月上戊日致祭，明清因之。①

据上所述，蔡氏论社稷流别既简而明，其他各种祭礼，蔡氏之论一皆如此。此为蔡介民的礼学史研究。

## 二 蔡介民《礼记通论》研究

1. 论《礼记》的成书与篇章时代

《礼记》的成书，向来莫衷一是，蔡介民的观点，我们在前面《礼记》成书一节亦有提及，其意见主要为以下几点。

> 《礼记》一书，文义糅驳，泾渭合流，既非成于一时，亦非出于一手。考其时代，实非西汉或西汉以前之书。然于彼时，确有一种杂无条理之礼学类书，此即古文家所伪造之《古文记》也。班固之《白虎通义》，引据最多。核其内容，可以考见《礼记》前身之真像。②

> 班固前已有类似今之《礼记》类礼学类书，可以断言。不过其内容，繁驳不纯，《汉志》《隋志》等所谓《古礼记》《古文记》者，即为此书。至于东汉末马融卢植等，始重加删定，益简蠲繁，以成今之《礼记》。③

> 按前后《汉书》所载二戴距刘歆约六七十年。歆伪纂《古文记》，距班固著《白虎通》约七八十年。班著《白虎通》距马融卒年为八十七年，二人年相差七十四年。今悉以七十年计算，是刘歆之伪纂古文《礼记》，其情形班固不得闻，故引之而勿疑。

---

① 蔡介民：《中国祭礼源流考》，《新东方杂志》第 2 卷第 5 期，1941，第 64 页。
② 蔡介民：《礼记通论》，《民国时期经学丛书》第四辑第 31 册，台湾文听阁图书有限公司，2009，第 19 页。
③ 蔡介民：《礼记通论》，《民国时期经学丛书》第四辑第 31 册，台湾文听阁图书有限公司，2009，第 21 页。

马融之删定古文《礼记》以成今本《礼记》，班固亦未及见。前后相蒙，《礼记》之几经蜕变，即在此七八十年中，非马、卢其谁欤？①

蔡介民认为刘歆伪纂古文《礼记》，为班固《白虎通义》所征引，此本古文《礼记》经马融、卢植删改，始成今本《礼记》的面貌。所谓刘歆伪纂古文《礼记》云云，显然受到"古史辨"思潮的影响。蔡介民不光论《礼记》为古文家杂纂，其论"逸礼"，亦迥异前说，蔡氏认为《仪礼》之外并无逸礼，所谓逸礼，乃是汉儒编纂《礼记》所剩余之礼文原料，其说详见蔡氏所著《礼记续说》之《逸礼论》。这是蔡氏对《礼记》成书的基本结论。

蔡氏对《礼记》篇章时代逐一论说，蔡氏既有刘歆伪纂《古文记》之先见在胸，故其说《礼记》篇章多出汉儒之手，自是顺理成章。如《曲礼》，蔡氏谓："或谓为《曲台记》之遗文，或谓为先秦之旧作，持论不同，言各成理。以愚考之，前说较是，惟所存者不过《曲台记》十之二三，馀皆为汉儒所附益耳。"② 蔡氏论《礼记》篇章，只认为《王制》《月令》《坊记》《问丧》数篇出于汉代之前，但此数篇亦为汉儒杂纂《古文记》所拾取。这是蔡介民对《礼记》篇章时代的基本意见。

2. 论《礼记》与《仪礼》的关系

《礼记》与《仪礼》的关系颇为复杂。《礼记》中有与《仪礼》关系密切的篇目，如《冠义》《昏义》《乡饮酒义》《射义》《燕义》《聘义》等；也有与《仪礼》联系并不紧密的篇目，如《王制》《月令》《明堂位》《缁衣》《坊记》《中庸》等；亦有内容与《仪礼》相

---

① 蔡介民：《礼记通论》，《民国时期经学丛书》第四辑第31册，台湾文听阁图书有限公司，2009，第21页。
② 蔡介民：《礼记通论》，《民国时期经学丛书》第四辑第31册，台湾文听阁图书有限公司，2009，第23页。

关、然为《仪礼》所不备者,如《曲礼》《玉藻》《杂记》《丧服小记》《丧大记》等;且《礼记》所载礼制名物等,与《仪礼》常有不合之处。这些都导致了《礼记》与《仪礼》关系论断的难度。朱子谓:

> 《仪礼》礼之根本,而《礼记》乃其枝叶。《礼记》乃秦汉上下诸儒解释《仪礼》之书,又有他说附益其间。①

> 《仪礼》是经,《礼记》是解《仪礼》,如《仪礼》有《冠礼》,《礼记》便有《冠义》,《仪礼》有《昏礼》,《礼记》便有《昏义》。以至燕、射之类,莫不皆然。②

朱子所谓《仪礼》与《礼记》是经与传关系的观点,在学术史上的影响较为深远。但蔡介民并不认同这种观点,他认为:

> (一)《仪礼》十七篇,今《礼记》仅有冠、昏、乡饮酒、射、燕、聘六义,馀篇何勿释之?(二)《礼记》之义,若释《仪礼》之正文,则不当离文立说,多所抵牾。(三)六篇之首,有称某义者,有称某礼者,称谓既不同,安得斯以为释礼之义?(四)六篇之中亦有不同,如《冠义》、《昏义》,皆撮取《郊特牲》及《冠礼》、《昏礼》为之,其不足为冠礼、昏礼之义也可知。且《乡饮酒义》、《射义》多不同于《乡饮酒礼》、《射礼》;《燕义》、《聘义》,多不同于《燕礼》、《聘礼》,既为经传,焉得不同?吾人执此四端,敢断言经传说之诬妄。不过《礼记》为汉儒杂缀之书,往古典籍,多所纂取,至如《仪礼》,则炜炜煌煌,当然多所附释,然亦未尽相合也。后人绳以经传,岂非大误耶?③

---

① 黎靖德编,王星贤点校《朱子语类》第6册,中华书局,1986,第2186页。
② 黎靖德编,王星贤点校《朱子语类》第6册,中华书局,1986,第2194页。
③ 蔡介民:《礼记通论》,《民国时期经学丛书》第四辑第31册,台湾文听阁图书有限公司,2009,第36页。

蔡介民虽否认《礼记》与《仪礼》之间存在经传关系，认为《礼记》为杂纂之书，但并不忽视《礼记》与《仪礼》之间存在的客观联系，这种观点与态度，自有可取之处。

3. 论《礼记》的研究方法

《礼记》一书文本多零条杂陈，篇章之间缺乏一个完整的系统，向来皆称难治，郑注三《礼》之后，学者研究《礼记》多据郑注敷衍推阐，使《礼记》的文本阐释得到了极大的发展，唐孔颖达《礼记正义》就是其中的典范。然《礼记》的研究，刘向《别录》所分通论、制度、吉礼、丧礼等，已开《礼记》分类研治的先河。此后如唐代魏征《类礼》（书不传）、宋代朱子《仪礼经传通解》、元代吴澄《礼记纂言》、清代任启运《礼记章句》等，均对《礼记》内容分门别类，不断深化了《礼记》的研究。民国时刘咸炘著《治记绪论》，对历代《礼记》分类的得失，进行了细致的分析，提出舍弃《礼记》仪文，独取《礼记》大义，进而理篇理章的研究方法，在不动摇《礼记》经典地位的基础上，对《礼记》研究方法，进行了较大的革新。刘咸炘的《礼记》学思想，前节已有论述，此不赘引。蔡介民《礼记通论》所提出的《礼记》研究方法，亦以分门别类为基础，其思想明显受刘咸炘的影响，但与刘咸炘也有不同，其谓：

> 刘氏所言，足以启盲振聩，发前人所未发。《礼记》中所言典制，多属传闻臆见中事，自相扞格，不相联想。然刘氏买椟还珠之说，似矣太过，盖《礼记》言典制处，仍不失为有价值之史料也。①

蔡介民并不同意刘咸炘独取大义而舍仪文的做法，认为《礼记》所言典制，可以作为史料对待。他提出研究《礼记》可以分为"材料之整

---

① 蔡介民：《礼记通论》，《民国时期经学丛书》第四辑第31册，台湾文听阁图书有限公司，2009，第41页。

理""科学之研究"两个步骤。《礼记》材料的整理,蔡介民认为可以依照杜威"十进分类法"进行分析,即:

> 一、总部:礼之总论。二、哲学:论孝、鬼神、宇宙等。三、宗教:论礼俗等。四、社会科学:论政令制度等。五、语言文字学:名称、方言、修语等。六、自然科学:天文、月令等。七、应用科学:论器物饮食、疱治法等。八、艺术:论美术、音乐等。九、文学:《檀弓》、《儒行》、《礼运》等篇文章。十、史地:论地理、史事、社会现象等。①

其著《礼记续说》②,钩稽《礼记》材料,分"法律论""政治论""音乐论""养老论""时俗论""育子论""语言论""饮食论""宾主论""进献论""执奉论""伤吊论""男女论""趋行论""教学论"等专题,就是依据"十进分类法"对《礼记》内容进行的分类实践。蔡氏谓《礼记》"科学之研究",有三种方法:"一、比较的研究,即礼制上纵横之比较,而求其相互演变之迹;二、批判的研究:即对《礼记》释礼制说,以社会学或民俗学之眼光,予以合理之批判与研究;三、纯《礼记》的研究,取材仅限于《礼记》,只在《礼记》中求真,换言之,即将《礼记》作为一阶段之史料,而为系统之研究。"③蔡氏这种《礼记》研究的方法,显然也与民国时期经学转型的学术思潮有着莫大的关联,后文将有进一步论述。

4. 论《礼记》中礼的大义

历来说礼之大义,皆以礼教立言,刘咸炘《治记绪论》所论大义如"养生送死事鬼神"等,亦以人心教化为本。蔡介民所谓礼的大

---

① 蔡介民:《礼记通论》,《民国时期经学丛书》第四辑第31册,台湾文听阁图书有限公司,2009,第42页。
② 蔡介民:《礼记续说》,《新东方杂志》第2卷第6期,1941,第47页。
③ 蔡介民:《礼记通论》,《民国时期经学丛书》第四辑第31册,台湾文听阁图书有限公司,2009,第43页。

义，与以往学者则有所不同，其谓：

> 《仪礼》十七篇，详言礼之文，《礼记》四十九篇，详《仪礼》之义。无《礼记》则礼义不可求，无《仪礼》则礼文不可释，二者相依为命，相并而行。此经传附会之说所由来也。尝观夫《礼记》书内，言礼綦详，包罗万象，虽其言不必皆可信，其义不无多附会，繁碎错杂不必尽美，要亦借此窥见古代社会生活与夫儒家礼教思想之一般也。[①]

据此可知蔡介民论礼的大义之出发点乃是对史料的发掘。蔡介民论礼的大义，皆以《礼记》文本为依据，分为以下几个方面。总论，包括礼之原始、礼之制宜、礼之功用、礼之文质、礼之制法；分论，包括冠笄之大义（意义、年龄、仪注）、婚嫁之大义（意义、限制、仪注）、丧礼之大义（意义、仪注、什物、居丧、殉葬非礼、三年丧之意义）、祭祀之大义（意义、类别、要义）。此为蔡介民对《礼记》大义所作的史料梳理。

以上为蔡介民《礼记通论》的基本内容。

### 三 蔡介民礼学研究的评价

#### （一）蔡介民礼学史研究评价

礼学为实学，在传统社会有两个意义，一是征实之学，举凡经书文字、名物、礼制的说解，皆需征实而后方能疏通；一是实用之学，亦即经世致用，在个体表现为进退、辞让、应对、洒扫的修养训练，在国家表现为典章制度等的制作裁定。征实与实用，前者是后者的思想资源，后者是前者的目标所在。因此，礼学在古代，学者有关经书

---

① 蔡介民：《礼记通论》，《民国时期经学丛书》第四辑第31册，台湾文听阁图书有限公司，2009，第54页。

的训释，虽然也能博采旁稽，对于前人之说，也不会有意埋没，对过去学者的成就得失也会有所评判，但其出发点则在于求得经书训释的准确，而独立专门的礼学史研究，并不是古代学者的兴趣所在。

经学史与礼学史的专门研究，只是近代以后的事情，皮锡瑞《经学历史》是中国第一部经学史著作，其中三礼部分，则是真正意义上礼学史研究的最早著作。皮锡瑞《经学历史》是以其今文学家的身份与视角，对经学历史作出的观察，三礼学史的论述，自然是在经学的框架内展开，并且皮锡瑞有关礼学史的描述，颇有不周之处。民国时期经学研究转型以后，周予同等学者即开始了经学史研究的课题，而第一部礼学史研究的著述，则是蔡介民所著之《中国礼学史刍议》，因此蔡介民的礼学史研究，在礼学史上有着开端发凡的重要意义，不应长期忽略。

礼学史的研究，在民国以后仍在继续，钱玄先生《三礼通论》，对《周礼》《仪礼》《礼记》三部经典礼书的时代、撰作以及历代学者的研究等，均有细致的介绍与准确的定位，其中有关不能轻视宋代礼学的论断，更是发前人所未发，对认清礼学发展的脉络，有着重要的作用。陈成国先生对中国礼制史的研究，则着眼于历代礼制的变迁，勾勒中国礼制发展的面貌，与钱玄先生以礼经为中心的研究有所不同。

当代关于中国礼学史研究的总体框架、研究思路、研究方法的深刻讨论，有杨志刚《中国礼学史发凡》一文[①]。杨先生在该文中认为中国现代史学史的研究，礼学史的研究一直就是弱项，杨先生在该文中提出，传统礼学包括礼经学、礼仪学、礼论、泛礼学四个方面的内容，礼学史的研究应以泛礼学为铺垫，而集中于对礼经学、礼仪学、礼论的研究。杨先生的论断，具有发凡起例的意义，对之后礼学史认识与研究，有着相对广泛的影响。

---

① 杨志刚：《中国礼学史发凡》，《复旦学报》1995 年 11 月，第 52~58 页。

钱玄先生《三礼名物通释·自序》谓："夫学《礼》不外四端：一曰礼之义，所以论礼之尊卑、亲疏之义也，如《礼记》所载《冠义》、《昏义》、《乡饮酒义》、《射义》、《聘义》等篇是也。二曰礼之节，详吉凶宾军嘉五礼之节文也。三曰百官之职，则《周礼》所记三百六十官之职掌也。四曰礼之具，乃散见三礼中有关宫室、器用名物也。"[①] 钱先生从学习研究礼学的角度，提出了礼学的内容包括礼义、礼节、职官、礼具四个方面。综合钱先生的论断，本文以为礼的要素包含礼仪、礼器、礼义三个方面，礼仪为人之节文行动，礼器为器之品格使用，礼义为节文行动、器物使用的含义。三者的协同发挥，见于三礼，则赖百官职掌；见于现实，个人亦是行礼的主体。

作为礼的礼仪、礼器、礼义，一旦具有国家政权的意志，就上升为礼制，《仪礼》《周礼》包括《礼记》中有关礼制的篇章，可以视作周代礼制的记录。周代又是中国礼制的成熟时期，因此三礼自然成为后世礼制损益的经典参照，理所当然成为后来所说的"礼经"，不过礼经的本质仍然可以视作周代礼制。历代依据礼经，制作损益的典章仪注，就是我们现在可见的礼典，礼典是历代礼制的记载。国家政权化民成俗推行礼制，地方民间的风俗习惯，便成了具有礼制影响的礼俗。因此，无论周代礼经、历代礼制，还是民间礼俗，都能具备礼仪、礼器、礼义的要素。

基于这样的认识，我们以为礼学史的研究应该包括礼经学研究、礼制学（或可称作礼典学）研究、礼俗学研究，具体的内容又可以从礼仪、礼器、礼义分类展开。杨志刚先生所论礼经学，与本文对礼经学的认识基本相同；礼仪学可以与本文关于礼制学的认识相互沟通；其礼论之说我们可以将之归入有关礼经、礼制、礼俗蕴含的礼义中去讨论；而泛礼学则不在本文讨论的范围之内。我们可以参考上述对礼

---

[①] 钱玄：《三礼名物通释》，江苏古籍出版社，1987，第1页。

267

学内容的认知,来观照蔡介民在民国时期的礼学史研究,以对蔡介民的礼学史研究作出相对客观的评价。

蔡介民的礼学史研究,就《中国礼学史刍议》《中国婚礼沿革略》《中国祭礼源流考》三篇文章来看,从礼书、礼俗的角度,基本勾勒出了中国礼学史的发展面貌,有着重要的学术参考价值。而蔡介民研究礼学史,分为礼书与礼俗的两个层次,在方法上也能反映传统礼学发展的事实,礼书部反映了传统礼学的思想资源,礼俗部反映了传统礼学的实践情形,二者对认识传统礼学的发展,也有着重要的意义。

在上文的介绍中我们可以看到,蔡介民的礼学史研究,分为礼书、礼俗两部,礼书部其实以历代朝廷典章仪注类著作为核心,三《礼》的论述只是蔡氏礼书部中的一个极小部分,而其对历代礼学总结评价也是以当朝礼典著作为依据。礼俗的研究,今可考见有祭礼、婚礼两种,蔡介民对祭礼、婚礼的研究,无论是分类还是沿革的探讨,亦均以历代礼仪典章为基础。

参照我们对礼学内容的认知,可以看到蔡介民礼学史研究的重点在于礼制学与礼俗学的论述。如其对历代礼典制作的论述、祭礼诸礼沿革的探讨等,都属于礼制学的范畴。蔡介民对礼俗的勾勒研究,则属于礼俗学的范围。礼经学的研究,并不是蔡介民礼学史研究的核心。蔡介民有关礼的起源、礼的意义、祭礼含义、婚礼含义等的讨论,又有礼义研究的意味。

当然,以后来更为成熟的理论来观察蔡介民的礼学史研究,我们可以看到蔡介民的《中国礼学史刍议》,其作为现代学术礼学史研究的首部论著,对于礼学史研究的基本内容,如礼经、礼制、礼俗均有讨论,其初创之功当然不能否认。但同时我们也看到,蔡介民的礼学史研究,对礼经学、礼制学、礼俗学并没有自觉、明确的划分。而且蔡介民关于礼义的讨论,只是附于礼书部中的一个较小内容,其对礼经、礼制、礼俗所蕴含的礼仪、礼器、礼义,也没有进行系统研究。

这些都说明，蔡介民的礼学史研究的框架与细节，仍然不够成熟、不够充实。

所谓礼经、礼制，在传统礼学的视野下，本来就是学与用、一而二、二而一的关系，分类对待区别研究只是后来学术工作的需要；民国学术踵接清代，传统学术的惯性并未消解，蔡介民礼学史的研究，于礼经学、礼制学并未截然划分，可能只是学术惯性使然。而且从蔡氏所分礼书、礼俗两部来看，礼经学的历代重要著作，当然是当时学者所熟知的部分，而礼制学著作相对则是当时经学研究较少关注的对象，这可能也是蔡介民对礼经学著作论述较少的现实原因。因此，从学术史发展的观点来看，对蔡介民礼学史研究的讨论，不仅有礼学研究本身的意义，对民国时期学术特征的思考，也有参考价值。

综上所述，蔡介民的礼学史研究论著，是现代学术有关礼学史研究的初创之作，有着独特的学术史地位。蔡介民的礼学史研究，对礼学史研究的基本内容诸如礼经学、礼制学、礼俗学等，都有相关论述，并取得一定的成绩，有着重要的学术参照价值，其中有关礼制学的讨论，尤能代表蔡介民礼学史研究的特点。从学术发展的眼光来看，蔡介民的礼学史研究，尽管在思路框架或者部分观点上，需要进一步修正或深化，但他的研究是现代学术有关礼学史研究的重要环节，则是不能否认的事实，考镜学术、表彰前修，蔡介民的研究理当得到充分的重视，不应长期忽略。

## （二）蔡介民《礼记通论》评价

蔡介民《礼记通论》吸收了民国时期经学研究的最新成果与最新思想，具有鲜明的时代特征，能够反映民国时期《礼记》通论研究的基本风貌。蔡介民关于《礼记》成书与篇章年代的讨论，就是对民国时期学术成果的利用与消化。《礼记》成书与篇章年代的争议由来已久，清代朴学兴起以后，《礼记》成书与篇章年代的问题，引起学者的广泛关注，毛奇龄、陆奎勋、戴震、钱大昕、王鸣盛、陈寿祺、黄以周等学者，对《礼记》的成书与篇章年代均有论证。随着今文学兴起，《礼记》成书与篇章年代讨论的思路更加宽阔。民国时期由于经学的转型，在经学史学化的影响下，《礼记》的成书与篇章年代，成为研究《礼记》不能回避的话题。这一时期王国维、吴承仕、黄侃等传统学者主张《礼记》为二戴纂辑先秦两汉各种典籍汇编而成之作，而"古史辨"派学者，如顾颉刚、童书业等则主张《礼记》为汉儒伪造之书，洪业虽无伪造之说，但其观点仍受"古史辨"思潮的影响。蔡介民《礼记通论》认为《礼记》为刘歆所伪造，《礼记》各篇章多为汉儒所杂纂，《礼记续说》又认为《仪礼》并无逸礼，所谓逸礼，乃是汉儒纂辑《礼记》删减材料所剩余的礼文原料，皆是对"古史辨"派学者思想与观点的深化，代表了民国时期学术界对《礼记》成书与篇章时代研究的最新观点。

蔡介民所提出的《礼记》研究方法，也与时代风潮密切相关。关于经学的内涵，唐代刘知几、明代王阳明等皆有"六经皆史"的观念，清代中叶的章学诚于《文史通义》正式提出"六经皆史"的观点，并对"六经皆史"这一命题的内涵进行了细致而深刻的阐述。近代社会的急剧变革，经学亦随之转型，"六经皆史"这一经学命题的研究，成为学者不能回避的议题。章太炎撰作《清儒》《原经》《经的大义》等著作，对经与经学的意义，进行了更为深入的探讨。五四以后新派学者胡适于《章实斋先生年谱》中又提出"六经皆史料"的观点，对六经的文化属性与研究价值作了更为明切的定位。"六经皆史料"的观点，在民国学术界得到了比较广泛的认同，周予同经学史的研究，以六经为史料，并对"史"与"史料"的意义进行辨别，显然就是对胡适"六经皆史料"观点的深化。胡适1919年还曾于《新青年杂志》发表《新思潮的意义》，胡适认为"新思潮的精神是一种评判的态度"，并以此"评判的态度"对待中国旧有的学术思想，进而提出"整理国故"的观点。所谓"整理国故",据胡适的设想,乃是以"评判的态度"重估中国旧有学术的价值。胡适"整理国故"的观点在民国时期有着广泛的影响,当时学术界甚至将"整理国故"视作一场"运动"。

蔡介民《礼记通论》在关于《礼记》研究方法的论述中,提出"科学之研究"有"批判的研究"、"予以合理之批判与研究"、"一阶段的史料"以及《礼记通论》论礼的大义所谓"借此窥见古代社会生活与夫儒家礼教思想之一般"云云,可以断定,蔡介民的说法脱胎于胡适"六经皆史料"以及"整理国故"的思想。就蔡介民《礼记》研究其他著作来看,他对胡适"六经皆史料"以及"整理国故"观点的利用,也是比较自觉的行为。此外,蔡介民关于《礼记》研究方法所谓"材料之整理",结合中国旧有的《礼记》分类思想,引进杜威"十进分类法"对《礼记》的篇章材料进行分类归纳,也是当时最为新颖的治《记》实践。因此蔡介民《礼记通论》对《礼记》研究方法的探讨与实践,反映了民国时期《礼记》研究的最新动态。

综上所述,蔡介民《中国礼学史刍议》,是现代学术有关礼学史研究的草创之作,有着独特的学术史地位;而其《礼记通论》对民国时期学术新潮的吸收与消化,也能鲜明地反映民国时期《礼记》研究的基本风貌。因此,蔡介民的礼学史以及《礼记》研究,尽管某些具体观点需要进一步的讨论或修正,但他的研究是现代学术有关礼学史与《礼记》研究的重要环节,则是不能否认的事实。

# 结　论

## 一　民国时期的《礼记》考证研究的评价

在以"价值判断"为主导的经学时代,《礼记》研究的重心在于经义的阐释与发挥,以被视作"礼学津梁"的郑注来看,郑注的内容主要在于文字校勘、语词训诂、名物解释、礼制解说、礼义发掘等方面,这也是后来《礼记》研究的基本内容。《礼记》考证的研究,在传统经学的研究领域中并不能算是《礼记》学研究的重心,《礼记》郑玄注、《经典释文叙录》、《隋书·经籍志》、《初学记》、《通典》等典籍有关《礼记》成书或篇章来源等的记载,不过是学者各就所闻而对《礼记》渊源做出的一种交代,并不能看作严谨的学术判断,当然他们的看法未必没有依据。《礼记》考证的研究真正成为《礼记》学研究中的重要命题,当是清代考据学出现以后的事情,我们在对学术史资料的梳理中明显可以看到,清代重要学者对《礼记》考证的研究都有不同程度的参与,对各种问题也提出过不同的意见,这使得《礼记》考证的研究不断得到深入。尽管如此,他们研究《礼记》的内容最终仍旧以郑注的内容为依归,《礼记》经义的阐释与发挥,始终是清代学者研究《礼记》最为重要的内容。随着清代今文经学的产生与发展,《礼记》考证的研究又与晚清经学"今古文之争"相纠合联系,这也导致《礼记》考证本来的疑案也因之变得更为复杂。

清朝末年经学退出科举考试、民国初年经学作为学科退出学制之后，躐接清代考据学与今文学的经学将走向何处，成为民国时期新派学者面临的现实问题。在学术转型的过程中，继章学诚"六经皆史"思想之后，出现了梁启超《中国近三百年学术史》中所提出的以经学为史学、胡适在《章实斋年谱》中所提出的"六经皆史料"、傅斯年在《历史语言研究所工作之旨趣》中所提出的"历史学只是史料学"等学术思想，这对经学的研究产生了极大的影响，直接使《礼记》的研究走出经学的框架，从而变成史学研究的材料。因此，在经学体系下并不是《礼记》学重心的《礼记》考证研究越而成为新的历史条件下《礼记》研究的头等大事，《礼记》成书与篇章来源的考定，尤其是过去聚讼难息的公案的解决，成为史学层面或史料层面《礼记》研究的中心话题。换句话说，《礼记》考证的研究已经成为经学史或礼学史研究不能回避的命题，而且其中诸如《月令》来源等问题，还与中国上古史的研究与重建息息相关。这是民国时期《礼记》研究的基本学术背景，也是这一时期重要学者如王国维、章太炎、刘师培、顾颉刚、童书业、洪业等，对《礼记》考证问题都有较多参与的缘由；20世纪80年代以后《礼记》考证问题能够得到持续讨论，应当与此也有关系。因此，民国时期的《礼记》考证研究，可以看作清代考据学与现代历史学相互沟通的一个缩影。

民国时期《礼记》考证研究的成就或意义，可以从以下几个方面的概括。首先，民国学者对问题本身的探讨，使《礼记》成书、《月令》来源、《今月令》出处、《王制》作者、《学记》作者等问题有了一个较为具体的答案，尽管不同学者的答案各有不同，但都为问题的解决提供了参考与思路。其次，民国学者研究《礼记》考证问题的过程中，对前代学术尤其是清代学术进行了较为细致的检讨、总结，如钱大昕有关大小戴《礼记》四十六篇（四十九篇去除重复三篇）、八十五篇目数量之和,正与《汉志》古《记》百三十一篇之数相同的说法,清代今文学家认为《王制》为"孔子素王改制之作"等说法,都得到了民国学者的否定,并成为此后学者的共识。再次,民国学者对《礼记》考证问题如《礼记》的成书到底在东汉还是西汉、《月令》出自《周书》还是《吕纪》、《王制》是不是汉文帝博士所作等的论辩,其观点或同时诸贤大相径庭,或异代学者针锋相对,这使他们在往返讨论的过程中,对文献史料发掘、钩稽的范围非常广泛,而且常常出现对同一史料有着不同解读的现象,这不仅充实了《礼记》研究的史料,而且还深化了学者对史料价值的认识。当然,从当前学术发展的事实来看,民国学者对《礼记》考证具体问题的研究也存在一些局限。比如"古史辨"派学者对《礼记》成书、《月令》来源等的怀疑、讨论,只能作为一时的学术风潮来看待,而并不能成为具体问题的结论。又如民国学者对诸如《王制》作者、《今月令》出处、《学记》作者等问题的研究,也有继续讨论的空间与余地,都是这种情况。

## 二 民国时期《礼记》经解研究的评价

与《礼记》考证问题成为民国时期《礼记》学研究中心议题的事实相比,民国时期《礼记》经解的研究,无论规模或者影响,似乎并未出现波澜壮阔的画面。清代经学可称全盛,梁启超在《中国近三百年学术史》中尚且感叹清代并未出现一种《礼记》新疏,而在经学转型或者说经学面临瓦解危机的民国时期,《礼记》经解的研究不能超越清代,出现一部媲美《仪礼正义》《论语正义》《孟子正义》《周礼正义》等新疏的著作,也就并不是非常奇特的事情了。因为新的学术体系的构建,又已成为此时学者所需完成的新的历史任务,《礼记》经解的研究似乎不是新派学者特别重视的内容。

然而这一时期的《礼记》经解研究并未停止,重要的著作仍有戴礼《礼记通释》、廖平《礼记识》、简朝亮《礼记子思子言郑注补正》、魏元旷《礼训纂》、刘咸炘《礼记温知录》等数种以及其他相关的零散论文，同时也有不少选本选注类通俗读物出现。本书研究以简、魏、刘三种著作为例据进行讨论。总体来看，这三种经解著作的研究方法，承继了传统经学考据与经义阐发的基本路径，其成就主要体现在辨正旧说或发明新义两个方面，此外刘咸炘《礼记温知录》在解经方法上也有所创新。再考虑戴礼《礼记通释》对《礼记》经解的搜集工作，民国时期《礼记》经解研究的成就，又可以加上汇聚前说的一项。此时期《礼记》经解的局限也很明显，比如简氏、魏氏书中对旧有经说的辨正偶有不妥，他们提出的新的意见，部分条目亦有失当之处，当然这也是任何经义训释都会出现的问题。因而民国学者有关《礼记》经解研究的努力，仍待大力表彰。历代《礼记》经解著作汗牛充栋，民国时期的《礼记》经解著作尚未引起较多关注，其学术价值仍可继续发掘，这也是本文研究尚需继续努力的方向。

## 三 民国时期的《礼记》通论研究的评价

民国时期《礼记》通论著作是在本时期经学转型与学术新变的历史条件下产生的，他们讨论的内容是《礼记》作为经典，在新的时期应该有着怎样的文化地位，以及研究《礼记》应该持以怎样的目的、采取怎样的方法等。通过对刘咸炘《治记绪论》与蔡介民《礼记通论》的梳理，我们看到他们对《礼记》的认识，均是基于经学研究与史学研究的沟通互动而展开的。

刘咸炘《治记绪论》的理论源于章学诚"六经皆史"的学术思想，刘咸炘对章学诚"六经皆史"理论中"史"的内涵进行补充发展，修正了章学诚关于《易》属于史科的观点，并将六经与群籍按照事、理、情的标准进行分类，认为《礼记》作为《礼经》传记，与先秦诸子之书异体同实，均是说理之文，属于"理"的范畴，进而将

《礼记》的体裁定为"儒门丛书",将《礼记》的宗旨定为"儒门大义"。刘咸炘认为《礼记》最有价值的部分在于《礼运》《礼器》等说理通论之文,诸如《曲礼》《少仪》等有关礼文仪节的篇目,与《仪礼》一样属于"事"的范畴,是研究《礼记》应当摒弃排除的部分,二者之间有着根本的区别。这样他对《礼记》大义的概括,仍然不能脱离传统礼教的思想,《礼记》作为经典的地位仍然没有动摇,不过是《礼记》研究的方法应该得到改进。基于这样的认识,刘咸炘提出的研究《礼记》"理篇""理章"的方法,并在《礼记温知录》中进行尝试。

蔡介民《礼记通论》对《礼记》的认识,与民国时期现代史学观念的发展与传播密切相关。在民国时期的经学转型的历史背景下,梁启超在《中国近三百年学术史》中提出《礼记》研究可纳入史学研究的范围、将《礼记》视作史学研究的材料的观点。胡适在《章实斋年谱》中也将章学诚"六经皆史"的命题发展为"六经皆史料",并在《新思潮的意义》中提出"整理国故"的观点与方法。这样《礼记》作为史学研究的史料,就有了完整的学术理论作为支撑,李安宅《仪礼与礼记之社会学的研究》,就是在这样的学术思想背景下而产生。蔡介民《礼记通论》对《礼记》的认识,正是对民国时期学术新潮的吸收与利用,而其有关《礼记》成书与篇章来源的观点,则又受"古史辨"学术思想与方法的影响。

因此,我们可以将《治记绪论》与《礼记通论》看作"六经皆史"这一理论发展到民国时期,对《礼记》研究产生影响的两个方面。刘咸炘基于"六经皆史"的理论,将《礼记》的研究范围极度缩小,最终只能剩下《礼运》《礼器》之类有限的通论篇目。民国时期现代史学理论的产生,既有"六经皆史"传统学术的学理内涵,又受西方现代学术思想的熏染,在这种新的史学理论的影响下,蔡介民《礼记通论》所揭示的《礼记》研究,得以走出经学研究的框架,其

结　论

研究的范围则变得非常广阔。两相对比我们可以看到，刘咸炘的《礼记》学思想显得相对保守。这是民国时期学术新变在《礼记》研究方面显示出的两个表现。

　　刘咸炘的《治记绪论》中所反映的礼学思想，现代以后并未得到广泛的关注，应当与其保守的态度有关。蔡介民《礼记通论》所反映的研究《礼记》的思想、方法等，在当代的学术研究中仍有很大影响，钱玄先生在《三礼通论》前言中说"现在学习、研究三礼，亦即研究上古文化史，就是整理这些上古文化史史料，考订各种礼制的内容及其产生、发展变化的情况，从而对这些文化史料作出合乎历史发展的结论"，应当就是民国时期学术思想的延续。同样，《礼记》作为史料，在当代不同学科的研究中也得到了广泛的应用，比如西安交通大学出版社2013年出版的卢静先生所著《礼记文学研究》，就是其中的一例。由此可见，民国学者对《礼记》研究思想、方法的探讨，仍有强大的生命力。

# 参考文献

### 礼学研究相关著作：

1. 阮元校刻《十三经注疏》，中华书局，1980。
2. 郑玄注，孔颖达疏，吕友仁校点《礼记正义》，上海古籍出版社，2008。
3. 卫湜：《礼记集说》，上海古籍出版社影印文渊阁《四库全书》本，1987。
4. 吴澄：《礼记纂言》，上海古籍出版社影印文渊阁《四库全书》本，1987。
5. 陈澔：《礼记集说》，上海古籍出版社影印文渊阁《四库全书》本，1987。
6. 方苞：《礼记析疑》，上海古籍出版社影印文渊阁《四库全书》本，1987。
7. 乾隆三礼馆：《钦定礼记义疏》，上海古籍出版社影印文渊阁《四库全书》本，1987。
8. 任启运：《礼记章句》，上海古籍出版社影印文渊阁《四库全书》本，1987。
9. 孙希旦：《礼记集解》，中华书局，1989。

10. 郭嵩焘：《礼记质疑》，岳麓书社，1992。
11. 朱彬：《礼记训纂》，中华书局，1996。
12. 杭世骏：《续礼记集说》，上海古籍出版社，2002。
13. 孙诒让：《周礼正义》，中华书局，2016。
14. 张尔岐撰，郎文行校点，方向东审订《仪礼郑注句读》，上海古籍出版社，1987。
15. 凌廷堪：《礼经释例》，黄山书社，2009。
16. 胡培翚：《仪礼正义》，江苏古籍出版社，1993。
17. 秦蕙田：《五礼通考》，上海古籍出版社影印文渊阁《四库全书》本，1987。
18. 黄以周：《礼书通故》，中华书局，2007。
19. 王引之：《经义述闻》，凤凰出版社，2010。
20. 俞樾：《古书疑义举例》，中华书局，1956。
21. 司马迁：《史记》，中华书局，2013。
22. 班固：《汉书》，中华书局，1962。
23. 王先谦：《荀子集解》，中华书局，1992。
24. 陈立：《白虎通疏证》，中华书局，1994。
25. 黄侃：《黄侃论学杂著·礼学略说》，中华书局，1964。
26. 钱玄：《三礼通论》，南京师范大学出版社，1996。
27. 杨向奎：《宗周社会与礼乐文明》，人民出版社，1997。
28. 钱玄、钱兴奇：《三礼辞典》，江苏古籍出版社，1998。
29. 沈文倬：《宗周礼乐文明考论》，杭州大学出版社，1999。
30. 中国文物研究所、甘肃省文物考古研究所编《敦煌悬泉月令诏条》，中华书局，2001。
31. 邓声国：《清代〈仪礼〉文献研究》，上海古籍出版社，2006。
32. 王锷：《礼记成书考》，中华书局，2007。
33. 王锷：《三礼研究论著提要》（修订版），甘肃教育出版社，2007。

34. 杨天宇：《郑玄三礼注研究》，天津人民出版社，2007。

35. 方向东：《大戴礼记汇校集解》，中华书局，2008。

36. 黄人二：《敦煌悬泉置〈四时月令诏条〉整理与研究》，武汉大学出版社，2010。

37. 吕友仁：《礼记研究四题》，中华书局，2014。

38. 林庆彰主编《变动时代的经学与经学家：民国时期（1912—1949）经学研究》，台湾万卷楼图书股份有限公司，2014。

39. 陈国庆：《汉书艺文志注释汇编》，中华书局，1983。

40. 吴承仕：《经典释文叙录疏证》，中华书局，1984。

41. 皮锡瑞：《经学历史》，中华书局，2011。

42. 钱穆：《中国近三百年学术史》，商务印书馆，1997。

43. 梁启超：《中国近三百年学术史》，山西古籍出版社，2001。

44. 冯友兰：《中国哲学史》，华东师范大学出版社，2001。

45. 田汉云：《中国近代经学史》，三秦出版社，1996。

46. 朱维铮编《周予同经学史论著选集》（增订版），上海人民出版社，1996。

47. 朱维铮：《中国经学史十讲》，复旦大学出版社，2002。

48. 吴少珉主编《二十世纪疑古思潮》，学苑出版社，2003。

49. 陈祖武：《清代学术源流》，北京师范大学出版社，2012。

50. 潘斌：《二十世纪中国三礼学史》，南京大学出版社，2016。

## 礼学研究相关论文

1. 盖志芳：《民国礼学的历史考察》，山东师范大学硕士学位论文，2007。

2. 刘斌：《民国〈论语〉学研究》，山东大学博士学位论文，2008。

3. 陈鸿鑫：《晚清〈王制〉研究》，上海师范大学硕士学位论文，2013。

4. 郭超颖：《〈仪礼〉郑注礼义发微》，山东大学博士学位论文，2018。

5. 罗志田:《清季民初经学的边缘化与史学的走向中心》,《汉学研究》(台北),1997年第2期。

6. 林庆彰:《研究民国时期经学的检索困难及应对之道》,《河南社会科学》2007年第1期。

7. 罗志田:《再论清季民初经学的边缘化与史学的走向中心》,田浩编《文化与历史的追索:余英时教授八秩寿庆论文集》,台湾联经出版公司,2009。

8. 杨天宇:《论〈礼记〉四十九篇的初本确为戴圣所编纂——兼驳洪业所谓"〈小戴记〉非戴圣之书"说》,《孔子研究》1996年第4期。

9. 彭林:《郭店楚简与〈礼记〉的年代》,《中国哲学》编辑部、国际儒联学术委员会编《中国哲学》第二十一辑《郭店简与儒学研究》,辽宁教育出版社,2000。

10. 华友根:《〈礼记·王制〉的著作时代及其思想影响》,《中华文史论丛》1985年第4辑。

11. 章可:《〈礼记·王制〉的地位升降与晚清今古文之争》,《复旦学报》2011年第2期。

12. 张平辙:《诗经·豳风·七月应为晋诗——兼论夏正就是晋正》,《教学研究》1981年4月。

13. 陈梦家:《战国楚帛书考》,《考古学报》1984年第2期。

14. 杨振红:《月令与秦汉政治再探讨——兼论月令源流》,《历史研究》2004年第3期。

15. 汤勤福:《〈月令〉祛疑——兼论政令、农书分离趋势》,《第三届礼学国际学术研讨会论文集》,2014。

16. 唐明贵:《简朝亮〈论语集注补正述疏〉的特色》,《聊城大学学报》2010年第1期。

17. 张纹华:《清末民初岭南大儒简朝亮研究述评》,《五邑大学学报》

2010 年第 3 期。

18. 张纹华：《简朝亮生平事迹考辨》，《五邑大学学报》2012 年第 1 期。

19. 张纹华：《广东名儒简朝亮的注经特色与若干不足》，《江南大学学报》2013 年第 5 期。

20. 邹付水、李端妹：《民国时期的江西绅士——以魏元旷为中心的个案考察》，《江西科技师范学院学报》2010 年第 1 期。

21. 严寿澂：《察变观风，史有子意——读刘咸炘〈治史绪论〉》，《传统中国研究集刊》（第四辑），上海人民出版社，2008。

22. 严寿澂：《刘咸炘经学观述略》，《史林》2011 年第 4 期。

23. 欧阳祯人、陈中：《刘咸炘的诸子学研究》，《深圳大学学报》2014 年第 4 期。

24. 张士伟：《伪国民杂志与抗日战争》，《重庆三峡学院学报》2013 年第 5 期。

25. 叶美霞：《"中日文化协会"述评》，《民国档案》2000 年第 3 期。

26. 杨志刚：《中国礼学史发凡》，《复旦学报》1995 年第 6 期。

27. 郭超颖：《郑玄〈仪礼注〉"礼不必"发微》，《孔子研究》2016 年第 6 期。

28. 郭超颖：《郑玄〈仪礼注〉"礼不参"发微》，《经学文献研究集刊》第 15 辑，2016 年 6 月。

29. 郭超颖：《〈仪礼〉"宾进东北面辞洗"释疑》，《中国经学》第 18 辑，2016 年 6 月。

31. 郭超颖、王域铖：《国图藏清陈澧〈学思录〉稿本初探》；《岭南学报》（复刊）第九辑，上海古籍出版社，2018。

### 民国时期《礼记》研究著作

1. 刘咸炘：《治记绪论》，《民国时期经学丛书》第六辑第 33 册，台湾文听阁图书有限公司，2013。

2. 唐文治：《礼记大义》，无锡国学专科学校排印本，1933。

3. 蔡介民：《礼记通论》，《民国时期经学丛书》第四辑第 31 册，台湾文听阁图书有限公司，2009。

4. 吴曾琪：《礼记菁华录》，《民国时期经学丛书》第六辑第 33 册，台湾文听阁图书有限公司，2013。

5. 廖平：《礼记识》，《民国时期经学丛书》第一辑第 38 册，台湾文听阁图书有限公司，2008。

6. 叶绍钧：《礼记选注》，《民国时期经学丛书》第四辑第 31 册，台湾文听阁图书有限公司，2009。

7. 魏元旷：《礼训纂》，《民国时期经学丛书》第六辑第 32 册，台湾文听阁图书有限公司，2013。

8. 戴礼：《礼记集释》，北京西苑出版社排印本，1935。

9. 刘咸炘：《礼记温知录》，《民国时期经学丛书》第六辑第 32 册，台湾文听阁图书有限公司，2013。

10. 刘咸炘：《读大小戴记小笺》，《民国时期经学丛书》第五辑第 35 册，台湾文听阁图书有限公司，2013。

11. 王梦鸥：《大小戴记选注》，《民国时期经学丛书》第五辑第 35 册，台湾文听阁图书有限公司，2013。

12. 马通伯：《马通伯先生礼记节本》，《民国时期经学丛书》第六辑第 35 册，台湾文听阁图书有限公司，2013。

13. 钱基博：《礼记约纂》，《民国时期经学丛书》第六辑第 33 册，台湾文听阁图书有限公司，2013。

14. 杨钟钰：《礼记撷要》，《民国时期经学丛书》第六辑第 35 册，台湾文听阁图书有限公司，2013。

15. 向宗鲁：《月令章句疏证叙录》，《民国时期经学丛书》第一辑第 38 册，台湾文听阁图书有限公司，2008。

16. 廖平：《礼运三篇合解》，《民国时期经学丛书》第一辑第 38 册，台湾文听阁图书有限公司，2008。

17. 江希张：《新注礼运白话解说》，《民国时期经学丛书》第五辑第 33 册，台湾文听阁图书有限公司，2013。

18. 方思仁：《礼运大同篇注释》，《民国时期经学丛书》第五辑第 34 册，台湾文听阁图书有限公司，2013。

19. 吕思勉：《大同释义》，《民国时期经学丛书》第五辑第 34 册，台湾文听阁图书有限公司，2013。

20. 陈梦韶：《大同新论》，福建永安中国学术出版社，1944。

21. 王树枏：《学记笺证》，《民国时期经学丛书》第五辑第 33 册，台湾文听阁图书有限公司，2013。

22. 姚明辉：《学记集义训俗》，《民国时期经学丛书》第四辑第 32 册，台湾文听阁图书有限公司，2009。

23. 杜明通：《学记考释》，《民国时期经学丛书》第四辑第 32 册，台湾文听阁图书有限公司，2009。

24. 廖平：《坊记新解》，《民国时期经学丛书》第一辑第 38 册，台湾文听阁图书有限公司，2008。

25. 石永楙：《大学中庸礼运三经正》，《民国时期经学丛书》第五辑第 33 册，台湾文听阁图书有限公司，2013。

26. 徐仁甫：《儒行集释》，《民国时期经学丛书》，第五辑第 33 册，台湾文听阁图书有限公司，2013。

27. 简朝亮：《礼记子思子言郑注补正》，《民国时期经学丛书》第六辑第 34 册，台湾文听阁图书有限公司，2013。

## 民国时期《礼记》研究论文

1. 王仁俊：《礼记篇目考》，《国故》第 1 期，1919，第 1~4 页。

2. 高步瀛：《三礼学制郑义述》，《国学丛编》第 1 卷第 4 期，1931，第 1~7 页。

3. 高步瀛：《三礼学制郑义述（续前）》，《国学丛编》第 1 卷第 6 期，1932，第 16~20 页。

4. 吴承仕：《郑氏禘祫义（附表）》，《国学论衡》第 4 上期，1934，第 22~58 页。

5. 顾畅生：《礼记大学郑注讲疏自序》，《学术世界》第 1 卷第 4 期，1935，第 74~78 页。

6. 童书业：《二戴礼记辑于东汉考》，《浙江图书馆馆刊》第 4 卷第 2 期，1935，第 1~19 页。

7. 钱玄：《三礼名物图表》，《国学论衡》第 5 上期，1935，第 51~61 页。

8. 洪业：《礼记引得序——两汉礼学源流考》，《史学年报》第 2 卷第 3 期，1936，第 279~309 页。

9. 李源澄：《小戴礼记补注叙录》，《学术世界》第 2 卷第 1 期，1936，第 55~59 页。

10. 沈延国：《读书杂录——读礼记》，《制言》第 40 期，1937，第 30 页。

11. 沈延国：《读书杂录——读礼记（续）》，《制言》第 40 期，1937，第 6 页。

12. 许国霖：《礼记音义》，《敦煌石室写经题记与敦煌杂录》，上海商务印书馆，1937。

13. 王桥安：《礼记全经要义》，《教育学报（北京）》第 5 期，1940，第 1~6 页。

14. 吕思勉：《论二戴之礼记》，《群雅》第 1 集第 5 卷，1940，第 3~5 页。

15. 龚向农（遗著）：《礼记郑氏义疏发凡（续第一期）》，《志学》第 3 期，1942，第 8~9 页。

16. 陶希圣：《荀子与礼记所说的"太一"》，《文化先锋》第 1 卷第 11 期，1942，第 13~15 页。

17. 赵世懿：《礼记新研究》，《亚洲文化论丛》第 1 期，1942，第 159~172 页。

18. 王梦鸥：《礼与大一》，《文化先锋》第 2 卷第 7 期，1943，第 6~10 页。

19. 龚向农：《礼记郑氏义疏叙例》，《斯文》第 3 卷第 12 期，1943，第 12~16 页。

20. 黄巩：《〈曲礼〉为"人臣之礼不显谏"与〈檀弓〉"事君有犯而无隐"讲义》，《船山学报（长沙）》第 6 期，1934，第 33~35 页。

21. 章太炎：《驳金氏五官考》，《制言》第 6 期，1935，第 1~4 页。

22. 义内武雄著，马导源译《曲礼考》，《中兴》第 2 卷第 5 期，1937，第 44~51 页。

23. 姚石子：《檀弓志疑》，《国学汇编》第 1 期，1923，第 18~19 页。

24. 时鳌：《檀弓非六国时人辨》，《安徽文献》第 4 卷第 4 期，1948，第 4 页。

25. 刘师培：《王制篇集证（未完）》，《国粹学报》第 3 卷第 11 期，1907，第 14~21 页。

26. 廖平：《王制集说——王制集说凡例》，《四川国学杂志》第 9 期，1913，第 33~37 页。

27. 黄镕：《王制附庸考》，《国学荟编》第 8 期，1915，第 4~7 页。

28. 邝平樟：《〈礼记·王制〉及〈周官·职方〉所言封国说之比较》，《禹贡》第 1 卷第 5 期，1934，第 16~18 页。

29. 郭汉三：《〈王制〉〈职方〉封国说之不同及后儒之弥缝》，《禹贡》第 1 卷第 5 期，1934，第 18~19 页。

30. 吴承仕：《王制疏证自序》，《制言》第 8 期，1936，第 1~8 页。

31. 金德建：《王制丛考》，《制言》第 57 期，1939，第 1~7 页。

32. 罗孔昭：《王制考证自序》，《志学》第 2 期，1942，第 15~16 页。

33. 刘师培：《月令论》，《四川国学杂志》第 11 期，1913，第 56~59 页。

34. 周候于：《月令篇五化释误》，《苏中校刊》第 2 卷第 71 期，1932，第 2~4 页。

35. 王公贤：《〈礼记·月令〉篇是否即〈明堂月令〉而郑注引〈今月令〉又为何书考》，《民大中国文学系丛刊》第 1 卷第 1 期，1934，第 12~14 页。

36. 杨宽：《今月令考》，《制言》第 5 期，1935，第 1~13 页。

37. 容肇祖：《月令的来源考》，《燕京学报》第 18 期，1935，第 118~126 页。

38. 童书业：《读容肇祖先生"月令的来源考"质疑》，《益世报·读书副刊》（天津）第 38 期，1936。

39. 沈延国：《〈逸周书·时训〉〈吕览·十二纪〉〈礼记·月令〉〈淮南·时则〉异文笺自序》，《制言》第 3 期，1935，第 12 页。

40. 沈延国：《〈吕氏春秋·十二纪〉〈礼记·月令〉〈淮南·时则训〉〈逸周书·时训解〉异文笺》，《制言》第 61 期，1940，第 1~23 页。

41. 杨宽：《〈月令考〉（附表）》，《齐鲁学报》第 2 期，1941，第 4~39 页。

42. 蒙季甫：《月令之渊源与其意义》，《图书集刊》第 6 期，1945，第 9~10 页。

43. 刘先枚：《释〈月令〉马政之禁》，《史地丛刊》（湖北沙市）第 2/3 期，1947，第 6 页。

44. 刘咏溱：《〈礼记·月令〉〈吕览·十二月纪〉异同考序》，《国立中正大学校刊》第 6 卷第 5 期，1948，第 5~6 页。

45. 许超：《节读〈礼记·文王世子篇〉释义》，《新医药刊》第 95

期，1940，第 77~78 页。

46. 姚寅顺：《礼运说》，《国学丛刊》（南京）第 2 卷第 2 期，1924，第 29~32 页。

47. 陈祖平：《读礼运》，《光华季刊》第 2 卷第 1 期，1926，第 10 页。

48. 唅偁：《读礼运》，《大同附中期刊》第 40 期，1932，第 1~8 页。

49. 张学昭：《〈礼运〉与孔子学说的分析》，《河北月刊》第 4 卷第 6 期，1936，第 1~6 页。

50. 夏敬观：《读礼运》，《同声月刊》第 3 卷第 3 期，1943，第 2~4 页。

51. 方竑：《礼运说》，《国立中央大学文史哲季刊》第 2 卷第 2 期，1945，第 93~125 页。

52. 廖平：《大同学说》，《中国学报》（北京）第 8 期，1913，第 1~17 页。

53. 沈艾孙：《大同学说（未完）》，《河北月刊》第 4 卷第 5 期，1936，第 1~4 页。

54. 沈艾孙：《大同学说（续）》，《河北月刊》第 4 卷第 6 期，1936，第 1~3 页。

55. 沈艾孙：《大同学说（续）》，《河北月刊》第 4 卷第 7 期，1936，第 1~4 页。

56. 沈艾孙：《大同学说（续）》，《河北月刊》第 4 卷第 10 期，1936，第 1~2 页。

57. 沈艾孙：《大同学说（续）》，《河北月刊》第 4 卷第 11 期，1936，第 1~2 页。

58. 沈艾孙：《大同学说（续）》，《河北月刊》第 4 卷第 12 期，1936，第 1~6 页。

59. 毛夷庚（讲），徐翔（笔记）《〈礼运·大同〉学说》，《号角》第 28 期，1939，第 1~3 页。

60. 何崧培：《从三民主义的观点上分析〈礼运·大同〉》，《一条心》第 1 卷第 9 期，1939，第 8~12 页。

61. 卢宗埥：《〈礼运·大同篇〉政治哲学的研究》，《中央周刊》第 2 卷第 34 期，1940，第 4~6 页。

62. 李翊灼：《孔子大同小康说之圣证及诸家理论》，《教育通讯》（汉口）复刊第 6 卷第 8 期，1948，第 11~22 页。

63. 李翊灼：《孔子大同小康说之圣证及诸家理论（续）》，《教育通讯》（汉口）复刊第 6 卷第 9 期，1949，第 16~27 页。

64. 李翊灼：《孔子大同小康说之圣证及诸家理论（续）》，《教育通讯》（汉口）复刊第 6 卷第 10 期，1949，第 18~48 页。

65. 郑沅：《〈礼运〉大道之行一节释义》，《中国学报》（北京）第 4 期，1913，第 17~19 页。

66. 康有为：《礼运注》，《不忍杂志汇编》第 2 集第 3 期，1914，第 3~8 页。

67. 小我：《〈礼运·大同〉释义（续）》，《学汇》（北京）第 283 期，1923，第 4~5 页。

68. 小我：《〈礼运·大同〉释义（未完）》，《学汇》（北京）第 285 期，1923，第 4~5 页。

69. 郑孝胥：《大同三年之观念》，《同轨》第 1 卷第 1 期，1934，第 9 页。

70. 于右任选录《〈礼运〉天下为公节之今释》，《南声》第 14 期，1935，第 7~10 页。

71. 肖愚：《释〈礼运·大同〉》，《王曲》第 2 卷第 17 期，1939，第 177~178 页。

72. 毛夷庚：《〈礼运·大同〉详解》，《建国月刊》（金华）第 1 期，1940，第 101~103 页。

73. 陈梦韶：《〈礼运〉"男有分女有归"诠解——纠正二千年来旧释

289

谬误》,《江西妇女》第 5 卷第 6 期,1941,第 5~6 页。

74. 高鸿缙:《〈礼运·大同〉篇五读(附表)》,《孔学》创刊号,1943,第 41~61 页。

75. 陶邵学:《〈礼运〉错简考》,《国学萃编》第 41 期,1910,第 9~11 页。

76. 吴虞:《儒家大同之义本于老子说》,《新青年》第 3 卷第 5 期,1917,第 20~22 页。

77. 钱基博:《读〈礼运〉卷头解题记》,《光华大学半月刊》第 4 卷第 2 期,1935,第 5~10 页。

78. 郭衮孟:《〈礼运·大同〉章句错简辨正》,《新村半月刊》第 54-55 期,1936,第 51~56 页。

79. 任启珊:《〈礼运·大同〉章辨源》,《文化创导》第 1 卷第 1 期,1944,第 18~19 页。

80. 王新民:《〈礼运·大同〉篇溯源》,《福建文化》第 2 卷第 4 期,1945,第 1~4 页。

81. 李翊灼:《礼运大同小康章文并无错简议》,《礼乐半月刊》第 20 期,1947,第 0~2 页。

82. 洪秀笙:《儒家大同说探原》,《民友(成都)》第 2 卷第 5 期,1948,第 5~9 页。

83. 许新堂:《八蜡考》,《民彝》第 1 卷第 7 期,1927。

84. 汪荣宝:《月生于西释义》,《甲寅》(北京)第 1 卷第 7 期,1925,第 5~6 页。

85. 胡朴安:《礼记奔则为妾说》,《国学汇编》第二集《文录》,上海国学研究社,1924,第 14 页。

86. 刘述庭:《〈礼记·内则〉篇释义(有序)》,《新医药刊》第 90 期,1940,第 81~84 页。

87. 郭绍虞:《语言中方名之虚义》,《国文月刊》第 45 期,1946,第

16~29 页。

88. 陈耀妫：《〈仪礼·士冠礼·士昏礼〉"侧尊"与〈玉藻〉所言"侧尊"是同是异辨》，《国学论衡》第 4 上期，1934，第 8~9 页。

89. 陈焯伯：《议院古明堂说》，《孔教会杂志》第 1 卷第 6 期，1913，第 1~4 页。

90. 王国维：《明堂庙寝考》，《上虞罗氏雪堂丛书》本，1915。

91. 顾颉刚：《阮元明堂论》，《国立中山大学语言历史学研究所周刊》第 11 卷第 121 期，1930，第 13~14 页。

92. 王治心：《明堂制度与宗教》，《协大学术》第 1 期，1930，第 27~42 页。

93. 杨宗震：《明堂通考（附图）》，《女师大学术季刊》第 1 卷第 2 期，1930，第 1~44 页。

94. 李源澄：《读明堂位校记》，《学艺》第 14 卷第 6 期，1935，第 14~16 页。

95. 李源澄：《明堂制度论》，《学艺》第 14 卷第 2 期，1935，第 16~22 页。

96. 陈启天：《学记通义》，《少年中国》第 4 卷第 6 期，1923，第 1~12 页。

97. 高鹤年：《学记新诠》，《青岛教育》第 1 卷第 11 期，1934，第 11~14 页。

98. 谢震亚：《学记篇中的儒家教学法》，《闽海教育》第 2 卷第 1 期，1935，第 54~58 页。

99. 董文煜：《〈礼记·学记〉篇今释》，《光华大学半月刊》第 3 卷第 7 期，1935，第 65~72 页。

100. 贝齐：《学记通诠》，《国学论衡》第 6 期，1935，第 1~6 页。

101. 章廷俊：《学记的教育制度与教学法则之剖析》，《政衡》第 2 卷第 6 期，1935，第 68~80 页。

102. 东屋：《学记之学年》，《教育学报》（北京）第 1 期，1939，第 79～81 页。

103. 李行之：《读学记》，《责善半月刊》第 1 卷第 16 期，1940，第 2 页。

104. 郑其龙：《学记中的教学原理与方法》，《读书通讯》第 134 期，1947，第 3～4 页。

105. 唐文治：《〈礼记·乐记篇〉分章法》，《学术世界》第 1 卷第 8 期，1936，第 119～120 页。

106. 张清常：《乐记之篇章问题及所用音乐术语》，《中山文化季刊》第 1 卷第 3 期，1943，第 396～403 页。

107. 徐应铎：《乐记心学释义：儒家重视礼乐的理论》，《中华人报》第 1 期，1945，第 8～10 页。

108. 天华：《乐记的作者及其内容（附表）》，《乐学》第 1 期，1947，第 4～12 页。

109. 天华：《乐本篇浅释》，《乐学》第 4 期，1947，第 30～33 页。

110. 唐文治：《〈礼记·祭义〉篇分章法》，《学术世界》第 1 卷第 9 期，1936，第 125～126 页。

111. 方竑：《读祭义》，《礼乐半月刊》第 8 期，1947，第 4～6 页。

112. 叶润玉：《读冠昏祭义杂记》，《辟才杂志》第 6 期，1929，第 31～32 页。

113. 罗孔昭：《间传疑义答问》，《志学》第 17/18 期，1945，第 5～7 页。

114. 陈景銮：《儒行衍义（附序）（未完）》，《教育周报》（杭州）第 115 期，1916，第 7～13 页。

115. 陈景銮：《儒行衍义（续）》，《教育周报》（杭州）第 121 期，1916，第 10～15 页。

116. 厉时中：《儒行释义》，《哲报》第 2 卷第 12 期，1923，第 1～

10 页。

117. 梦蝶：《儒行通释》，《孔教》第 1 卷第 10–12 期，1931，第 2~9 页。

118. 章太炎讲，诸佐耕（诸祖耿）笔述《儒行大意》，《国学商兑》第 1 卷第 1 期，1933，第 1~5 页。

119. 陈柱：《儒行集解》，《学术世界》第 2 卷第 4 期，1937，第 14~28 页。

120. 周室阕：《论〈礼记·儒行〉本周官乡三物之义》，《斯文》第 3 卷第 4 期，1943，第 6~9 页。

121. 方竑：《读哀公问》，《礼乐半月刊》第 13 期，1947，第 1~3 页。

122. 厉时中：《孔子闲居释义》，《哲报》第 2 卷第 25 期，1923，第 8~11 页。

123. 沈瓞民：《谅阴考》，《制言》第 47 期，1937，第 1~4 页。

# 后　记

　　本书内容是在博士论文基础上略作修改而成，感谢南京晓庄学院文学院大力资助。本书即将付梓面世，欣喜之余亦颇觉惶恐戒惧，日后的道路很长很远，而我还要继续努力开展新的学习与研究。

　　本书撰写之初，曾请同学朱丹宁君帮忙复印台湾万卷楼图书股份有限公司出版发行之《变动时代的经学与经学家：民国时期（1912—1949）经学研究》，从而加深对民国时期《礼记》研究的认识。本书内"《今月令》出处研究考论"一节，曾得以"《今月令》与《明堂月令》考论"为题，发表于虞万里先生主编之《经学文献研究集刊》（第十六辑），文中与敦煌悬泉置出土《四时月令诏条》相关部分内容，乃在审稿专家提供资料指点建议下写成；又本书认为《今月令》是汉代《月令》单行之本的观点，亦经相关专家指出，此说最早由清儒洪颐煊提出，在此谨致谢忱。

　　文行生而有幸，六岁入学以来，凡经师长教导无数，方能未入歧途，安庆求学之际，芮文浩师领我走进古文献的课堂，南京师范大学读研六载，蒙方向东师不弃，允纳门下，教我做人，教我读书，言传身教，春风化雨，生活学习，无不关心，方师渊博专精，授业殷恳，弟子浅薄无知的人生，幸能渐得条理，师门恩重，实同再造。

　　感谢古文献专业王锷老师、江庆柏老师、刘立志老师等多年以来

## 后　记

的教诲与帮助，古文献专业其他老师，学问精深，各有专长，耳濡目染之间，所获已多，诸师论文著作，亦常读常新。南师同学郭超颖、张琪、唐志强、石润宏、李庆彬、毕研哲、王映霞等，学习勤奋，心地善良，亦友亦师，感念尤深。师兄郭万青、金建洲，师姐杨杰、崔梅等，在学习生活中，也常常给予我指点、帮助，这都让我铭记在心。

文行生在大山之间，家庭和睦，生活幸福，父亲严厉耿直，母亲和蔼慈祥，祖父祖母含饴宠爱，叔父婶娘常多关怀，孩儿少年的成长，健康而又快乐，二十余年的求学生涯，家人的支持与鼓励亦从未间断。妻子王映霞多年以来，任劳任怨，督促我的学习，照料我的生活，这让我的学习更加顺利，也让我的生活更加充实，如今我们的女儿就快一周岁了，小朋友的到来给我们平凡的生活，增添了许多欢乐。感恩帮助我们一路走来的师长与朋友！

2019 年 6 月 24 日
记于南京晓庄学院方山校区

图书在版编目（CIP）数据

民国时期《礼记》研究考论 / 郎文行著. -- 北京：社会科学文献出版社，2019.6
 ISBN 978 - 7 - 5201 - 5020 - 0

Ⅰ.①民… Ⅱ.①郎… Ⅲ.①礼仪 - 中国 - 古代②《礼记》- 研究 Ⅳ.①K892.9

中国版本图书馆 CIP 数据核字（2019）第 115732 号

### 民国时期《礼记》研究考论

著　　者 / 郎文行

出 版 人 / 谢寿光
责任编辑 / 杜文婕
文稿编辑 / 李　伟

出　　版 / 社会科学文献出版社（010）59367143
　　　　　　地址：北京市北三环中路甲 29 号院华龙大厦　邮编：100029
　　　　　　网址：www.ssap.com.cn
发　　行 / 市场营销中心（010）59367081　59367083
印　　装 / 三河市龙林印务有限公司

规　　格 / 开　本：787mm × 1092mm　1/16
　　　　　　印　张：18.75　字　数：248 千字
版　　次 / 2019 年 6 月第 1 版　2019 年 6 月第 1 次印刷
书　　号 / ISBN 978 - 7 - 5201 - 5020 - 0
定　　价 / 88.00 元

本书如有印装质量问题，请与读者服务中心（010 - 59367028）联系

▲ 版权所有 翻印必究